市町村合併による防災力空洞化

東日本大震災で露呈した弊害

室崎益輝／幸田雅治
［編著］

ミネルヴァ書房

推薦のことば

村松岐夫

地域政治の自治には適正規模ということがある。地方自治体の仕事の範囲として何をどの程度に受け持つのがよいかということがあるのである。

現実はどうかといえば、この一五年間、格別その効果に関する調査がないままに大規模な市町村合併が行われた。大合併と言えば、昭和二〇年代末に行われたいわゆる昭和の大合併がある。この合併は、研究者の間では、地方の意思に基づかない政府に誘導された合併であったということで評判が悪かったが、今となってみれば、次第に地域社会に定着したように見える。この定着には、道路建設や車の発達・普及といった制度と別の要因も貢献したように思われる。

ある国が地方自治を民主主義の基礎に据えようというとき、基本的には、地域社会の共同事務の処理を地域住民が自らの力で行う仕組みをつくる。住民の参加に比較的に冷淡な国でも、地方レベルでは自然に参加のウェイトが大きくなる。そこに民主主義の力が生じると言われてきた。とりわけ本書がテーマとしている震災のような文脈では、住民が地域の共同的な行動にどう関わることができたか、あるいは「行政という共同行為」ができていたかは重要なことである。本書は、全体としては、被災地の地方自治は、合併が弱点となって機能しにくかったという分析になっている。ここで種々の問いが生まれる。一般的に、大規模自治体は、自然災害に弱いのか。大規模化がそもそも自治ということに不利なのか。合併したばかりであったので問題が多かったということなのか。やがて昭和の大合併の時と同様に落ち着くのか。それらのことを、本書からじっくり読み取ってほしい。

ここで合併論をする準備はないが、筆者は、かねて、地方分権化改革とか合併とかを見て、地域の側の自治の自覚が弱かったのではないかという気がしている。権限が大きくなり、地域の政治区画の規模が大きくなることを、住民も地域指導層も喜ぶ傾向があるが、これはどういうことか。地方分権改革の過程で、自治事務が意外に多いなどと言われていたときに、訪日中のアメリカの若い学者が、〝日本では、地方に権限が移ることを喜んでいるようだが不思議だ。アメリカでは負担が増えることはいやだし、権限が地方にあることが自治とはいえない〟、といって話しかけてきたし、そういう英文を読んだこともある。日本では、近代化の過程で、〝市町村の規模の拡大は格上げだ〟と受け止められてきたようであるが、いつまでもその感覚は幸福をもたらさないのではないか。特に震災時の分析を読むと、日本がいつも震災への覚悟を求められている国であるだけに、その感覚が気になることである。地域が大きくなることで行政効果を上げられるという発想が、この二〇年を主導してきた。しかし、権限が少なくても自治は成立するのである。「市町村」をアメリカではミュニシパリティ、フランスではコミューン、ドイツではゲマインデと一様に表現する。つまり、大小の区別をしないで「地方政府」を表現する。しかし、日本では違う。市と町と村は区別され、権限の配分の際の基準に利用されることがある。これは行政の効果論からくる政府の理屈である。どうも、これまでの合併は、自治の思想ではなく、そういう効率論でやってきて、自治のもたらす恩恵を捨てていたところがある。

東日本大震災は、日本の政治行政の制度が有効かどうかをテストする試練であったところがある。合併さえしていなければ、自警的消防団がもっと早く立ちあがったであろうとか、復旧や復興の過程で取り残されることはなかったであろうとかも指摘されている。端的に、震災は、社会的脆弱さを突くものだといって警告する文章もある。このように本書は合併失敗のケースを多く分析しているが、合併にはメリットもあって、合併によって初めて可能になったプロジェクトがあった。例えば、仮設住宅の建設の過程で移るべき高台があったのは合併のおかげであったという話もある。何が実態であったか、真実であったか。本書は、しっかりした分析によって、われわれに考えるべき諸事例を提供してくれている。

震災についても、合併についても、まだまだ多くの調査研究が続いて出版されるであろうが、本書は、第一級の、evidence-based の、震災と合併について知ることのできる書物である。なかでも、ちょっと紹介しておきたいことの一つは、およそすべての日本の自治体において、地域の指導層が、震災に対する備えを怠ってきたのではないかという迫力のある警告論文である。合併などという政治区画の規模が問題というよりも人間性に内在しがちな弱点を正面から見ようという指摘も印象的だ。もう一つ、市町村の総数は、公的にも二〇一三年一月で一七一九となっているると思われるが、常に、北方領土六村を含めて数えている論文にも啓発された。

本書を最高レベルの調査研究の書として推奨したい。

（京都大学名誉教授）

発刊によせて──市町村合併は被災地を苦しめる結果をもたらしていないか

大森　彌

東日本大震災と原発災害は、これまでの日本社会の矛盾や問題点を突出した形で顕在化させた。それらを検証し、どうすればよいのかを考えることなしに、三・一一以前の日本を「再稼働」させるわけにはいかない。本書は、防災力との関わりで市町村合併の問題点を検証しようとした渾身の論文集である。東日本大震災が起こり市町村合併の影響が顕在化しているはずにもかかわらず、これについて本格的な研究が見当たらない。本書は、それに挑んだ。本書を一読すれば、小規模市町村の合併・再編を必至とする「道州制」推進の動きに軽々に与することなどできないだろう。

書名の『市町村合併による防災力空洞化』が明示しているように、本書は、市町村合併に批判的であるが、それが通り一遍となっていないのは、各執筆者が、被災地の現場を歩き、その実態を調査・考察しているからであり、その充実した内容は筆者たちの知的誠実と手堅い分析力の成果である。

市町村合併の問題点を突く、いくつかの指摘を拾ってみよう。

「東日本大震災は、まさに市町村合併に踏み出した途端、各種の問題点が顕在化し、結果的に被災者を苦しめることになったのである。それは、結果的には〝住民不在〟の合併を推進したからそうなったのである。」（河田）

「自治体合併による行政区域の広域化は、複合的な災害に遭遇する可能性と広域巨大災害に巻き込まれる可能性を高めると想定できる。」（中林）

「合併の行きつく先は、周辺部に位置する地域の更なる衰退と地域力の低下である。」（幸田）

「市町村合併に伴い旧市町の声が届きにくくなるという問題は、合併前からも危惧されていた。」（牧）

「少なくとも財政面での合併自治体の優位性は、復興においてきわめて限定的であるという結論に至る。」（飛田）

「住民の安全に欠かせない、地域密着あるいは住民自治さらには地方分権という視点からみると、この間の経済性の効率の向上を大義名分として行われた自治体の広域合併は、地域の防災力の低下につながっていると断罪せざるを得ない。」（室崎）

「東日本大震災で大きな被害を受けた地域では、広域合併が震災直後の態勢づくりや復興へのプロセスの足を引っ張っているという意見が、どれほど多くなっていることか。平成の大合併はほとんどの地域において愚挙でしかなかった。」（内山）

「被災地からみれば、道州制や市町村合併の動きはますます社会的脆弱性を増進させる無謀な主張のようにみえる。なぜなら、実質的に行政機能が崩壊して、緊急期の支援活動に支障が生じているのは、広域合併をして周縁部になった孤立地域の方だからである。」（今井）

「平成大合併後の自治体とくにその周辺地域で、住民にとっていざというとき頼りになるのは『遠くの市町村より近くのコミュニティ』だと考えざるを得ない状況が色濃く現れつつある。」（小原）

これらの指摘は、我々が三・一一後に決して忘れてはならない自治の原点とは何かを強く示唆している。

（東京大学名誉教授）

市町村合併による防災力空洞化——東日本大震災で露呈した弊害　目次

第Ⅱ部 市町村合併と絆 143

第Ⅰ部　市町村合併と防災力

第1章　東日本大震災における市町村再編災害

河田惠昭

1　デメリットを軽視して発車した市町村合併

何が復興を遅らせているのか

東日本大震災が起こって二年六カ月が経過した。被災地の復興事業は遅々として進んでいない。もちろん焦って推進するべきではないが、あまりにも歩みが遅い。筆者は去る八月のお盆の期間に、岩手県普代村から福島県南相馬市まで訪れ、改めて時間をかけて復興状況を調査してきた。いずれの被災地もよく似た光景であった。本年三月もよく似た光景であった。

大きな被災県である岩手、宮城、福島の三知事は、その一因として、復興資金の不足を挙げている。しかし、政府の特別交付金は国民の税金であり、それを無定見に増やすことなど、今の財政状況では無理であることは誰が見ても当然であろう。むしろ、被災県が復興基金を作らず、それが被災した基礎自治体の復興事業を遅らせていることも原因である。しかも、被災県が各種事業採択を急ぐあまり、その審査がともすれば甘くなるという傾向があることも否めない。〝甘い〟という指摘に対して、〝復興資金が足らない〟ことを復興事業の遅れの理由にしがちなのである。

しかも、今回ほど被災県と被災市町村の連携が少なく、それが現在に至っても改善されていない例は、阪神・淡路大震災以降、際立った存在である。その原因は、日頃からの連携がなかったからであろう。そうでなければ、例えば震災がれきの処理がこれほどまでには遅れなかったはずである。いくら放射能の問題があるにせよ、がれき処理を含むあらゆることを政府のせいにするやり方は、見ていて無責任のそしりを免れない。このような強い発言は、そのしわ寄せがすべて、被災者の生活再建を遅らせていることにつながっているという事実があるからだ。

災害発生を無視した合併

とくに、阪神・淡路大震災当時と違って、東日本大震災が起こって、市町村合併の影響が顕在化しているはずであるが、これについて本格的に言及したものは見当たらないといってよいだろう。平成の大合併が始まった当時、これに関する多くの書物が出版された。例えば、『市町村合併』（二〇〇二年）では、市町村合併に伴う不安として、(1)住民の利便性に欠ける、(2)中心地ばかりが栄える、(3)政治や行政が遠くなる、(4)行財政の効率化が進まない、などが指摘され、著者は「高い志」をもって問題解決に当たることを主張している。最近出版された『市町村合併のシナジー効果』（二〇一二年）では、合併のデメリットとして、(1)政治・行政との距離の拡大、(2)自治体競争の低下、(3)合意形成の困難さ、(4)地域内格差の発生、(5)旧市町村単位の投資、(6)地域内の対立、(7)旧来のコミュニティの崩壊、(8)地域特性や歴史の喪失、(9)住民サービスの均一化を挙げ、それぞれが相互に密接に関係しており、独立の項目とみなすことは困難であることを主張している。

しかし、いずれの主張も最終ゴールから現状を解析しているのであって、そこに至る長期間の過程での問題点にはほとんど言及していない。東日本大震災は、まさに市町村合併に踏み出した途端、各種の問題点が顕在化し、結果的に被災者を苦しめることになったのである。それは、結果的には〝住民不在〟の合併を推進したからそうなったのである。市町村合併を推進した小泉政権の問題がそこにある。一言でいえば、拙速のあまり、制度設計とそれに要する〝文化的〟時間を過小評価したのである。効率一辺倒に考えるからそうなったのは明らかであろう。

企業でも、何か新しい試みをするときには保険を掛ける。昨夏、尖閣諸島の領有権をめぐり発生した中国での暴動に関連し、わが国からの多くの進出企業は、損害保険の特約に加入していたそうである。そして、保険金の支払いが膨大となったために、わが国の大手損害保険三社は、日系企業への被害を補償する保険特約（ＳＲＣＣ）の新規引き受けと、既存契約の補償額の積み増しを一時停止した。それは、損害調査を進め、被害額が確定するまでは、追加リスクを引き受けできないと判断した結果であり、既存契約の更新は継続している。自治体が市町村合併に踏み出す時、災害の発生などで起こる諸問題に対して〝セーフティ・ネット〟のような仕組みをどうして導入しなかったのかが不思議でならない。わからなければ専門家に聞けばよいのである。行財政などの自分たちの得意の〝専門〟からしか判断しなかったためにそうなったのである。

これは、東日本大震災で防災教育の重要性が指摘されるようになったこととよく似ている。小中学校の学習指導要領には、各教科にバラバラに防災に関して教えることが示されている。そして、この九年間で児童・生徒にどのような防災力を身につけさせなければならないのか、また、それをどのような課程で教育するのかということについてはほとんど言及していない。それは中央教育審議会の委員構成をみれば一目瞭然であろう。教育方法の専門家ばかりで、防災・減災の専門家は残念ながら一人も含まれていないのである。震災後、有識者会議を設置して、防災教育の当面の方針を検討しているが、付け焼刃的な対応で、児童・生徒の防災力はそう簡単に向上しないという自覚が関係者には足らないのである。これらのアプローチは、わが国では政策展開において、例えば、ＳＷＯＴ分析が基本となっていないことや、負の要因を緩和する過程の軽視が根底にあることが源であると断言できるだろう。

ともあれ、平成の大合併は、一九九九年四月から政府主導で行われ、自治体を広域化することによって行財政基盤を強化し、地方分権の推進に対応することなどを目的とした。一九九九年四月一日の市町村数は三二三五（北方四島の六村を含む）から、二〇一三年四月一日現在の一七二五へほぼ半減（五三％）した。本章は、その具体的な影響を〝防災力の空洞化〟としてとらえて言及したものである。

2　自治体の防災力とは

首長のリーダーシップと民主主義の成熟

表1-1は、自治体の防災力をまとめたものである。個々の内容については第3章で詳述するが、最も重要であるのは、知事、市町村長のリーダーシップである。困るのは、これまでの市町村行政に批判しかせず、それと若さを武器に選挙で選ばれた人物である。こういう人物に限って、周りの賢者の言うことに耳を貸さないばかりか、日常の政治活動の不足ゆえに職員の尊敬や信頼を得られず、人事制度の突然の変更など、かえって彼らを疑心暗鬼にして不安な職場を作ってしまうことであろう。そして、〝行財政基盤の強化〟とは歳出見直しであって、表中の2から7までに示した事項がことごとく自治体の防災力のマイナスの方向に振れてしまうのである。

筆者は、防災・減災や原子力発電所問題などで首長がイニシアティブを取らず、民意を背景に事業を進めるやり方は、〝弱い民主主義〟と主張した。住民の一人ひとりはとても賢いのに、集団の意思決定過程が貧弱であることがその原因である。防災・減災の問題は、住民一人ひとりの問題である。だから、基本は〝自己責任の原則〟である。すなわち、自助である。ところが、わが国では、災害が起こる前、住民は、自助と共助と公助の割合は、一対二対七と誤解している。起こった直後から、これが実は逆であることに気づくのである。だから、災害発災直後に大変な混乱が生じる。

例えば、津波災害では早く避難することが大切である。ところが住民は避難しないのである。東日本大震災では約四〇％の住民がすぐに避難しなかったことがわかっている。これは、大津波警報や避難勧告などの災害情報が、誰のためのものかを住民の多くは理解していないことが原因である。情報ツールが問題というよりも、コミュニケーションと民主主義のそもそもの意味が理解されていないことが大きな原因であることに気がつかなければならない。

行政目標の空洞化

そのように考えると、住民の〝安全・安心〟は最も大切な行政の目標であるから、首長はそれに向けて努力しなければならないことになる。しかし、現実はそれどころか防災・減災は選挙の票につながらないからという理由で、あまり積極的でない首長が結構多い。例えば、市町村幹部職員のための防災研修では、当初、市長や副市長などの幹部が出席するという約束で設定することがある。ところが、当日になって市長はおろか、副市長クラスまで誰一人出席しないというケースが起こる。そうなると、防災・減災は全庁的な事業であるにもかかわらず、総務部局が積極的でなくなってしまい、骨抜きの研修となってしまうのである。総務部局は、首長の言動を無条件に支援する態度を取りがちなことから、このようなチグハグが起こってしまうのである。これを避ける方法としては、防災監や危機管理監のポジションが総務部局長の上位になければならない。そうでない自治体は、このポジションが有効に作用しないと断言してもよいだろう。また、自治体の中には、自衛官のOBを雇用して、危機管理能力を向上させたと主張するところがある。しかし、自治体の危機管理とは、事前対応から事後対応までの三〇〇項目に近い広範囲な内容を含んでおり、それは彼らには初めから無理である。発災直後の実践性が重要となっても、彼らは図上演習中心であり、決して実戦の経験がないことを忘れてはいけない。過度の期待は禁物であろう。

表1-1　自治体の防災力の構成要素

1．知事，市町村長のリーダーシップ
2．職員の資質，防災担当職員の研修，訓練実績
3．地域防災計画を初めとする法制度
4．防災戦略，アクションプログラム
5．危機管理システムなどのツール
6．公共事業への累積投資額
7．職員の絶対数
8．地域の高齢化率などの社会の防災力

3　東日本大震災の被災市町村の対応の困難さ

想定外の大被害となった理由

表1-2は、東日本大震災で発生した被災市町村の災害対応の困難さの共通の原因をまとめたものである。まず、

表1-2　東日本大震災で被災自治体が災害対応に難渋した理由

1．将来地震が起これば，それは宮城県沖地震であるという思い込みがあった。……思い込み，確証バイアス，これは気象庁から県レベルの関係者も一緒！ 2．津波ハザードマップも津波避難計画も宮城県沖地震を対象に作成された。……対策が有効であるという錯覚 3．市町村の庁舎が破壊し，町長や職員も殉職することが起こるとは夢にも思わなかった。……想定外の被害 4．津波の怖さやどのようなものかを理解していなかった。……常襲地帯といえども津波のこわさを軽視 5．気象庁の大津波警報が，過去は過大だったので，今回も実際の津波は小さいと考えた。……過去の経験を中心に思考 6．情報の受信・発信が不可能という環境に直面……情報が皆無状態での対応は未設定 7．指定避難所となった小中学校や公民館などの被災は想定外だった。……被災者への対応の遅延 8．県はもっと支援してくれるはずだとの錯覚……県は連携など最初から全然考えず。 被災市町村自治体で，とくに市町村合併の弊害が発生している。 その理由例： ①合併前の旧市町村単位での復興に差がつかないように配慮している結果，全体の進捗状況が見えなくなっている。 ②市町村長が，新しい行政区域全体のことが把握しきれておらず，もともと自分の住んでいた旧地域のことしか理解できていない。 ③県が合併で大きくなった市町村の要求の適否を判断できず，事業の遅れを外部要因（技術者不足，財源不足など）にあると主張している。

次のプレート境界地震は、地震マグニチュードM七・五程度あるいは海溝寄りの場合は八・〇前後の宮城県沖地震という思い込みがあった。これは気象庁から被災県、市町村に共通する思い込みでもあった。その発生確率は三〇年以内が九九％であったし、二〇〇五年にM七・二の地震が宮城県沖で起こったために、まだすべてのひずみエネルギーが解放されていないと一般に考えられていた。しかも、東北地方太平洋沖地震が起こった直後は、M七・九と発表されたので、ますます関係者はそのように確信してしまった。

そのために、2として指摘したハザードマップや避難計画が有効であるとの誤解が発生した。犠牲者の多くは、ハザードマップで津波浸水が起こらないと考えられていた地区で発生した。しかも、このハザードマップを用いて具体的に避難訓練や図上演習をしていた住民も、あまりにも浸水特性が違うために、さらに安全な場所への避難行動までは考えられなかったに違いない。とくに不思議であるのは、一八九六年明治三陸津波が実際に起こっているにもかかわらず、これを対象とした津波避難訓練を実施していなかった点である。例えば、宮古市田老地区を襲った明治三陸津波は一五メートルであったにもかかわらず、X字型の津波防波堤は一〇メートルだった点である。かつては、積極的に避難訓練に参加していたが、そのうちにこのような事実が忘れ去られ、避難しなかった住民が多かった。もちろん、気象庁は大津波警報発令後約三〇分の時点でも、当初の二倍の六メートルと伝えていたのであるから、大きな責任があろう。

3は、市役所や町役場あるいは避難所そのものが被災することは想定外だったことである。大槌町のように町長が亡くなった例、南三陸町の防災センターのように三階建の建物が水没し、多くの職員が犠牲になった例のように、町長や職員も殉職するようなことが起こるとは考えていなかった点である。これも想定外であった。そして、災害対応はもとより復旧・復興事業で職員数が不足するということがさらに厳しくなった。

過去を基準とすることに起因する誤判断

4は、組織として津波の怖さを分かっていなかったといえる。例えば、二〇一〇年は一九六〇年のチリ地震が来襲してから五〇周年であった。しかし、このとき大船渡市だけが地域安全学会と記念シンポジウムを共催しただけで、沿岸市町村で住民の啓発行事は一切なかったことにも表れている。要は、宮城県沖地震が当面の津波災害の対象であって、それに対しては海岸護岸やハザードマップが有効であるという思い込みがあった。そして、新住民の増加によってますます巨大な三陸津波は過去のものになってしまった。

5は、二〇一〇年チリ地震津波が来襲した際、岩手県に大津波警報が発令されたが、実際にやってきた津波はほとんどが一メートル以下と小さく、養殖いかだなどの水産施設に被害が出たが、人的被害は皆無であった。したがって、住民はもとより、市役所や町役場全体が大津波警報を過少評価したと考えてもおかしくない。表1-3は、二〇一〇年チリ地震に際して、大津波警報が発令された岩手県沿岸市町村での避難に関するアンケート調査結果である。そして、比較のために東日本大震災における避難に関する調査結果を表1-4に示した。いずれも解析の有

表1－3　2010年チリ地震津波時に大津波警報が発令された岩手県の避難調査結果（NPO法人　環境防災総合政策研究機構調査）

・2010年2月28日チリ地震津波（M8.8）のときに大津波警報が出たが，岩手県の沿岸住民35.6％は避難しなかった。

その理由：1．避難しなくてよいと思った（58.7％）
2．他の地域を見てから判断した（18.8％）
3．避難できない状態だった（16.7％）

↓

3の理由の内訳：1．仕事があった（30.6％）
2．家族に病人・高齢者がいた（18.5％）
3．自分は高齢・病気だった（15.3％）
4．無回答（34.4％）

表1－4　2011年東日本大震災における生存者880名の避難調査結果（内閣府・消防庁調査）

・揺れがおさまった直後にすぐ避難した（直後避難）……57％
・揺れがおさまった後，すぐに避難せず何らかの行動を終えて避難した（用事後避難）……31％
・揺れがおさまった後，何らかの行動をしている最中に津波が迫ってきた（切迫避難）……11％
・避難が不要なところにいた……1％

意性を保証できるほど標本数は十分大きい。これらによっても、住民の四〇％近くは、大津波警報発令直後すぐに避難していないことがわかる。

6は、津波があまりにも過大な力を作用したために、電気、通信関係の施設が壊滅し、これが原因となって、県や国などへの情報発信ができなかったことである。つまり、初動のための情報がなく、陸上自衛隊が被災地に入って、彼らが情報を発信したのである。

7は、指定避難所となった小中学校や公民館が津波で被災したことである。当日はとても寒かったので、指定避難所から、時間があればさらに安全な避難所に移動するという動機が弱かったと推定される。現場で、事前に巨大津波が来襲するという想定が、まるで絵空事になっていたと考えられる。

8は、岩手県と宮城県では、東日本大震災前に二〇〇八年岩手・宮城内陸地震、二〇〇八年岩手県沿岸北部地震や二〇〇三年三陸南地震、二〇〇三年宮城県北部連続地震があった。これらの地震災害に際しては、地元選出の国会議員が真っ先に被災地に駆けつけたため、内閣府が迅速に行動して、政府の現地対策本部が県よりも早く設置されるという問題があった。能登半島地震でも同じことが起こった。要は、初動から県の出番がないのである。これでは、災害対応から復旧・復興事業における県と被災市町村の連携はできないだろう。とくに県はその必要性がわからないまま、東日本大震災が起こっても、災害前と全く変わらない対応となってしまうのであろう。

4　災害時の市町村合併の弊害

自治体の災害対応能力

自治体の災害対応の力は、表1-1に示したように、八つの要素で構成されると考えられる。これらは、市町村合併では必ず問題となる。まず、①は、知事、市町村長のリーダーシップである。合併した場合、新市長は合併を先導した合併前の市町村長が選ばれる例がほとんどである。そして、自治体間に防災力に凹凸があるのが一般的であるから、合併後、どの水準で調整しなければならないかは、新市長の行政手腕の見せ所である。市長は防災力が高い自治体出身者なら幸いである。しかし、逆になると悲惨である。低目安定となりかねないからである。したがって、市町村合併前に防災力の高い自治体が、事前に予定していた施策を実施しなければ、合併後他の自治体の低いレベルになることを警戒し、事前に駆け込みで防災対策を充実した例がいくつか指摘できる。例えば、洪水ハザードマップを旧市町村で先行して完成しておくなどである。他の自治体にハザードマップがなければ、合併後早急にハザードマップを作るという行政目標が優先されることはほとんどないだろう。

②は、職員研修の必要性が合併後、経費の点から一顧だにされない可能性がある。そもそも二年に一度の人事異動で、たまたま防災担当部局に配属されたからといって、すぐ使える職員になれるわけがない。例えば、四月に配属され、研修も受けずに六月に梅雨を迎え、たまたま集中豪雨が発生したからといって、洪水氾濫の避難勧告や土砂災害危険情報を的確に出せるわけがないのである。先輩でも、着任以来たまたま集中豪雨を経験していないのであれば、ベテランではないのである。しかも、高齢化の進行とともに、地域住民は、災害時の行政依存体質がます

ます強くならざるを得ない状況で、防災担当部局の新人は、あるいはベテラン職員でも的確な対応は難しいのである。専門研修を受けることは防災担当職員には必須なのである。筆者がセンター長を務める「阪神・淡路大震災記念　人と防災未来センター」では、過去一一年で約五六〇〇人の自治体職員の防災研修を終えており、彼らとの人的ネットワークは全国に広がっている。この研修は、今後ますます重要となるだろう。

③は、法制度の充実である。災害対策基本法や災害救助法が充実すれば、災害対応が円滑に進むわけではない。もっときめ細かな対策は自治体レベルで必要である。その一例が福祉避難所である。合併によって災害時要援護者は増えるのであるから、事前準備はますます必要となろう。東日本大震災では、震災関連死が二〇一三年三月末現在で二六八八人を数え、その半数にあたる五一％は福島県で発生している。そのうち、岩手、宮城、福島三県六六市町村の死者二六三四人の約九割は六五歳以上の高齢者であった。その死亡原因（複数回答）については「避難所生活の肉体・精神的疲労」が半数を超えた。仮に福祉避難所が充実しておれば、この数字を激減できた可能性がある。とくに津波災害では避難所の環境が地震災害に比べて劣悪になりやすい。その点に対する配慮が被災地では皆無であったと断言してよいだろう。そして、この充実は市町村レベルの取り組みで十分解決可能なのである。

④は、長期的な防災への取り組みの必要性である。仮に、市町村長が変わっても防災戦略を変えるようなことがあってはならない。市町村長の恣意で変わるようでは長丁場の防災・減災は決して実現できないだろう。トップが代っても戦略を変えないという強い意志が自治体には必要である。例えば、筆者は、阪神・淡路大震災のあと三重県の地震防災対策委員長を最近まで務めてきたが、北川、野呂、鈴木知事と交代が行われる過程で、この防災戦略は決して変更することはなかった。これは筆者が関係した奈良、和歌山、大阪、兵庫、高知各県などでも同じであった。そして奈良県では、防災戦略やアクションプログラムの作成をパイロット事業として展開し、応募した天理市と橿原市が県の指導で地域防災計画を改訂した。このような試みによって、都道府県レベルと市町村レベルでの地域防災計画の整合性が担保できるのである。

⑤は、情報ツールの採用である。とくに重要であるのは、数値地図（ＧＩＳ）の採用である。ライフラインと呼

ばれる道路、電気、水道、都市ガス、通信の復旧状況はもとより、被災者生活再建支援制度を適用するには、住宅の被災度判定がなければできない。これは、日常の行政サービスを数値地図を用いることによって、災害時にも容易に応用できる。もし、準備がなくいきなり災害が発生した場合には、ボランティアの力を借りて構築することは可能である。

二〇〇七年新潟県中越沖地震が起こったとき、「にいがたＧＩＳ協議会」（地元ＧＩＳ関連六社）と京都大学防災研究所など四大学が連携して、「新潟県中越沖地震災害対策支援ＧＩＳチーム　地図作成班」を作り、上記のライフライン復興状況や応急被災度判定結果などを関係者が共有できるＧＩＳを構築し、円滑な災害対応を可能にした。

⑥、⑦および⑧は言わずもがなの項目である。とくに⑦の職員の絶対数は災害対応時において致命的な対応遅れにつながることを知らなければならない。例えば宮城県石巻市は、合併後一一年間で一般職員数を五六〇名削減することを目標に、合併した二〇〇五年の二〇二五名から二〇一一年東日本大震災当時、一七一五名へと三一〇名削減した。その結果、震災によって発生した事業における必要人数二三三三名に対し、充足数は六四名に留まったと二〇一二年六月一四日付の新聞で報道されている。同時に、宮城県沿岸一五市町で職員の必要人数が九六三名に対し、四九四名しか確保できず、四六九名が不足する事態に陥っていることがわかった。総務省が職員派遣の必要経費を政府が負担するとしても、全国の市町村自治体の現場では、長期にわたって職員を派遣できるほど要員の融通などできない状況であることがわかる。

なお、地方公務員の派遣状況調査（二〇一二年一〇月一日時点）によれば、全国の自治体から派遣された職員数は、一六八二名であり、宮城県内が全体の五〇・一％に当たる八四二名を占める。職種別派遣人数は土木職等が九三九名（五五・八％）であり、一般事務職の五六一名（三三・四％）をはるかに上回っている。二〇一三年六月現在、派遣された職員数は、一六八八名であり、ここで述べた傾向は変化していない。

災害対応と復旧事業時の弊害

市町村合併については、当時発表された論考や出版された書物には、バラ色の将来しかほとんど書かれていない。防災・減災研究者であればその負の要因を指摘できたわけであるが、そのような機会が与えられなかった。しかし、アンケート調査結果からは、課題として指摘されたものが東日本大震災で現実のものとなっている。日本都市センターが二〇〇八年に四一六団体からの回答を得た「市町村合併に関するアンケート調査」では、課題として指摘された上位三位は、①役場が遠くなり不便になる（六八・五％）、②中心部と周辺部の格差が増大する（五四・一％）、③人口が増え、住民の声が届きにくくなる（五二・二％）であり、他は三〇％以下である。しかも、それらの解決策として、①では、総合支所設置や分庁化による充実（九二・六％）、②では、都市建設計画における地域の配慮による均衡発展の施策（四四・六％）、③では、地域自治組織の設置（四一・八％）が指摘されていた。

では、これらの指摘は、東日本大震災で具体的にどのような問題となったのだろうか。河北新報の二〇一一年六月一一日の朝刊紙面上で石巻市の市民アンケート結果を詳報している。これを参考にして記述してみよう。まず、①についてである。石巻市では合併前の旧六町（河北、桃生、河南、北上、雄勝および牡鹿町）にはそれぞれ総合支所が設けられた。そこでの職員数は合併前に比べて約六〇％と減少し、合計約三〇〇人となっている。各総合支所には約五〇人勤務しているが、この人数では罹災証明の発行は不可能である（被災調査から台帳の作成まで）。したがって、応援職員派遣を宮城県や全国の自治体に依頼しなければならないが、被災判定などのトレーニングが必須であり、結局、石巻市役所で手配や調整、結果の集計などの業務をやらざるを得ない。そうするとデータはすべて市役所のコンピュータに構築される。被災市民は市役所に行かないと罹災証明書は発行されないことになる。これは旧町の市民にとって一日仕事になってしまう。災害時に総合支所でできない業務があることを考慮しなかったのが原因である。

②については、均衡発展というのはあくまでも机上プランでの話であって、現実は合併前の地域防災力の地域的不均衡がそのまま継続していると考えたほうがよい。なぜなら、合併後、六年間にわたって積極的な格差是正の政

策を展開していないからである。アンケート結果はそのことを裏付けている。まず、旧石巻市内の住民は、合併によって震災に対して、「どちらかというと弱くなった」と「弱くなった」を合計すると五四・七％になっている。一方、旧六町の住民はこれが六二・二％となり、はっきりと差がついている。これは結果的に、行政の目が周辺まで届きにくくなっていることや、市役所が遠いことによる影響が表れていると解釈することができる。

③については、震災によって、市街地が壊滅し、地域自治組織そのものが機能しなくなっていることが指摘できる。しかも、被災東北三県全体で消防団員が二五四人、民生委員が五六人死亡しており、地域のために汗を流してくれる人が大量にいなくなったということである。したがって、地域の多くのリーダーがいなくなっており、地域の意思決定過程がとてもひ弱になっていることは想像に難くない。もともと復興まちづくりのような仕事は、普段からやったことがないのであるから、まちづくりプランナーの支援や地域リーダーがイニシアティブを発揮して円滑に進む性質のものである。復興まちづくりが遅れているのは、被災県が復興基金を作らず、すべての事業を国費による復興特別交付金で支弁しようとしたところにも大きな問題がある。しかし、被災三県ともその認識がきわめて低いと言わざるを得ない。

被災経験を生かした市町村合併例

長岡市は、二〇〇四年一〇月二三日に新潟県中越地震を経験した。実は、翌年の二〇〇五年四月一日に中之島、三島、越路、小国、山古志の四町一村と合併し、さらに二〇〇六年一月一日には、栃尾、与板、寺泊、和島の一市二町一村と合併することになっていた。この震災を経験して、長岡市は防災体制検討委員会を設置し、将来の長岡市の防災体制の整備に関する提言を二〇〇六年二月に公表した。その未定稿の提言（案）には、三の長岡市防災体制の⑴行政体制の「②市長の災害対策本部長権限の支所への委譲」で、次のように市町村合併の災害時の懸念を指摘している。

『二〇〇四年度の豪雨、地震、豪雪災害が二〇〇五年四月一日の長岡、中之島、三島、越路、小国、山古志の六市町村の合併前であったことは実に幸運であった。いずれの災害も様相はそれぞれに全く異なっていた。災害が発生して災害対策本部が設置されると、避難の勧告・指示を含め災害対策に関わるあらゆる指揮権限は本部長たる市長の専権事項となる。しかし、旧長岡市の市長のみならず職員は合併した旧町村の地形、気候、風土、人情には全く通じていなかった。もし合併後に災害が発生していたら災害対策本部は大混乱に陥っていた可能性がある。

二〇〇六年一月一日にはさらに栃尾、与板、輪島、寺泊の四市町村が合併して、東西五〇キロ、南北五〇キロに及ぶ広大な新長岡市が誕生した。これだけの広さになると、災害の様相は旧市長村ごとにさらに異なったものとなり、長岡市本庁舎の災害対策本部での一本化した対応は不可能である。巨大地震が発生したとしても、山古志、栃尾と輪島、寺泊では被害様相、必要な防災対応は全く異なったものとなる。このため、災害対策本部は本庁本部体制と他の九支所本部体制の二本立ての体制を考える。いわば領主たる市長の指揮する「本丸」と九つの「出城」体制とする。災害は常に「奇襲」の性格を持つものである。出城への奇襲に、出城が本丸に一々伺いを立てたり、本丸が遠隔指揮をとろうとしても応戦できない。出城の城主に全権を与える体制としなければならない。問題は出城の守りをどこが担当するかである。支所の状況を良く知りしかも二四時間勤務の部隊でないとこの任務は務まらない。現行の体制のなかでこれに適合するのは消防であるが、消防に全権を委ねることには不安がある。それは、消防が一般行政とは若干かけ離れた存在であり、異状災害時に行政組織を挙げての対応ができるかという問題が残るからである。これに関しては早急な検討が必要である。』

引用は長文であるが、市町村合併に際し、災害のことを考えないで進めると、このような弊害の発生が必定であることが指摘できる。

5　災害対応を考慮した市町村の行政組織のあり方

緊急事態対応組織から見た既存の行政組織の問題点

前述したように、災害が起これば、市町村合併したことが災害対応の数々の問題を引き起こす原因となっていることは容易に理解できる。これは行政の日常業務を中心とした行財政改革の欠点が露呈してしまったのである。しかし、筆者らは、災害が起こらなくても、市町村の現状の行政組織で災害対応することには問題点があることは、従来から指摘してきた。そこで、まず、緊急事態対応組織（Incident Command System, ICS）から説明してみよう。図1-1は、その指揮命令系統図である。この系統図は米軍や自衛隊によって採用されているが、自治体の組織図から、図1-1のような五つの機能別に分けてみると、すべての自治体の部局は図1-1のように再編できることがわかった。すなわち、自治体の日常業務といえども、有事の五つの機能に分類できるわけである。しかし、現実にはそれが見えにくくなっているのである。したがって、行政組織の〝見える化〟が今後必要であると断言できる。

具体的な例を示してみよう。石巻市は二〇一二年七月一日現在、市長部局として八部局一会計管理六総合支所体制をとっている。そこで、五つの機能別に八部局を分けると以下のようになる。

（指揮調整）：企画部
（情報作戦）：健康部、福祉部
（資源管理）：生活環境部
（庶務財務）：総務部、会計管理者
（事案処理）：震災復興部、建設部、産業部

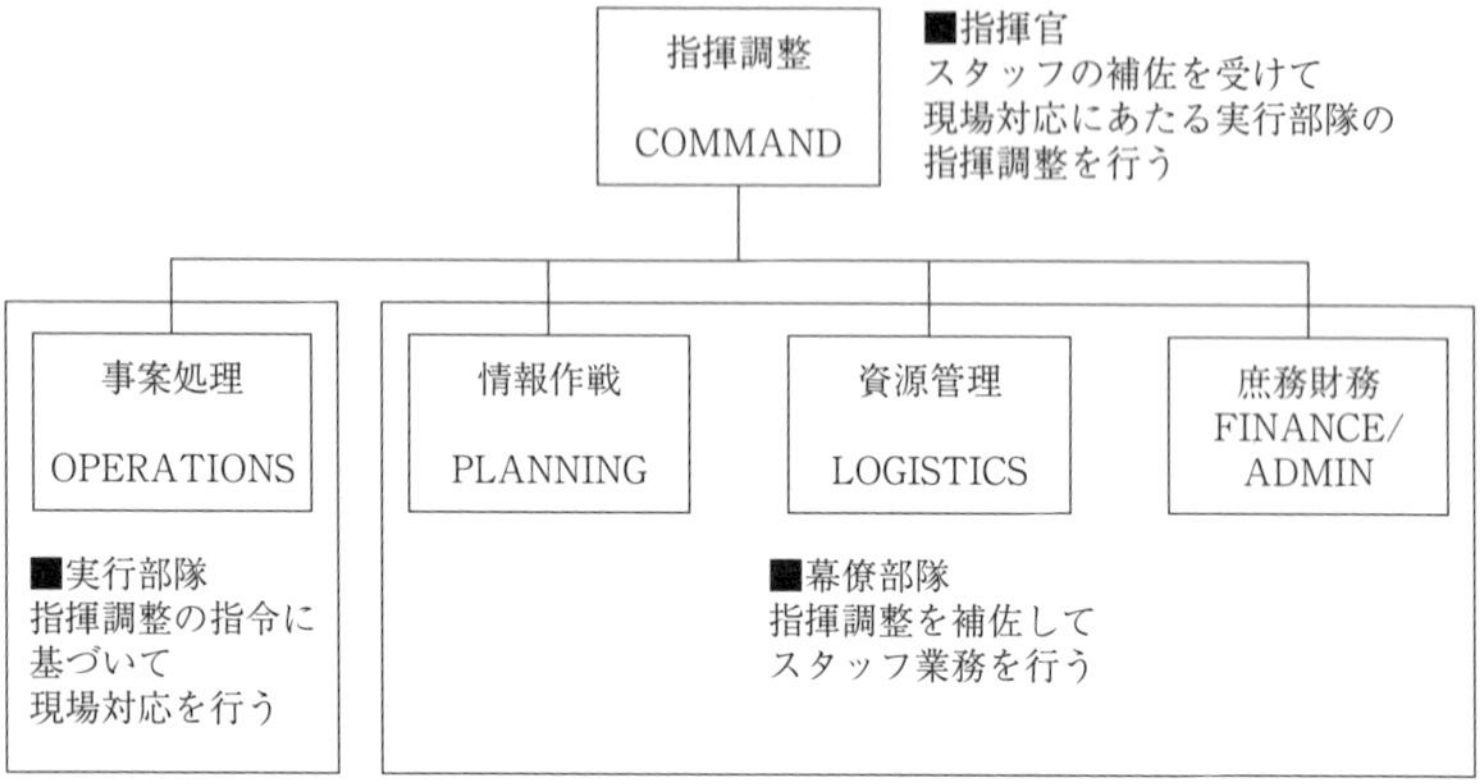

図1－1　緊急事態対応組織（Incident Command System）

となる。一方、総合支所には、地域振興課、市民生活課、保健福祉課の三課が設置されている。

そこで、現状の組織で災害が起こればどのようになるかをシミュレーションしてみよう。日常的には、防災行政は総務部の防災対策課と総合支所の地域振興課で担当している。そして、東日本大震災後は、総合支所の市民生活課と保健福祉課は、次のような取り扱い事務を実施している。

市民生活課……住民票・印鑑証明書・戸籍証明書・外国人登録記載事項証明書・各種税証明書の発行、住民異動届出、戸籍届出、印鑑登録等申請、国民年金・国民健康保険・後期高齢者医療関係届出、子ども医療費助成手続き、バイクの登録と廃車等の手続きなど。

保健福祉課……介護保険関係届出、子ども手当関係届出、母子父子・重度心身医療関係届出、保育所関係手続き、災害義援金・災害弔慰金・災害援護資金貸付手続きなど。

これでは、被災した地域住民の声を広く広聴することは不可能であろう。例えば、(1)本庁と総合支所との分権化を進める、(2)地域の住民組織を育て、自治組織化する、(3)福祉や健康に関する住民との共同関係を作る、(4)広聴・啓発業務を活発化するなどである。しかも、石巻市は合併後、災害対応できるような仕事の内容を精査して再編できるところにまで至っていないことがわかる。それは、従来の既設部局がICSにおける自部局の機能をよく理解していないことに原因があろう。例えば、がれき処理は生活環境部の災害廃棄物対策課の事案となっている。そうするとこの課と指揮調整の企画部および事案処理の震災復興部の三者の連携が必須となってくる。このような連携が市役所で成立しているのかが外からはわからない。そこに、対応業務の〝見える化〟が必須であることが理解できるだろう。

そこで、解決策の一つは、石巻市の災害対策本部と総合支所の災害対策本部の業務の整理で、同じ項目を二カ所で検討している可能性があり、非効率である。それは連絡体制にも表れている。総合支所の支部長は石巻市の災害対策本部会議に出席するが、各総合支所にその検討事項を所掌する受け皿が用意していないのである。したがって、指揮命令系統はあるが、実質的に仕事を推進する部隊がない状態が発生している危険性がある。

合併後の災害対応の円滑化

災害時においては、市町村の日常業務体制の矛盾が顕在化することがわかっている。それを新市役所（本庁）と旧市町村役場（総合支所）との関係において改善策を示してみよう。

(1)本庁と総合支所の権限の明確化：市町村合併を円滑に進めるために、合併後になくなる旧市町村の住民の融和策として、合併後不便とならない各種対策が講じられる。しかし、これは行財政改革の趣旨に反することであるから、やはり権限を明確化しておかなければならない。例えば、総合支所長と本庁の部局長が同格であるのかどうかは非常に大切な問題であろう。総合支所長が本庁の課長級であれば、同格ではないわけで、災害対策本部会議の意見の軽重にも関係する。儀式としての災害対策本部会議に終わらせないためにも、権限を明確化することは重要であろう。

(2)本庁と総合支所の調整機能の確保：両者の間で齟齬が起こった場合に、調整する機能が必要であろう。例えば、復興まちづくり協議は地元で頻繁にやらなければならないが、その途中経過の報告や結果に対する本庁と総合支所の調整機能は確保されていなければならない。本庁からの意志でまちづくり計画が左右されるようなことがあってはならない。あくまでも被災者が自らの意志で計画を作成し、実行しなければならない。復興計画の策定過程が関係者に合意されなければならない。

(3)支援体制の早期構築：一般行政職員が合併前より二〇％から四〇％程度減少するのが通例であるから、災害が起これば不足するのは当然である。したがって、本庁からでは不十分で都道府県からの応援が必須となる。東日本大震災直後、被災地の県庁で見られた退庁時の職員の帰宅の列は、断じて許されるものではないだろう。それは、せっかく市町村合併によって県との連携が容易になるはずのものが、その意味がとくに県庁職員に理解不足だったことが原因である。自治体の合併が県レベルでは他人事（ひとごと）になっていたのである。また、応援職員だけでなく車両や什器類、文房具に至る資源の供給も喫緊の課題であった。

(4)本庁と総合支所間の情報の共有化と状況認識の統一：〝情報を制する者は災害を制する〟ことは間違いあるまい。本庁での災害対策本部会議で決定されたことが総合支所の職員と共有できなければならない。そのためには、テレビ会議システムの導入などは市町村合併で必須であろう。そして、何よりも〝わが市にとって今、何が最重要課題で、最も喫緊の課題はなんであるのか〟を関係者全員が知っている必要があろう。そうでなければ、組織として災害対応ができないだろう。そして連絡業務については、定量的な表現を極力心掛けなければならない。災害時の希望的観測は禁物であるが、数値による将来展望は被災者に勇気と希望を与えることを忘れてはならない。

6　国難となる想定外の被害を軽減

当初、課題を与えられたとき原稿を書く自信がなかった。しかし、検討する時間があったことや、メディアからの資料収集や災害対応に派遣された自治体関係者の意見を聞くことができたので書き進めることができた。そして、その過程で、なぜ被災自治体の災害対応や復旧・復興があまりにも円滑に進まない理由の一端が、市町村合併にあることが分かりだした。平成の合併がスタートした当時、出版された関係図書はすべからくポジティブなことしか書いていなかった。結果的にこの難局を乗り越えられても当事者の被災者は大変である。市町村合併当時、〝行革〟といえば泣く子も黙るほど市町村関係者の合言葉になっていた。そして、二四一市町村に災害救助法が発令されるスーパー広域災害が東日本大震災として起こるに及んで、その被災規模を数倍から十数倍も上回る南海トラフ巨大地震の被害想定結果を前にして、下手をすると、市町村合併が国難に拡大する大きな要因になるような大きな問題を起こすことがわかった。

冒頭に記述したように、一九九九年四月一日の市町村自治体数三二三五から二〇一三年四月一日の一七二五まで四七％も減少した現実はとても重い。なぜなら、例えば、南海トラフ巨大地震を想定外としないためには、災害救助法が約七〇〇の自治体に適用されることを考えると、合併前の自治体数は、一三一〇自治体の多きにわたり、約六一〇〇万人が被災する危険性があることをもっと重大に受けとめる必要があるからだ。もちろん、政府も手をこまねいているわけではない。本年四月一二日に閣議決定された「災害対策基本法の一部を改正する法律案」では、災害救助法の所管を厚生労働省から内閣府へ移管することや、大規模広域な災害に対する即応力の強化を図り、災害緊急事態の布告における内閣総理大臣の指揮監督の下での政府の一体化などが実現することになっている。東日本大震災で起こった被災自治体の災害対応上の数々の問題が少しでも緩和されないと、結局そのしわ寄せは被災者に集中することになることを忘れてはなるまい。そして、災害のマネジメントに関しては、決して財源の不足だけが問題ではないことをこの震災は教えてくれた。災害対応は最終的には〝ひと〟の問題であることがよくわかった。これを最大の教訓として次なる災害に備えなければならないだろう。

参考文献

佐々木信夫『市町村合併』ちくま新書、二〇〇二年、二二〇頁。

矢吹初ほか『市町村合併のシナジー効果』日本評論社、二〇一二年、一六八頁。

長岡市防災体制検討委員会『新たな防災体制の整備に関する提言』長岡市、二〇〇六年、一〇頁。

『平成の市町村大合併・総集編』国際地学協会、二〇〇六年、一七四頁。

内閣府『地方都市等における地震防災のあり方に関する専門調査会報告』（地方都市等における地震対応のチェックリスト）、（地震対応の事例集）、二〇一二年、三三七頁。

河田恵昭『津波避難と自助・共助・公助、そして〝弱い〟民主主義』二十一世紀WAKAYAMA、和歌山社会経済研究所、二〇一二年、二～四頁。

第2章　自治体の合併と防災対策の動向
——合併すれば地域防災力が高まるわけではない——

中林一樹

1　合併と災害に関する自治体調査の視点

「平成の大合併」により、日本の基礎自治体（特別区を含む市町村）の数は、三二二九から一七二七に減少し、自治体の平均行政面積は一一四・八平方キロメートルから二一五・〇平方キロメートルへ増えた（表2-1）。合併によって行政区域が広くなった自治体は、どこかで被災する可能性が高まっているはずであり、平地、山地、海岸部、都市部などの地域特性も多様化しているために災害も多様化するはずである。同時に、地域特性の多様化によって、気候条件、地形条件から多くの災害に襲われる日本列島においては、対応すべき災害の種類が増えていくであろう。そして、複数の災害に、同時あるいは連続して被災する複合災害に被災する可能性や広域巨大災害に巻き込まれる可能性も高くなるはずである。

合併に伴う自治体と災害対応とに関わる二つの事例がある。二〇〇四年一〇月に発生した新潟県中越地震は、五四市町村が災害救助法の適用を受けた中山間地域の地震災害で、死者六八人（直接死一五人と震災関連死五三人）、全壊家屋三一七五棟の被害であったが、直前の台風による豪雨の影響もあって山間地での斜面崩壊が各地に膨大に発生し、道路寸断による孤立地域の発生もあって、旧山古志村では全村避難を決意し長岡市内に避難後、二年半にわたる応急仮設住宅での生活を余儀なくされた。翌年の四月に長岡市への合併が決まっていたことも自治体単位での避難の背景にあるが、合併する前の二〇〇五年三月中に、被災自治体として〝村〟の「復興計画」の策定を急いだ。

表2-1　合併による市町村数等の推移

時　　期	昭和28年9月30日	平成11年3月31日	平成22月3月31日
市町村数	9,895	3,232	1,730
平均人口（人）	7,864	36,387	68,947
平均面積（km^2）	37.5	114.8	215.0

出所：総務省『平成の合併』2010年，6頁。

地域として村民が共有し、主体的に希求する「復興計画」を提示することで、合併後の復興計画に於ける被災地区としての主体性を堅持することをめざした。合併後に「長岡市復興計画」の改定がなされたが、合併前に掲げた旧自治体の復興理念や構想は、その改定の基礎として取り込まれた。また、長岡市は日本海沿岸自治体とも合併して広域化し、地域防災計画では初めて津波対策にも取り組むことになった。

二〇〇八年六月の宮城・岩手内陸地震は、栗駒山麓を襲った山村地域の地震災害で、岩手県と宮城県の各一市に災害救助法が適用された。山塊崩落が顕著で二三人の死者行方不明者が発生したが、全壊家屋は三〇棟であった。主な被害が発生した宮城県栗原市は、震災の直前に、一〇町村が合併して二〇〇五年四月に新設された自治体であった。被害は旧一〇町村のうちの二村に集中し、行楽客等も犠牲になった。被災地区が孤立する中での災害対応は、「合併による自治体のマンパワーの増加が、災害直後の対応活動に有効に機能した（市長談二〇〇八）」といわれた。しかし、その後の復興では、旧一〇自治体のうち被災したのは二村のみで、被災地域を基盤とする市議会議員も少なく、被災地区の復興に対する意識にも地域差が感じられた。その復興に取り組みはじめた最中に震度七を記録した東日本大震災に遭遇し、平野部で五八棟の全壊被害となり、二つの地震災害に同時対応する「複合災害」からの復興に向けて計画を改定し、「みんなで明日へ」を復興理念に掲げて、復興に取り組んでいる。

これらの事例にみるまでもなく、合併自治体は、広域化、地域特性の多様化によって、災害が発生する可能性が高くなったこと、対応すべき災害の種類が増えていることが想定されるのであるが、自治体担当者はどのように認識しているのだろうか。さらに、総務省が挙げている合併の問題点の一つに「住民サービスの低下」がある（総務省二〇一〇：六頁）が、防災面での住民サービスの低下がありうることを、自治体職員は認識しているのだろうか。

他方、総務省は自治体の合併効果として、専門職員の配置など住民サービス提供体制の充実・強化、広域的なまちづくりの推進、適正な職員配置や公共施設の統廃合などによる行財政の効率化を挙げている。専門職員の配置が可能になれば、他の業務と併任で片手間に防災を担当するのではなく、時代の変化に合わせた新たな防災施策の立案や対策の工夫に資するかもしれないが、実態はどうなのであろうか。また、行財政の効率化が進めば基礎自治体の財政力を上げ、新たな防災施策に予算を充てることも可能となり、合併後の防災施策の見直しや拡充・強化を推進する可能性があるが、実態はどうなのであろう。

本章は、災害対策の最前線である基礎自治体のうち平成の大合併を行った自治体を対象とする調査票調査の結果を基に、合併自治体の担当者の目を通して、自治体合併における合併後の行政区画の拡大と地域特性の多様化がもたらすであろう地域の被災可能性の認識とともに、防災対策の見直し状況、新たな防災施策の立案・執行の状況、職員の防災対策の立案・執行の能力向上などを、考察するものである。

2　複合災害・広域巨大災害と自治体合併

複合災害を、①複数の災害が同時にあるいは時間差を持って同一地域を襲い被害が拡大する「同時多発型複合災害」と、②同一の行政区域内で複数の災害が同時にあるいは時間差を持って別々に発生し、自治体は複数の災害に同時に対応することを迫られる「同時対応型複合災害」と定義し、さらに、③三以上の都道府県に同時に一〇〇〇人以上の犠牲者を引く起こす災害を「広域巨大災害」と定義した（中林他二〇〇九）。

同時多発型複合災害とは「一九四八年六月の福井地震で壊滅的な震動被害を受けた福井平野が、七月の豪雨で、地震動で沈降した九頭竜川が越流・破堤して地震被災地が水害を被って被害を拡大した」事例や、「二〇〇四年の新潟県中越地震は二日前の台風二六号によって大量の降雨があった山間地域を襲って、膨大な斜面崩壊や山塊崩落が相次ぎ、道路寸断による孤立化のために全村避難した後の豪雪では屋根雪降しもできず、地震動を受けた家屋の被害が拡大した」事例である。この二〇〇四年は、新潟県としては、七月に七夕豪雨による水害、一〇月に中越地震、翌年一〜三月の豪雪災害への同時対応を迫られた「同時対応型災害」となった。

なお、三県に一〇〇〇人以上の犠牲者を引き起こした広域巨大災害は、関東大震災（一九二三）と東日本大震災（二〇一一）のみである。

自治体合併による行政区域の広域化は、複合的な災害に遭遇する可能性と広域巨大災害に巻き込まれる可能性を高めると想定できる。中林一樹・小田切利栄（二〇〇九：三三〜四二頁）は、複合災害および広域巨大災害への認識ならびに自治体対応の現状と対策について、全国都道府県および政令指定都市を対象として調査を行っている。調査対象自治体の二八％で複合災害被災経験があること、自治体の複合災害への対応対策が進んでいないこと、広域巨大災害対策は大規模地震対策特別措置法など制度的位置づけがされている地域、基礎的自治体である政令指定都市よりは広域自治体である都道府県で取り組まれている割合が高いことなどを明らかにしている。

3　自治体合併と地域防災に関する既往研究

自治体合併に関する既往研究として、吉村浩は、一連の研究の中で市町村合併と行政サービスに関して自治体の人口規模および面積規模と行政サービスの関連を分析している（吉村二〇〇四：一〇一〜一二三頁、吉村二〇〇二a：二六五〜二八二頁、吉村二〇〇二b：四五七〜四七五頁）。都市の人口規模と行政サービス度の関係は一般に「右上がり」の傾向が見られ、人口規模五〇万人程度までは急激に行政サービス水準が上昇する（吉村二〇〇四：一〇一〜一二三頁）としているが、行政区域面積が増大するにつれて行政サービス水準は急激に低下し、面積二〇〇平方キロ超で最低となること（吉村二〇〇二b：四五七〜四七五頁）を、明らかにしている。そして同じ一連の研究の中で、行政サービス一般の説明変数として面積規模を追加する意味は小さいとしている（吉村二〇〇四：一〇一〜一二三頁）

が、防災対策という行政課題に付いての論考はない。

都市計画分野では福島茂・瀬口哲夫（二〇〇九：六九七～七〇二頁）が、合併後の面積が八〇〇平方キロ以上になった都市を「広域合併都市」と位置づけ、合併によって市町村間の広域調整を内包化し、多くの広域合併都市では域内連携・調整を容易にしたとしている。

平成大合併と災害対策に焦点をあてている研究として、金谷裕弘・嶋田貴洋（二〇〇八：二七～四一頁）は、自治体区域が二〇〇〇平方キロメートルを超えた岐阜県高山市と五八市町村が一八市町村に合併された大分県を対象に調査を行い、合併に伴う災害対策の課題として災害対応専任部署の整備、支所等の体制整備、役割の明確化を挙げ、二自治体の課題に対するアプローチを示している。北垣哲夫（二〇〇八：四三～五四頁）は、市町合併と防災対策について兵庫県豊岡市を対象に調査を行い、市町合併のメリットとして組織体制の強化、情報連携強化、職員のノウハウの集約、防災基盤の充実を挙げ、デメリットとして自治体規模に対する職員数の減少による災害対応脆弱性を示している。林智和（二〇〇八：七三～七八頁）は、長岡市を調査対象として合併前の中越地震被災と合併後の中越沖地震被災の比較から、防災対策における市町村合併のメリットとして専門部署の創設、職員の応援体制、避難計画の広域化、情報伝達の円滑化を挙げ、デメリットとして支所地域の職員数の減少、情報共有の困難さ、判断の躊躇、災害の多様化を挙げている。

本章では、自治体の防災対策に着目して、特定の合併自治体における事例研究ではなく、平成の大合併を行った基礎自治体全数を対象に、防災施策の見直し状況、その施策立案と執行に関わる自治体属性との関連性について、実態調査し、合併自治体と防災対策の現状を明らかにする。なお、東日本大震災以降、震災をきっかけとして全国の自治体で防災施策の見直しに取り組んでいるが、本章での分析データは、東日本大震災以前に行った、合併後の合併自治体に対する質問紙調査(1)「自治体の合併による災害対策の変化に関する調査」に基づく論考である。また、合併していない自治体との比較研究ではない。

4　合併自治体における災害への認識

災害別の被災可能性の認識

近年、地球温暖化が原因と思われる異常気象の発生が指摘されている。調査では、被災可能性の認識について、地球温暖化や地震活動活発化に伴う地震、風水害・土石流、火山噴火、豪雪による被災可能性について質問した。また、同じ災害種別に合併に伴う自治体面積広域化による被災可能性について質問した。

図2-1は温暖化等による被災可能性、図2-2は合併に伴う広域化による被災可能性の認識状況である。比較すると、図2-1、図2-2ともに、風水害・土石流に関して他の災害との間に大きな認識の差異がある。また、広域化による被災可能性も高くなると認識されているが、温暖化等による被災可能性の方がさらに高く認識されている。これは、自治体合併が自治体面積の拡大につながり、一つの自治体として被災可能性が高くなる可能性よりは、地球温暖化等による新たな災害に被災する可能性を強く認識していることを示している。防災担当者の被災可能性の認識や災害対策の必要性の認識に影響を与えているのは、情報としての地球温暖化であり、合併ではないようである。

複合災害の被災可能性の認識と合併後面積および地域多様性との関連性

(1)広域化による複合災害の被災可能性の認識

複合災害は「複数の災害に同時あるいは連続して被災して被害が拡大し、自治体としての災害対応の困難性が増す災害事象」と定義できる。それは、「空間的複合化で、同一被災地が一定の期間内に複数の災害によって被災することで被害が激甚化し、新たな様相を来たして、その対応・復旧・復興が困難となる災害事象」である「同時被災型複合災害」と、「時間的複合化で、同一行政区域内で異なる地域が一定の期間内に別々に被災し人材や物資を

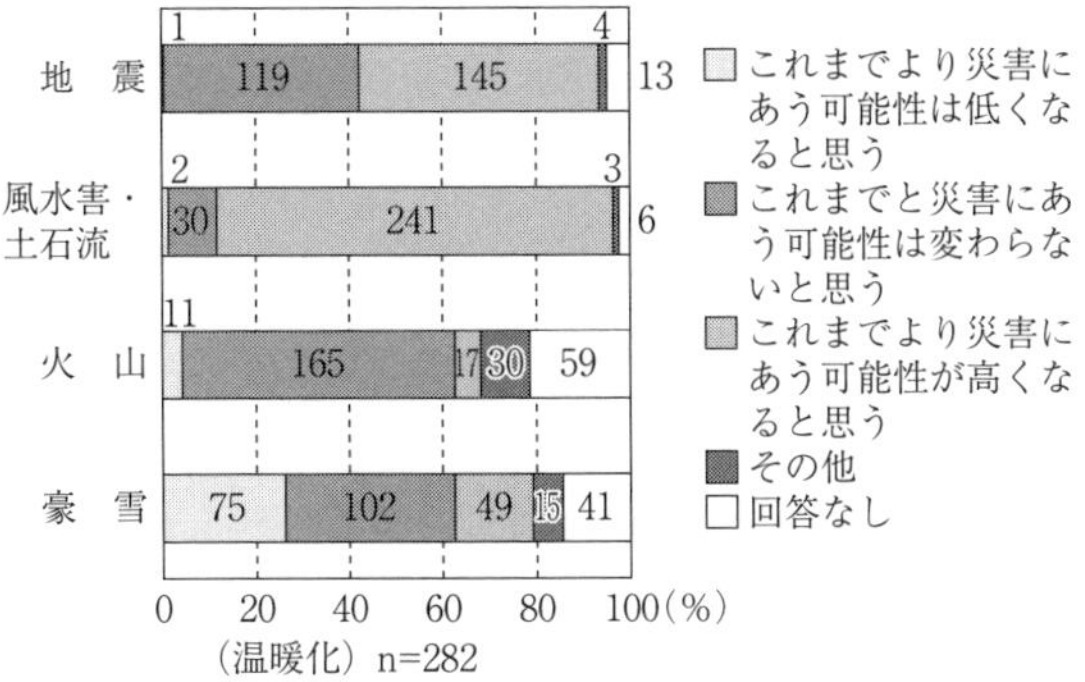

図2-1　温暖化等による災害別被災可能性の認識状況

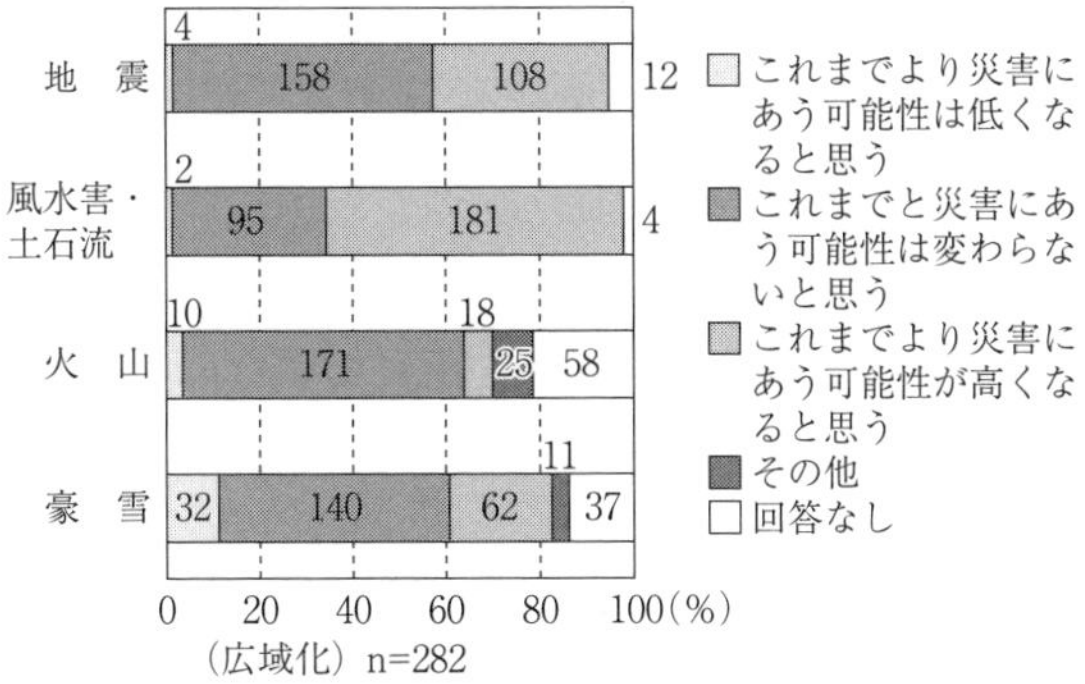

図2-2　合併に伴う広域化による
災害別被災可能性の認識状況

分散せざるをえず、それぞれの対応・復旧・復興が困難となる災害事象」である「同時対応型複合災害」とがある。さらに、両方が重なる「同時被災・同時対応型複合災害」も定義できる（中林・小田切二〇〇九）。

図2-3は、広域化による複合災害被災可能性の認識状況を示している。同時被災型は四八・二％、同時対応型は四八・六％、その両方が重なる同時被災・同時対応型は五二・五％と、三つのタイプのいずれも、回答自治体の五〇％前後で、合併前よりも複合災害の被災可能性が高くなると認識されている。

表2-2は、回答自治体の合併後の行政区域面積の状況である。吉村弘（二〇〇二b）が明らかにした、行政サー

ビスが最低となる二〇〇平方キロを一つ目のカテゴリの境界として、回答自治体を面積規模によって四つに分けて、合併後の面積規模と複合災害被災可能性の認識とのクロス集計を行った。その結果、同時対応型複合災害と行政区域面積とに有意な関連性が見られ（図2-4）、行政区域面積が広い自治体ほど、複合災害の被災可能性を高く認識している傾向にある。

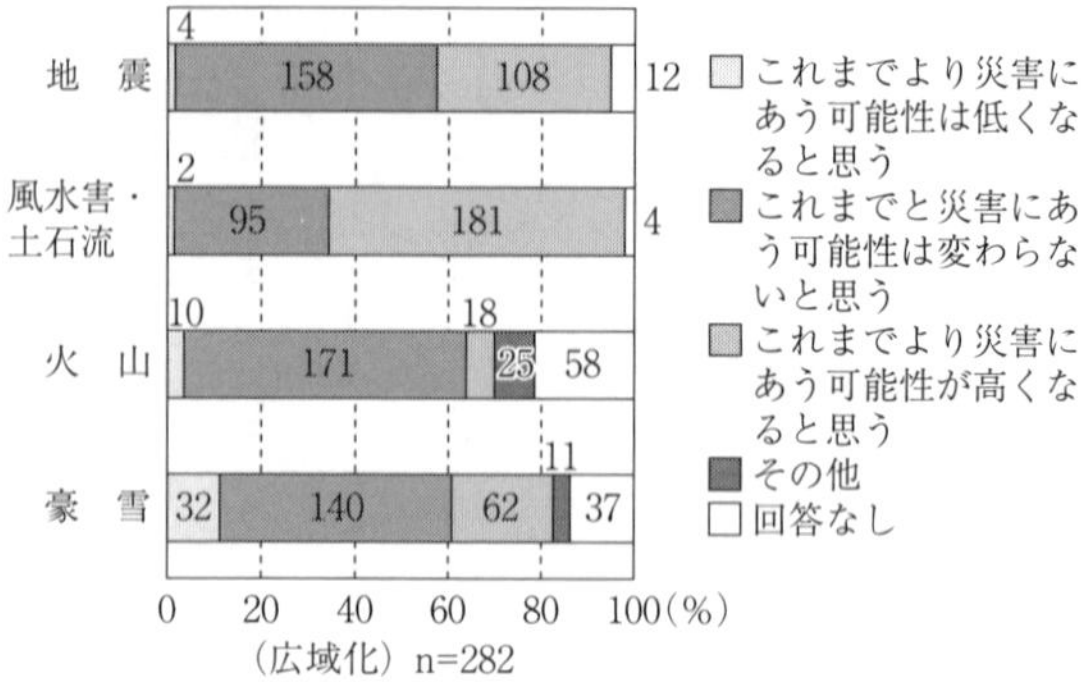

図2-3　合併に伴う広域化による複合災害の被災可能性の認識状況

表2-2　行政区域面積別の回答自治体数

行政区域の面積	回答自治体数	構成比
200 km² 以下	95	33.7
200 km² を超えて 400 km² 以下	83	29.4
400 km² を超えて 600 km² 以下	58	20.6
600 km² を超える	46	16.3
合　計	282	100.0

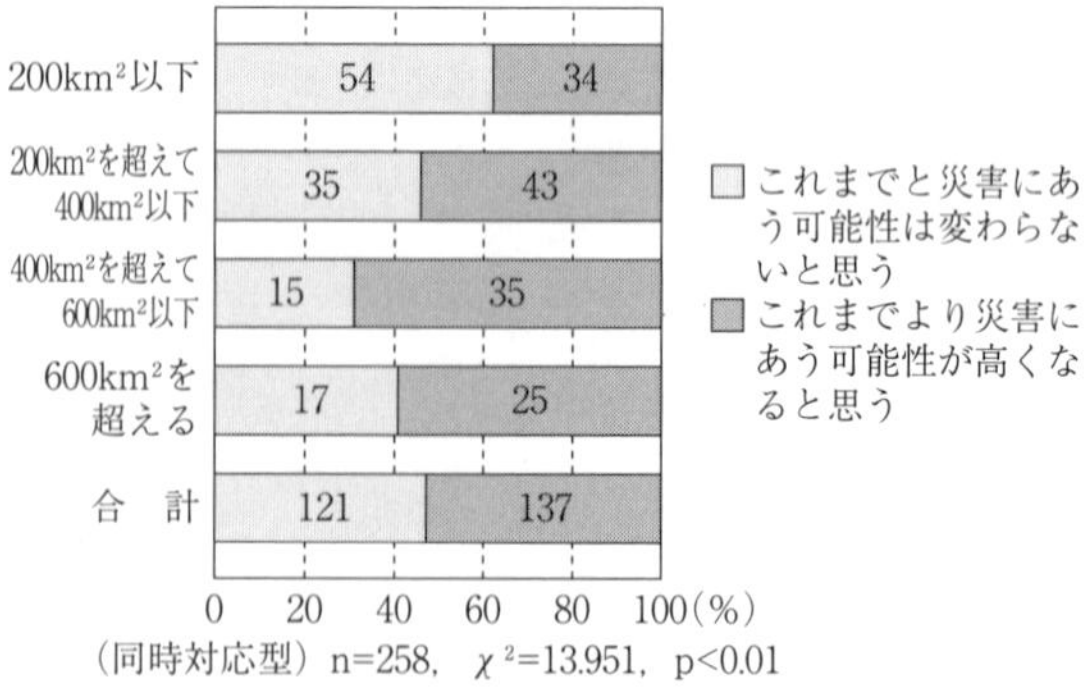

図2-4　面積規模別にみた同時対応型複合災害の被災可能性の認識状況

(2) 地域の多様化と複合災害の被災可能性の認識

合併に伴う地域特性の多様化は、自然災害に被災する可能性を高めていると考えることができるのではないか。内陸の自治体も沿岸の自治体と合併すれば、合併前には対応する必要がなかった高潮災害や津波災害への対策も必要になってくる。このような合併自治体における多様な自然災害に被災する可能性の背景となる地域多様性について、合併後の自治体区域内における地域類型数に着目して分析を行った。

地域多様性を判断するために、農林水産省農林業センサス（「二〇〇五年農林業センサス報告書　農業地域類型別報告書」）で設定されている地域類型に基づいて、〈都市的地域〉、〈平地農業地域〉、〈中間農業地域〉、〈山間農業地域〉の農業地域類型[2]に、独自に〈沿岸地域〉を加えた五種類の地域類型を設定し、自治体区域が対応している地域類型数を計測した。

回答合併自治体の区域内に含む地域類型数の平均は三・二六種類であった。地域類型数別の回答自治体数は表2-3のとおりで、地域類型数が1であるものは四・六%に過ぎなかった。他方、大都市地域以外での合併が多いため、都市、平地、山間、沿岸または中間農業地域のうち四種類以上の地域類型に多様化した合併となった回答自治体が四四%を占める。

回答自治体の「地域多様性」と「複合災害の

表2-3　地域類型でみた回答自治体の地域特性の多様性

行政区域内の地域類型数	回答自治体数	構成比
1類型	13	4.6
2類型	66	23.4
3類型	77	27.3
4類型	88	31.2
5類型	38	13.5
合　計	282	100.0

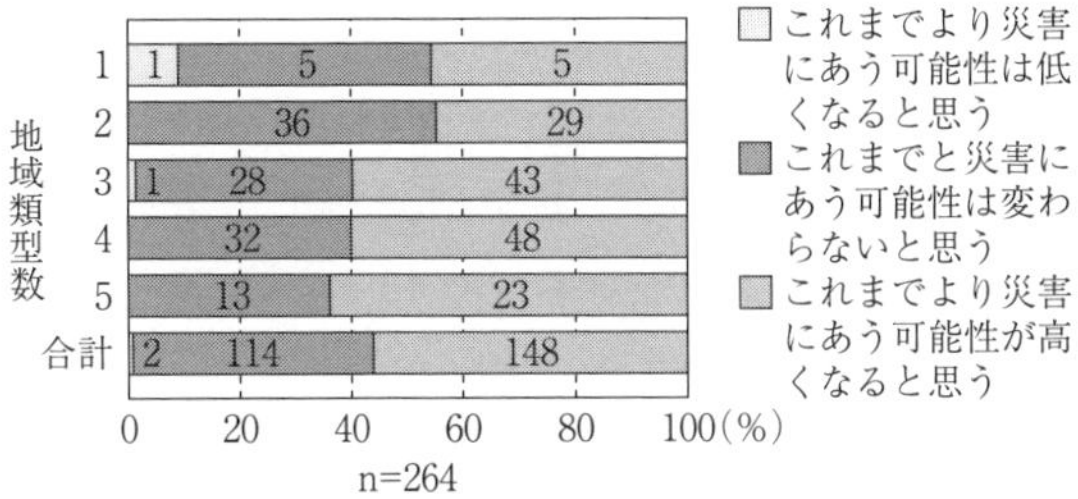

図2-5　地域類型数別にみた同時被災・同時対応型複合災害の被災可能性の認識状況

被災可能性の認識」との関連性を、地域類型数と被災可能性認識との関連として、クロス集計によって分析したところ、地域類型数が多い自治体では、同時被災・同時対応型複合災害の被災の可能性を高く認識している傾向があり、同時被災型も同様の結果であった（図2-5）。合併による地域特性の多様化が、複合災害の被災可能性の認識を高めているといえよう。

合併自治体に潜在する複合災害対応の必要性

合併により基礎自治体の面積が拡大し、地域多様性が増え、様々な災害や複合災害の被災可能性が高くなり、新たに対応することになるであろう災害種類が増えると合併自治体では認識されているはずである。では、具体的にはどのような災害対応が想定されているのであろうか。

図2-3から、温暖化等の環境変動や広域化による風水害・土石流の被災可能性（図2-1・図2-2）よりは低いものの、複合災害の被災可能性は高くなると、多くの地域防災計画担当者が認識していることがわかる。そして、合併により面積が広くなり、かつ地域多様性が増えるほど、複合災害の被災可能性の認識が高くなっている（図2-4・図2-5）ことも類推できる。

自治体職員によるこの複合災害対応対策の必要性が高まっていることへの認識が、防災施策の立案や執行を担当する職員の「想像力」の向上に繋がり、未経験の複合災害をイメージし、その想定される事態に対処するための新たな複合災害対策を工夫していく「創造力」の充実に繋がれば、合併による災害の多様化、複合災害化に対して、合併による自治体としての対応力が強化されていく可能性がないわけではない。しかし、そのように対策の展開がなされているのであろうか。

5　合併後の防災施策の見直し状況

防災施策立案等に関わる自治体属性

自治体が、ある分野において施策を立案しそれを執行するには、ある課題を解決しようという「動機付け」に始まり、「施策の立案」、「施策の決定・執行」へと展開するというプロセスが想定される。防災分野における施策の立案および執行に関わるプロセスを説明する自治体属性として、表2-4のように設定した。前節で説明した被災可能性の認識と地域多様性および行政区域の面積を除く一〇の属性については以下の通りである。

(1)法制度——地震防災対策強化地域などの指定

自治体が防災施策を立案し事業展開する「動機付け」として、東海地震を想定した地震防災対策強化地域などに指定されるという法制度的背景があろう。東日本大震災以前に地震対策として特定地震を対象とした三種類の特別措置法が整備され、表2-5の通りに対策強化地域などの指定が行われている。分析にあたっては、東海地震対策である地震防災対策強化地域と東南海・南海地震対策である地震防災対策推進地域に重複して指定されている自治体のうち一三の自治体から回答を得たが、いずれもその地震対策強化地域指定が東海地震の震源モデルが見直された平成一四年であることから、旧来の強化地域と区別するために東南海・南海地震防災対策推進地域として位置づけて分析を行った。回答合併自治体の中では、強化地域・推進地域の指定を受けてない自治体は六三・五％を占めた。

(2)職員の災害時応援派遣の状況

災害発生時に被災自治体支援のための「応援職員派遣」は、自治体における業務の被災疑似体験となり、各自治

表2－4　「防災対策の立案・執行のプロセス」の説明項目と関連する自治体属性

説明項目	自治体属性
施策立案のきっかけとなる防災動機付け資源	複合災害など被災可能性の認識 地域多様性 法制度 災害時職員応援派遣経験
施策や計画内容を深める立案資源	防災担当職員1人あたり面積 防災担当職員人数 防災担当職員の専門研修 災害時職員応援派遣経験（再掲）
施策を実現する執行資源	財政力 防災担当職員人数（再掲） 防災担当職員1人あたり面積（再掲） 一般職員人数
施策のサービス対象	人口規模 行政区域の面積規模
自治体属性の変化に関わる合併状況	合併方式 合併自治体数

表2－5　地震対策強化地域に指定されている回答自治体数

対策強化地域等名称（対策対象地震）	制定年度	回答自治体数	構成比
地震防災対策強化地域（東海地震）	S53	19	6.7
東南海・南海地震防災対策推進地域	H14	71	25.2
日本海溝・千島海溝周辺海溝型地震防災対策推進地域	H16	13	4.6
指定なし	－	179	63.5
合　　計	－	282	100.0

表2－6　災害時の応援職員派遣の状況

災害時の応援職員派遣の有無	回答自治体数	構成比
合併前の旧自治体も含め，災害時の職員派遣をしている	173	61.3
合併前の旧自治体も含め，災害時の職員派遣をしていない	104	36.9
回答なし	5	1.8
合　　計	282	100.0

体における防災施策の見直しや新たな取り組みの立案および執行展開の動機付けになると考えられる。
回答自治体の六一・三％では被災自治体を支援するための応援職員派遣を行っている。派遣先としては、合併以前では主に阪神・淡路大震災および中越地震の被災地への派遣が多いが、合併以降でも、中越地震、中越沖地震などの被災地に職員を派遣している（表2-6）。

表2-7　防災担当職員1人あたり面積規模別の回答自治体数

防災担当職員1人あたり面積規模	回答自治体数	構成比
3,727 ha/人以下	70	24.8
3,728〜7,102 ha/人	69	24.5
7,103〜12,593 ha/人	69	24.5
12,594 ha/人以上	70	24.8
回答なし	4	1.4
合　計	282	100.0

(3) 防災担当職員一人あたり面積

「防災担当職員一人あたり面積」とは、防災担当者による当該自治体内への丁寧な目配りやきめ細かな対応を実践する可能性の指標として設定した。一人当たりの区域面積が狭ければ、それだけ自治体内を知悉し、丁寧な目配りと対応が可能になると考えて、回答自治体数がほぼ均一になるように四区分した（表2-7）。回答自治体の平均では、防災担当職員一人あたり七〇平方キロメートルであり、中山間地域などの合併自治体では、防災担当者一人当たり一五〇平方キロメートルを超えることも少なくない。

(4) 防災担当職員の人数

防災分野における新しい取り組みなどを展開する施策立案資源の指標として、防災に関して時間と予算を専管する防災担当職員の人数を設定した。回答自治体の防災担当職員人数の平均は五・三人、最小は〇・五人、最大は二八人であった。なお、分析にあたって「他業務との兼任」と回答した自治体に対しては、防災分野での業務を五〇％と見なすことにして〇・五人に換算し、「係長一人と係員二人」の三人を単位ユニットと設定して四区分し、集計した（表2-8）。

表2-8　防災担当職員人数規模別回答自治体数

防災担当職員人数	回答自治体数	構成比
3人以下	120	42.6
3人を超えて6人以下	97	34.4
6人を超えて12人以下	42	14.9
12人を超える	19	6.7
回答なし	4	1.4
合　計	282	100.0

表2-9　防災担当職員の専門研修（平成20年度）状況

専門研修の有無	回答自治体数	構成比
派遣していない	119	42.2
派遣した	156	55.3
回答なし	7	2.5
合　計	282	100.0

防災担当職員の人数について、回答自治体の四二・六％では防災担当者三人以下で、防災担当課を編成できると想定できる職員規模六人（二ユニット）を超える合併自治体は、二一・六％にすぎなかった。合併前の状況との比較はできないが、合併による「防災分野の人的状況の充実が格段に進んだ」ともいえない。

(5)防災担当職員の専門研修

職員の人数とともに、その質的状況を計る指標として、防災分野施策の立案を担当する防災担当職員の専門研修の有無を設定した。専門研修を通して、その自治体の立案能力を高めることへの関心の強さと研修成果としての能力向上を包含する指標と考えられよう。回答自治体の五五・三％は、調査前年度（平成二〇年度）に、防災研修に防災担当職員を派遣していたが、四〇％以上の回答自治体では職員研修を行っていない（表2-9）。

(6)財政力（財政力指数）

施策を執行するにあたっては、施策の立案に関わる専任職員の人数や能力とともに、自治体の財政力が関わる。それには、単に財政的にゆとりがあるということのみならず、防災への出資を促すリーダーシップも重要な要素であるが、以下では総務省が公表している平成二二年度「財政力指数」[3]（総務省「平成22年度地方公共団体の主要財政指標一覧5．全市町村の主要財政指標（特別区を含む）」）によって合併自治体の財政力指数を計測し、その区分も総務省によった。この区分は、全国の自治体でも住民向け財政状況説明資料等に利用されている区分である（表2-10）。回答自治体の約半数は、財政力指数〇・五以上であるが、逆に約半数の回答合併自治体の財政力指数は〇・五以下であり、非合併自治体との比較はできないが、合併自治体の財政力指数は「合併によって大きく高まったとはいえない現状にある」と推察できよう。

表2-10　財政力指数ランク別回答自治体数

財政力指数ランク	回答自治体数	構成比
Ⅰ財政力指数0.5以上	139	49.3
Ⅱ財政力指数0.4以上0.5未満	44	15.6
Ⅲ財政力指数0.3以上0.4未満	50	17.7
Ⅳ財政力指数0.3未満	49	17.4
合　計	282	100.0

(7) 一般職員総数

地域に根付いて防災施策を執行する以上に発災時に応急対応するには、防災担当職員だけではなく住民の生活に最も近い総合支所や出先機関等で執務する職員の存在や、組織としてのマンパワーも重要である。そこで、一般職員総数を自治体の施策立案・施行に関わる属性の一つとして設定した。

回答自治体数をほぼ均等に四分割できるように、表2-11のとおり一般職員総数の規模の範囲を設定した。次節で防災施策見直し状況等とクロス集計し関連性を分析するが、回答自治体の合併後の職員総数は、過員の自治体もあるが、平均的には五五〇人規模である。

表2-11　一般職員総数規模別回答自治体数

一般職員総数	回答自治体数	構成比
339人以下	69	24.5
340～544人	68	24.1
545～1018人	69	24.5
1019人以上	68	24.1
回答なし	8	2.8
合　計	282	100.0

(8) 人口規模

基礎自治体の最も基本的な属性といえる人口規模については、調査実施時点（平成二二年一月一日）での人口をもとに、回答自治体数がほぼ均等数に分かれるように四区分した（表2-12）。回答合併自治体

表2-12　人口規模別回答自治体数

人口規模	回答自治体数	構成比
5500～3万	72	25.5
3万～5万	63	22.3
5万～10万	68	24.1
10万～150万	79	28.0
合　計	282	100.0

表2-13　合併方式別にみた回答自治体数

合併方式	回答自治体数	構成比
新設（合体）	206	73.0
編　入	76	27.0
合　計	282	100.0

注：新設（合体）＝2以上の地方自治体を廃止し，その区域をもって一の地方自治体を置くこと。対等合併として，自治体名称も改名される。編入＝地方自治体を廃止して，その区域を既存の地方自治体に加えること。
出所：阿部齊他『地方自治の現代用語』学陽書房，1996年，80頁。

の最小人口規模は五五四二人、最大は一四六万五一〇八人である。なお、「人口五万人」は「市」となる要件の人口規模（地方自治法第八条）であり、「三万人」はその特例として平成二二年まで緩和されていた「市」の人口規模である。

　合併自治体を対象にしているのであるが、人口三万人以下が四分の一、人口五万人以下が二分の一と、「市の要件」を充分に満たしていない自治体は多い。合併特例を活用した人口の小規模な自治体が少なくないのが実態で、実質的に合併による財政力の強化がもたらされているのか、注視していく必要がある。

(9)合併方式

　基礎自治体合併後の様々な施策の見直し状況に関しては、合併が「対等合併」であったか、「吸収合併」であったかによって差異があるとの指摘はよく聞くところである。そこで合併方式を自治体の施策立案・執行に関する属性の一つとして取り上げた。平成の大合併では対等合併による新設方式が多く、回答自治体の七三・〇％を占めている。新設方式では自治体名称も新しく改名され、歴史や伝統が軽んじられているとの批判も少なくないが、中心自治体の名称が引き継がれる編入方式は、回答自治体の二七・〇％であった（表2-13）。

(10)合併した旧自治体数

合併方式と同様に合併前の自治体数(4)により、行政区域面積や人口規模が拡大し、ひいては自治体職員数や財政力の拡充にも関わって、施策の立案や見直し状況などに差異を生じることが想定されるところから、合併自治体の属性の一つとして設定した。回答合併自治体において平均合併した自治体数は平均三・四五自治体で、最大は一四の自治体による合併であった（表2-14）。

防災施策の見直しと防災施策等に関わる自治体属性との関連性

合併後の基礎自治体における防災施策の見直し状況として、計画面では「地域防災計画の見直し」、「見直し程度」、その「見直し完了時期」を、市民への防災情報提供の実施では、地震、香水、土砂災害の「ハザードマップ見直し・作成状況」を、さらに、合併に伴う行政区域の広域化によって被災の可能性が拡大している「複合災害」対策としては「地域防災計画の中での複合災害対策の状況」および、地域防災計画とは別の「複合災害対応マニュアルの策定」状況、「広域巨大災害対策」の状況を取り上げ、上記の自治体属性との関連性の分析を行った（表2-15）。

なお、以下の地域防災施策等の見直しと自治体属性の関連性とのクロス集計では、関連する項目に関する無回答ケースは除いた。

表2-14　合併前自治体数にみる合併規模

合併前自治体数	回答自治体数	構成比
2	115	40.8
3	76	27.0
4	31	11.0
5以上	60	21.3
合　計	282	100.0

(1)地域防災計画の見直し状況

回答自治体の九〇・八％では地域防災計画の見直しを完了している（表2-16）。自治体計画の全面改定が必要となる新設方式（対等合併）の自治体が多いものの、自治体の防災対策の基本となる「地域防災計画」の見直しは、比較的早く着手されたといえる。

表2-15　「主要な防災施策の取り組み」と見直し状況

取り組み	合併後の防災施策の見通し状況
地域防災計画の見直し	地域防災計画の見直し
	地域防災計画の見直し完了時期
	地域防災計画の見直しの程度
ハザードマップの見直し・作成	地　震
	洪　水
	土砂災害（土石流）
複合災害対策	地域防災計画の中での複合災害対策
	複合災害対応マニュアル策定
	広域巨大災害対策

表2-16　地域防災計画見直し状況

見直しの状況	回答自治体数	構成比
見直しが完了した	256	90.8
見直しの作業中である	19	6.7
見直しに着手していないが，見直しの予定がある	6	2.1
回答なし	1	4
合　　計	282	100.0

(2) 地域防災計画の見直し完了時期

見直しの程度と見直し完了時期は相互に関連するはずであるが、平成の大合併では回答自治体の三八・七％が合併後一年目、三九・七％が二年目で地域防災計画の見直しを完了あるいは完了予定としていた（図2-6）。

(3) 地域防災計画の見直し完了時期と自治体属性

そこで、見直し完了時期を合併後一年目、二年目、および三年目以降の三つのカテゴリにまとめて自治体属性とクロス集計を行ったところ、防災担当職員人数、防災担当職員の専門研修、一般職員人数規模、人口、合併方式において有意な関連性がみられた。

防災担当職員人数がより多い自治体（図2-7）で、防災研修に職員を派遣している自治体（図2-8）、一般職員人数および、人口規模が大きい自治体（図2-9、図2-10）において、一年目に見直しが完了している割合が高くなっている。また、新設方式の対等合併と編入方式で合併した自治体（図2-11）とでは、編入合併の自治体の方が、地域防災計画見直しを合併後一年目で終了している割合が高い。編入合併のケースでは中心自治体の地域防災計画を基本として、新しい自治体組織に適合させるなどの部分改定することでの見直しが多く、編入された自治体の〝自立的な地域防災の取り組みが薄れ〟てしまい、編入された地域では災害対応も「周辺化」されて、〝依存姿勢が高まっている〟可能性を想定せざるをえない。

⑷ **地域防災計画の全面見直し状況**

しかしながら、六四・九％の回答自治体が「新たな項目も加えて全面改定」していると応えている（図2-12）。見直し状況を「全体を見直し、新たな項目も加えて、全面改定した」か否かに二区分して自治体属性とクロス集計

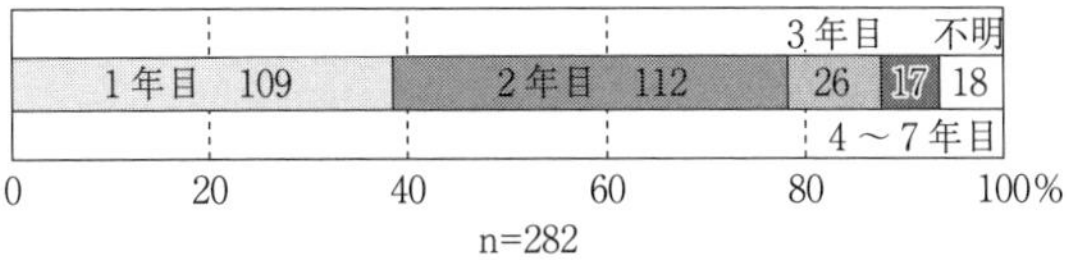

図2-6　地域防災計画の見直し完了（予定含む）時期の状況

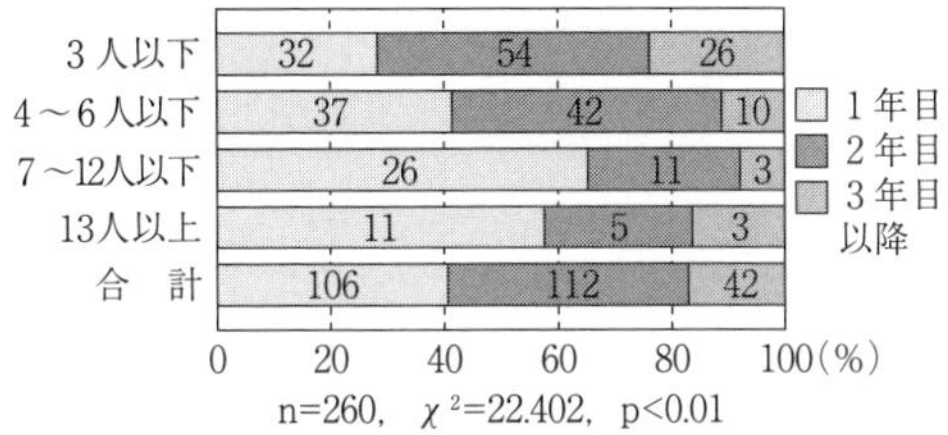

図2-7　防災担当職員人数別にみた
地域防災計画の見直し完了（予定含む）時期の状況

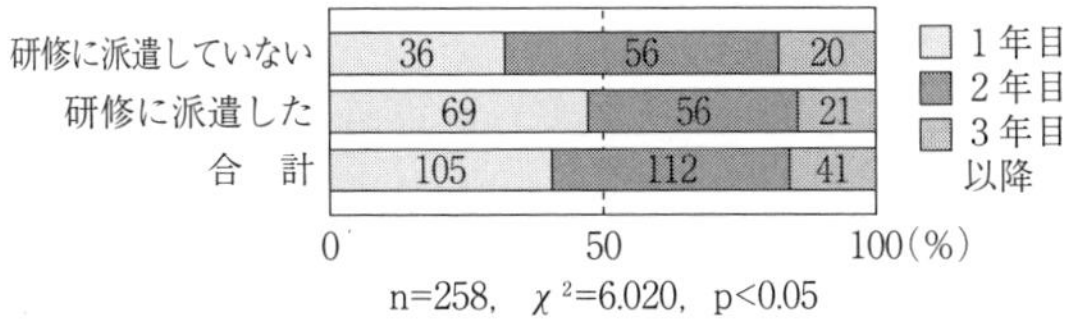

図2-8　防災担当職員の専門研修別にみた
地域防災計画の見直し完了時期の状況

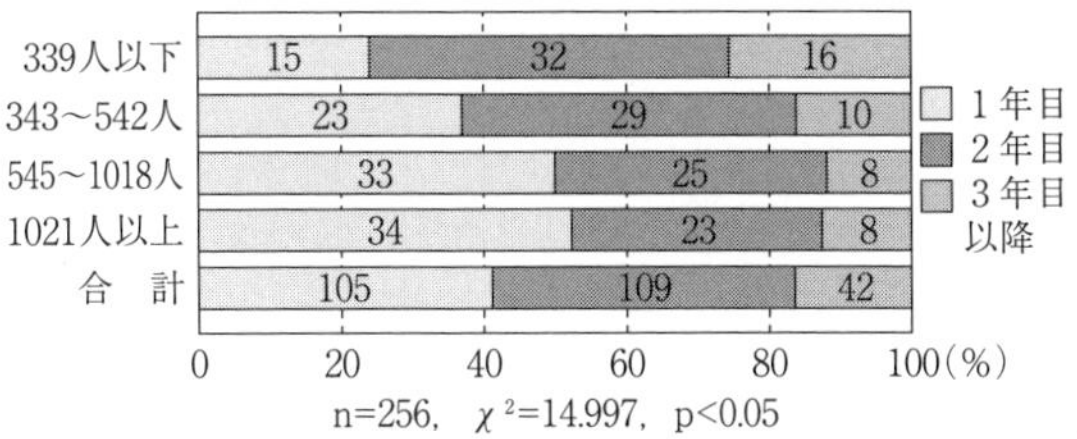

図2-9　一般職員人数規模別にみた
地域防災計画の見直し完了（予定含む）時期の状況

を行ったところ、災害時の職員応援派遣の経験、防災担当職員の人数、財政力、一般職員の人数、人口、合併方式で有意な差があった。

財政力が低い自治体（図2-13）、一般職員人数が少ない自治体（図2-14）、人口が相対的に少なく（図2-15）、新設方式で合併された自治体（図2-16）において、全面改定されている割合が高い。合併後の財政力が強い自治体は、元々財政力のある中心自治体への編入方式によって合併し、結果として、編入先の中心自治体の旧地域防災計画を基本に拡充している一方で、編入方式の合併自治体でも地域の多様性を考慮して新たな項目が追加されたり、組織

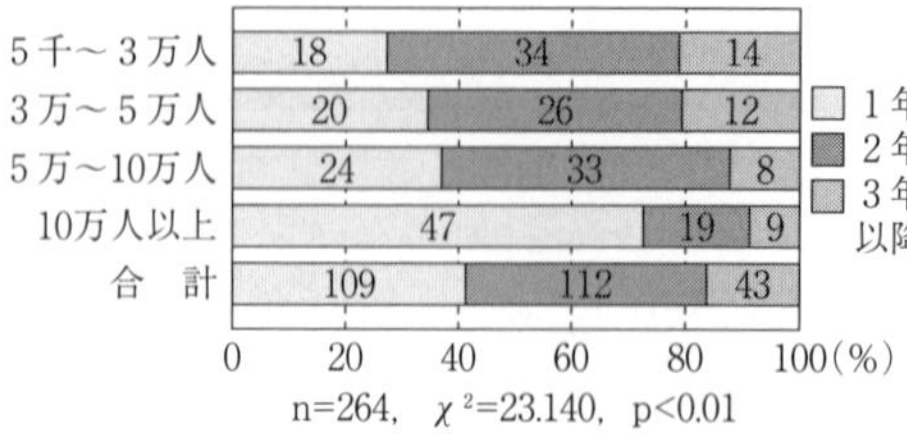

図2-10　人口規模別にみた地域防災計画の見直し完了時期

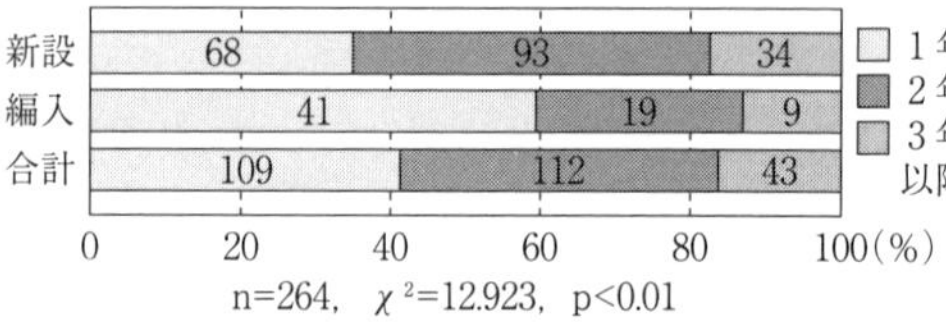

図2-11　合併方式別の地域防災計画の見直し完了時期

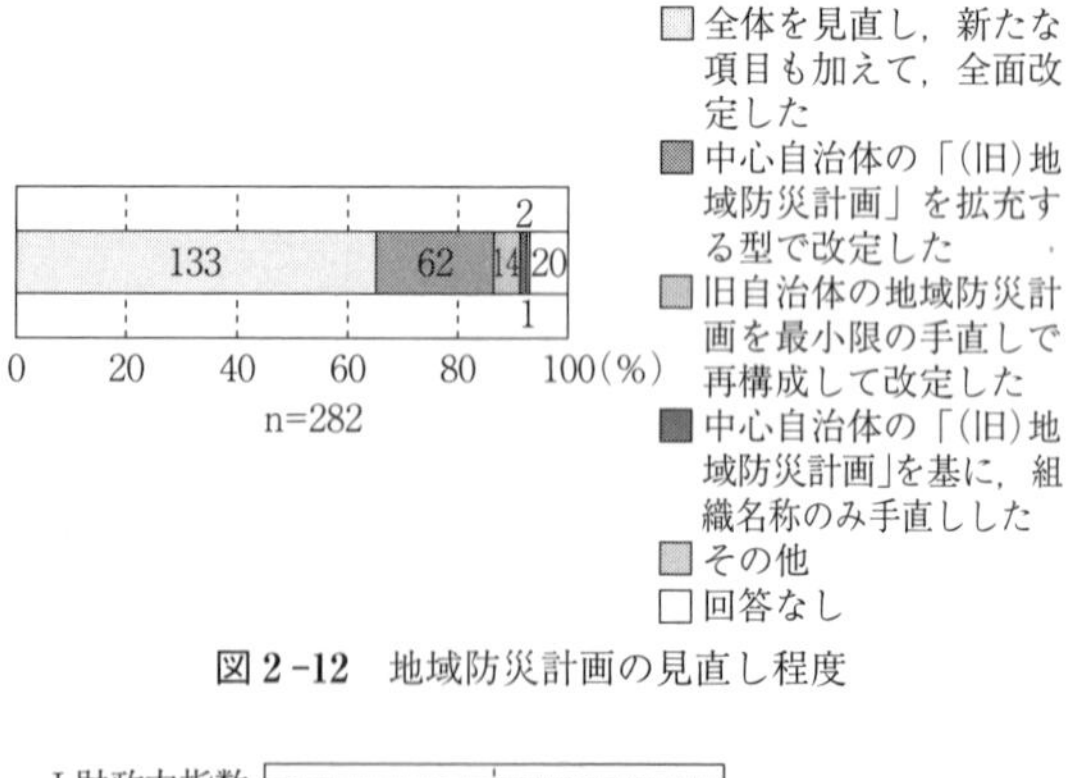

図2-12　地域防災計画の見直し程度

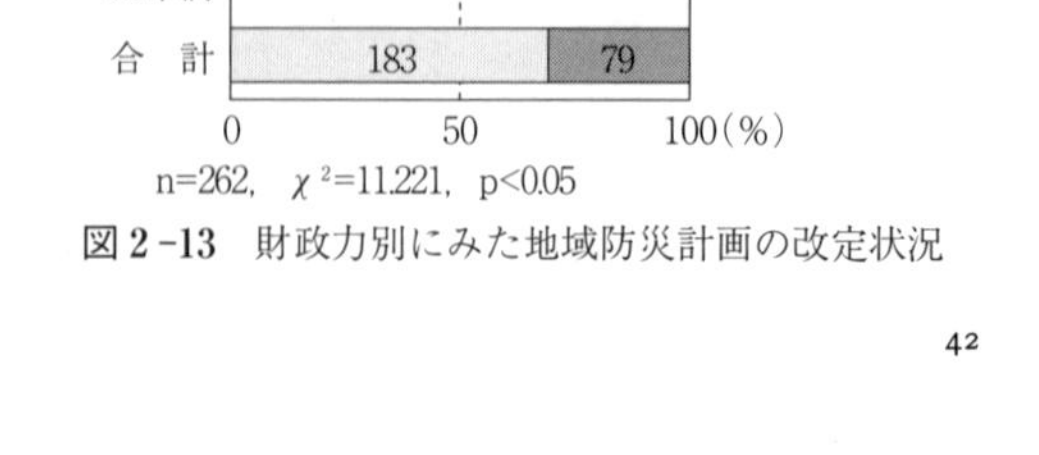

図2-13　財政力別にみた地域防災計画の改定状況

体制の改変を基に災害対応体制は全庁的な改定となることから、「全面改定」と評価していると推測できる。

なお、防災担当職員人数は、人数が少ない回答自治体ほど全面改定の割合が高い傾向があるが、これは新設方式の合併自治体が多く、対等合併故の全面改定と推察される（図2-17）。

また、災害時に職員の応援派遣をしていない自治体は小規模自治体に多いものの、応援派遣している自治体よりも「全面改定」している割合がやや高い（図2-18）。被災地への支援派遣は貴重な災害対応活動の疑似体験となるが、小規模自治体ほど職員数が少なく職員を被災地支援の派遣する余裕がないことが指摘されている。派遣をして

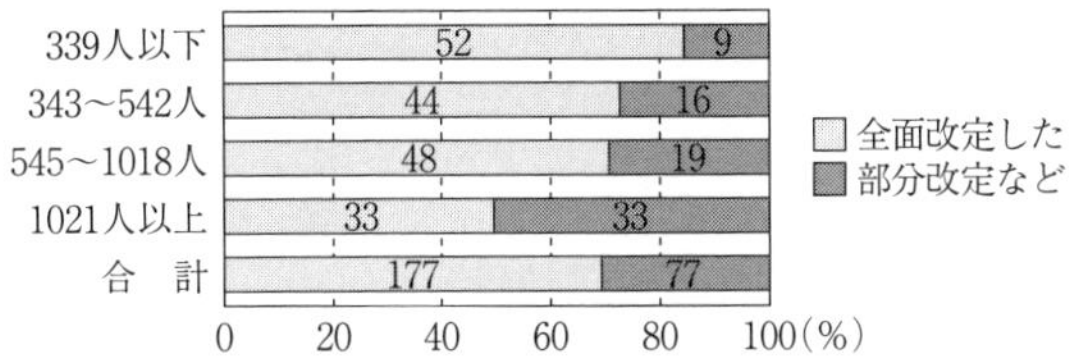

n=254,　χ^2=19.598,　p <0.01

図2-14　一般職員人数規模別にみた地域防災計画の改定状況

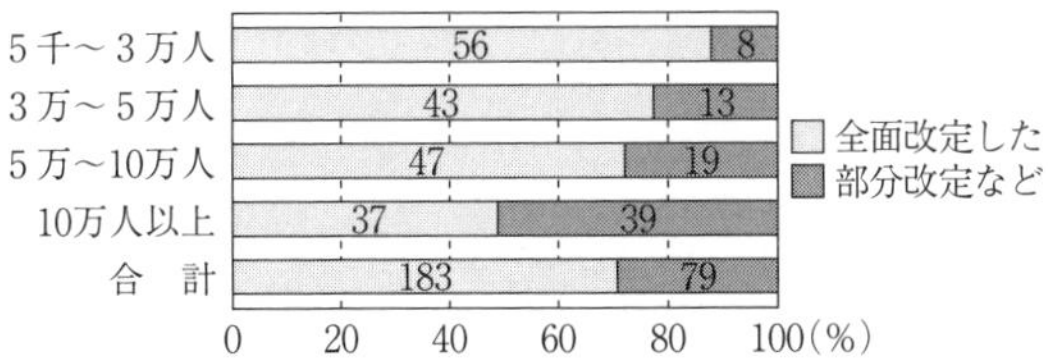

n=262,　χ^2=26.970,　p<0.01

図2-15　人口規模別にみた地域防災計画の改定状況

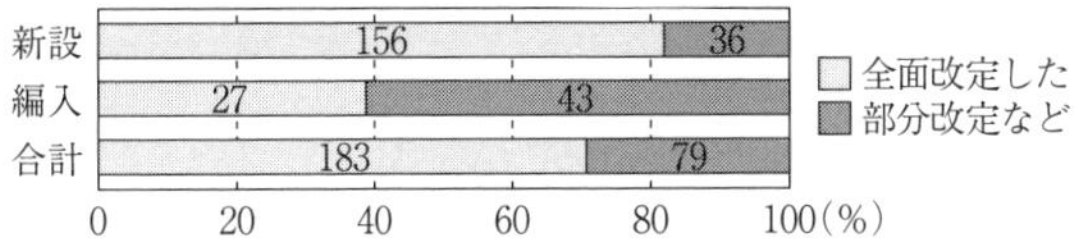

n=262,　χ^2=44.365,　p<0.01

図2-16　合併方式別にみた地域防災計画の改定状況

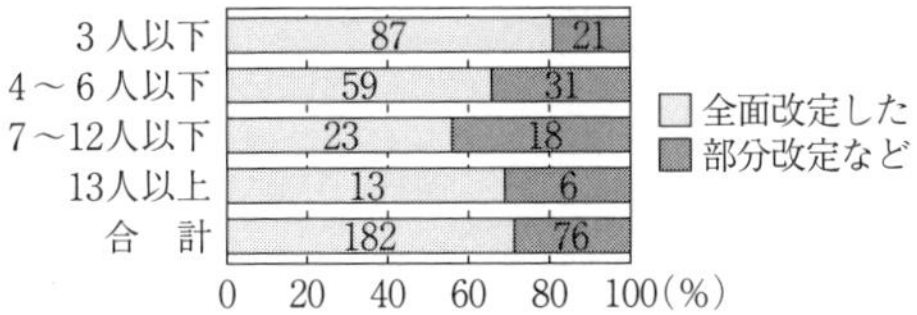

n=258,　χ^2=10.446,　p<0.05

図2-17　防災担当職員人数別にみた地域防災計画の改定状況

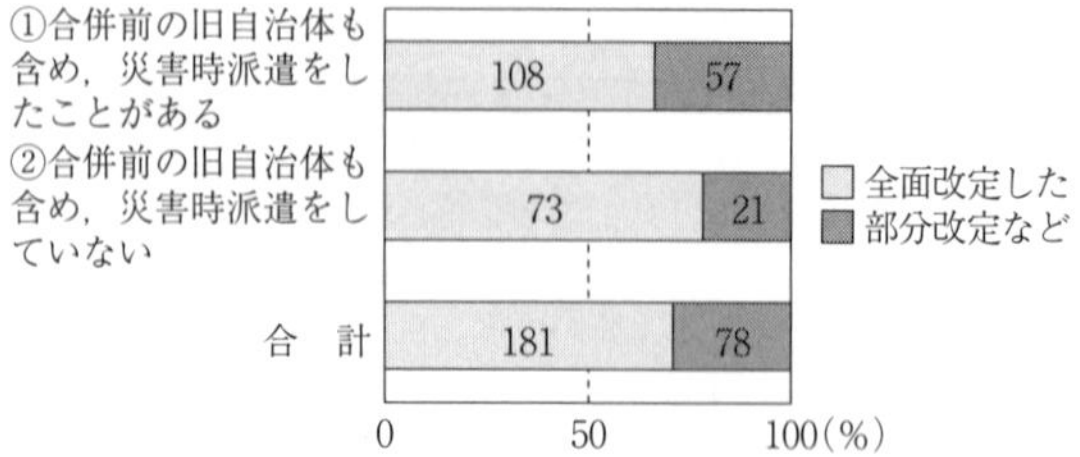

n=259,　χ^2=4.239,　p<0.05

図2-18　災害時職員応援派遣別にみた地域防災計画の改定状況

いない自治体では、小規模自治体が多く費用負担を含めて課題も想定されたが、全面見直しの割合は高い。一方、職員派遣が多い自治体とは大規模自治体が多く、見直し費用に困るわけではないはずであるが、全面見直しの割合が高くないのは、大規模な自治体には編入方式の合併自治体が相対的に多く、編入先の中心自治体の地域防災計画を基本とする部分見直しが少なくないことにも関連していると推察できる。

(5) ハザードマップの見直し作成

合併後の災害種別ハザードマップ[5]の見直し作成の状況は図2-19のとおりであるが、災害種類によって見直し状況が異なっている。「洪水ハザードマップ」は、六七・七%の回答自治体で見直しあるいは作成されているが、「津波ハザードマップ」は全回答自治体に対して一七・〇%（四八）の自治体で見直しあるいは作成されていた。これは、津波ハザードマップに関して無回答であった一一四自治体のうち九九自治体は内陸に位置しているので、沿岸域を持つ回答自治体に対しては約四五%に相当し、策定中や合併前の旧沿岸自治体のハザードマップを使っているも含めると、三分の二の沿岸自治体では、津波のハザードマップを持っていることになる。なお、これは東日本大震災以前に実施した調査での状況であり、東日本大震災後の現在は、ほぼ全ての自治体で津波ハザードマップへの何らかの取り組みが開始されているであろう。

国土交通省（「ハザードマップポータルサイト」）によると、全国の自治体のハザードマップ公表状況（地震ハザードマップは平成二三年四月現在、その他は平成二四年四月現在）は、地震ハザードマップ（震度予想マップなど）五〇・七%、洪水ハザードマップ七〇・七%、火山ハザードマップ四・五%、土石流ハザードマップ四六・六%、津波ハザードマップ二一・一%である。

全国の自治体の約半数で作成されている地震、洪水、土石流のハザードマップを取り上げ、防災担当職員人数がより多い自治体（図2-20）、防災担当職員の専門研修が実施されている自治体（図2-21）、防災担当職員一人あたり面積がより小さい自治体（図2-22）、財政力がより強い自治体（図2-23）、一般職員人数がより多い自治体（図2-24）、編入合併タイプ（図2-25）の自治体において、地震ハザードマップの見直し作成の割合が高い傾向にあった。しかしながら、これらの属性の傾向が逆となる「人口規模が小さい回答自治体」は見直し作成の割合が低くなって

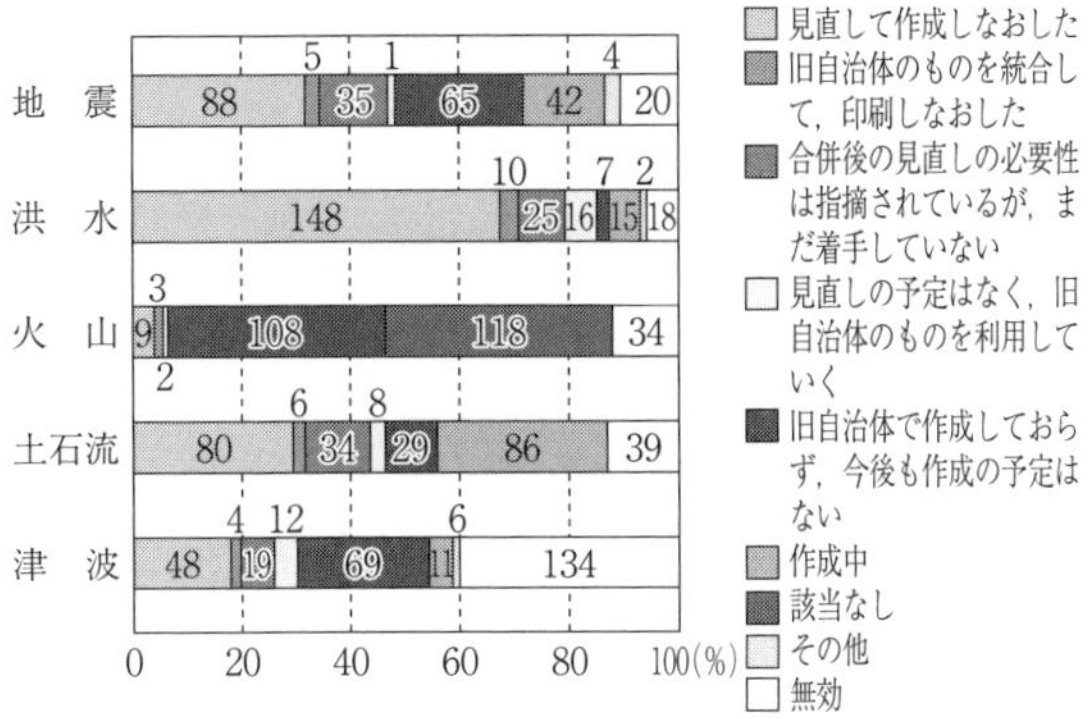

図2-19　災害種別ハザードマップの作成状況

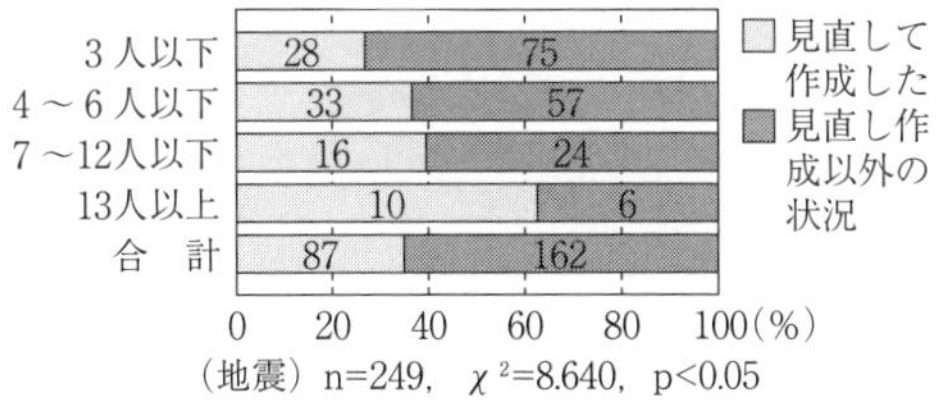

図2-20　防災担当職員人数別にみた地震ハザードマップ見直し作成状況

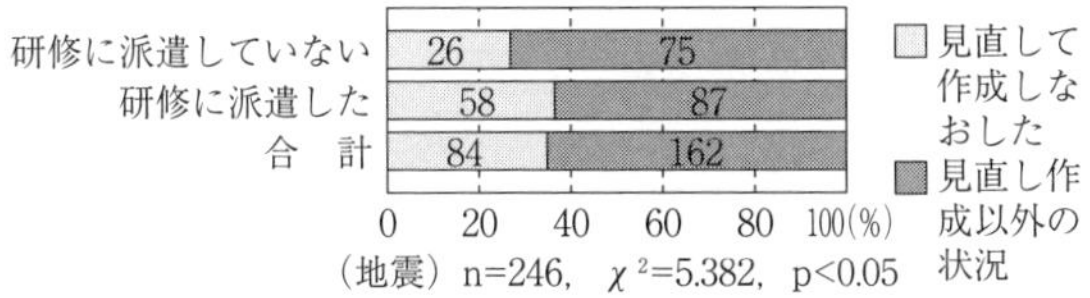

図2-21　防災担当職員の専門研修別にみた地震ハザードマップ見直し作成状況

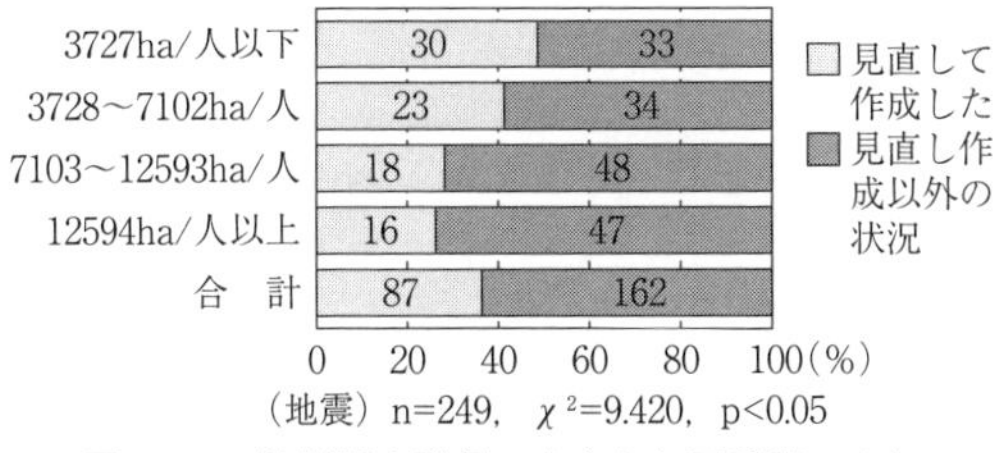

図2-22　防災担当職員1人あたり面積別にみた地震ハザードマップ見直し作成状況

いる（図2-26）。

洪水ハザードマップ作成状況とは、防災担当職員専門研修に有意な関連性が見られ、研修に派遣している回答自治体では見直し作成している割合が高い（図2-27）。また、土石流ハザードマップの見直し作成状況とは、防災担当職員一人あたり面積と有意な関連性が見られたが、区域面積規模と見直し作成率とには関連が認められなかった。一人あたり区域面積が広くなる中山間地域で見直し傾向が高まるが、七〇～一二六平方キロメートルの回答自治体で見直し作成の割合が最も低いという結果だった（図2-28）。

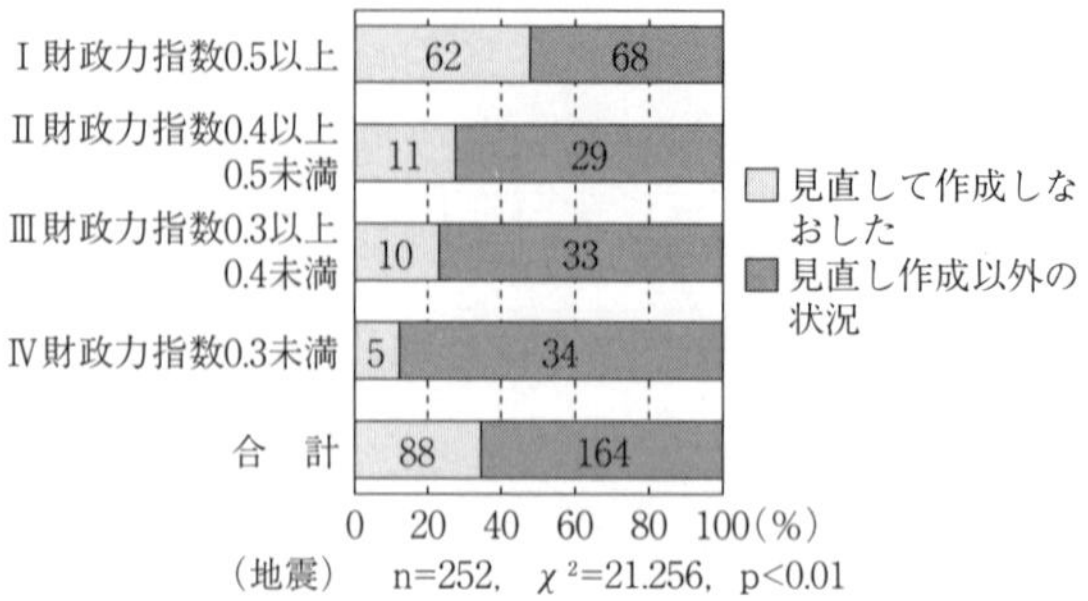

図2-23　財政力別にみた地震ハザードマップ見直し作成状況

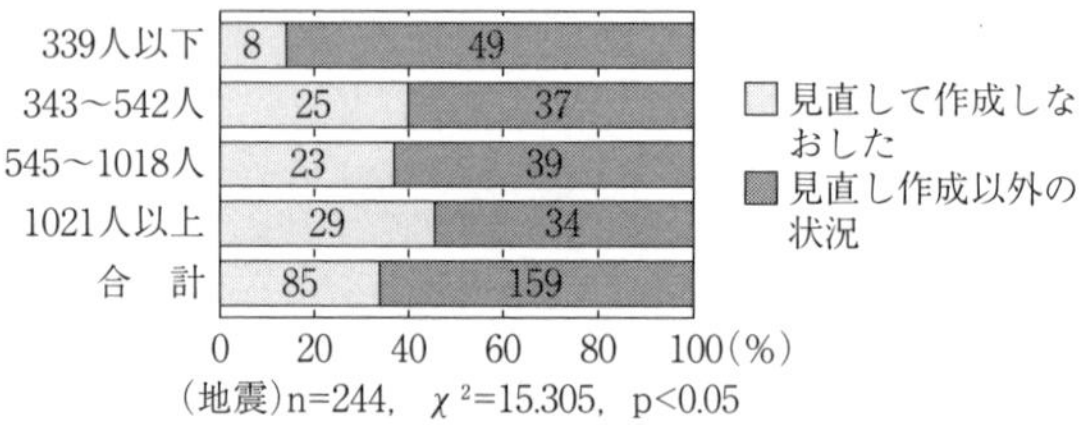

図2-24　一般職員人数規模別にみた
地震ハザードマップ作成状況

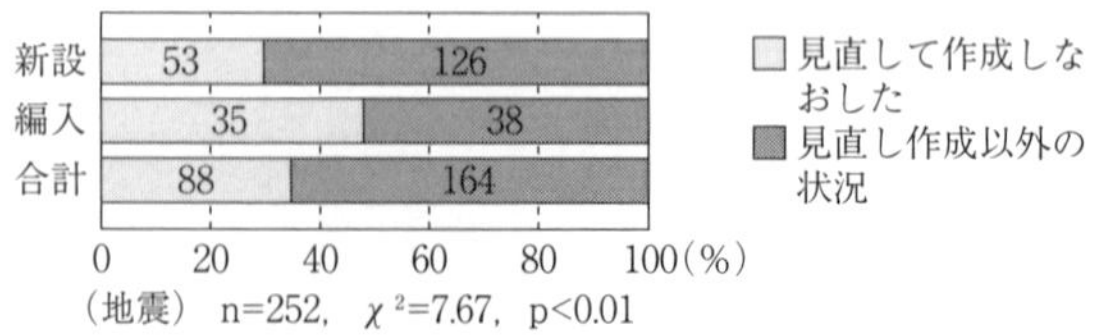

図2-25　合併方式別にみた地震ハザードマップ見直し作成状況

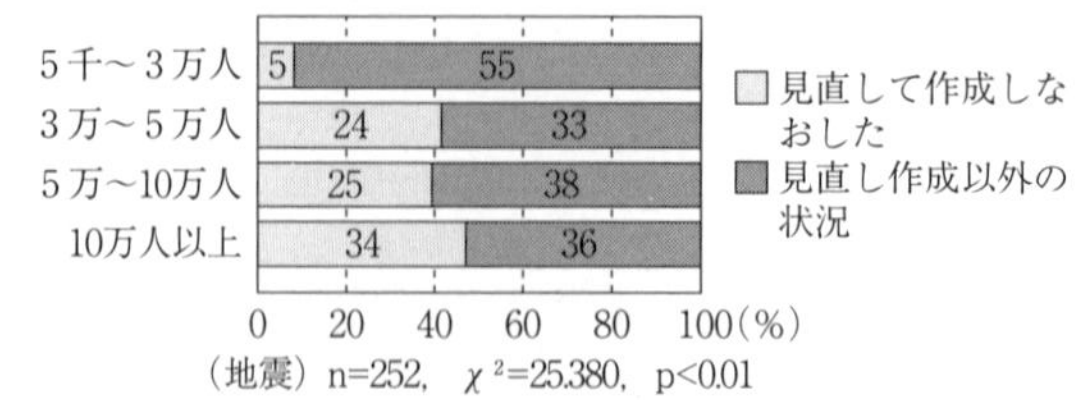

図2-26　人口規模別にみた地震ハザードマップ見直し作成状況

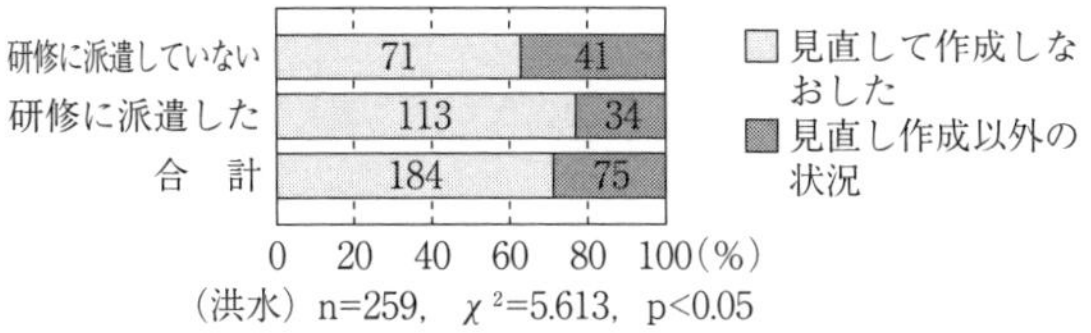

図2-27　防災担当職員の専門研修別にみた洪水ハザードマップ見直し作成状況

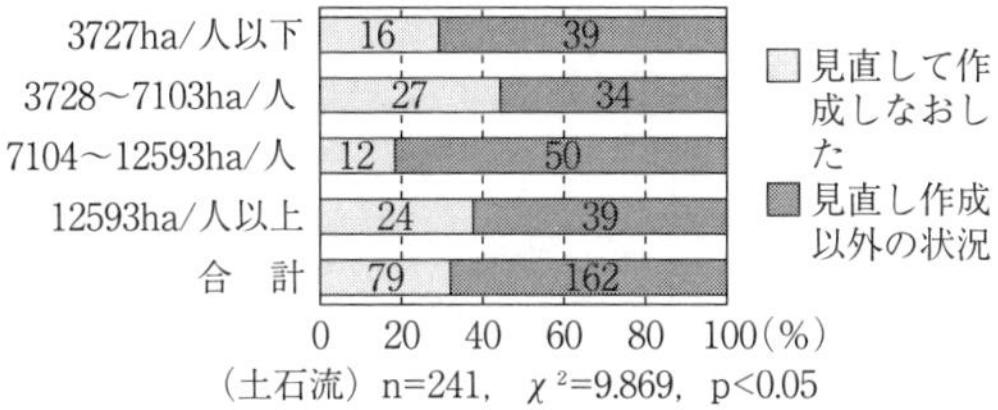

図2-28　防災担当職員1人あたり面積別にみた土石流ハザードマップ見直し作成状況

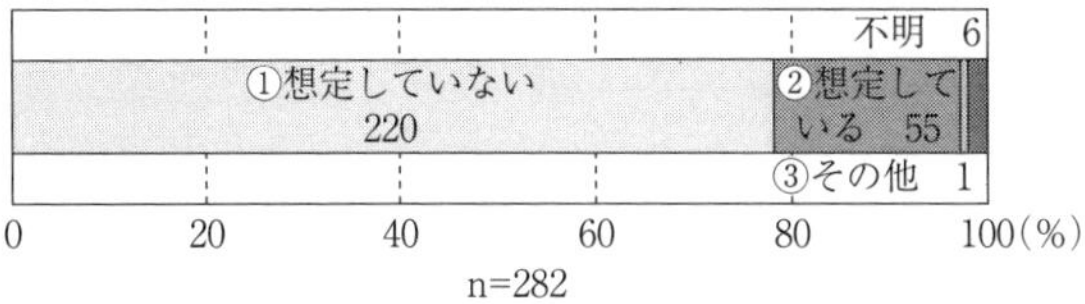

図2-29　地域防災計画における複合災害想定状況

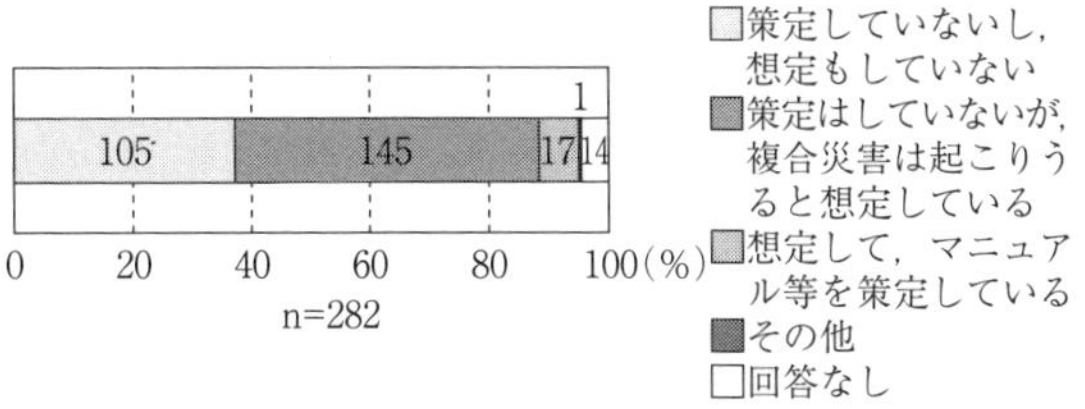

図2-30　複合災害対応マニュアルの作成状況

(6)地域防災計画における「複合災害対応」の状況

回答自治体のうち五分の一が、地域防災計画において「複合災害対応」を想定している（図2-29）。しかし、複合災害への対応状況と、自治体の執行属性との間に統計的に有意なものはなかった。

(7)「複合災害対応マニュアル」の作成状況

地域防災計画とは別に、複合災害に実践的に対応して運用するための「指針」や「複合災害対応マニュアル」作

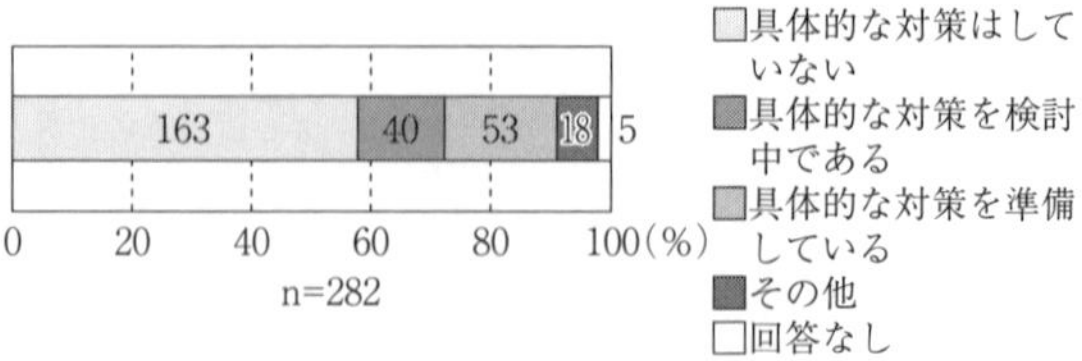

図2-31　広域巨大災害への対策準備状況

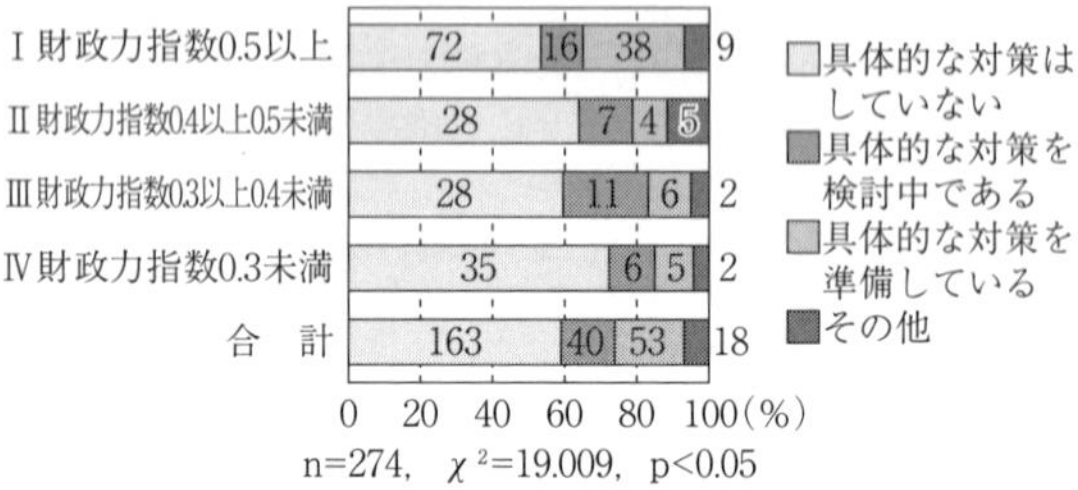

図2-32　財政力別にみた広域巨大災害への対策準備状況

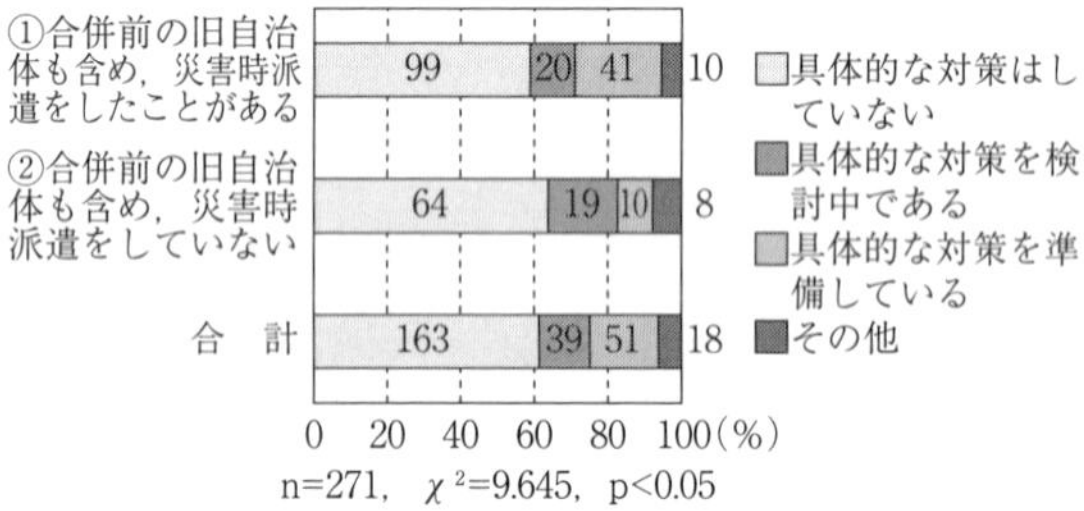

図2-33　災害時職員応援派遣別にみた広域巨大災害への対策準備状況

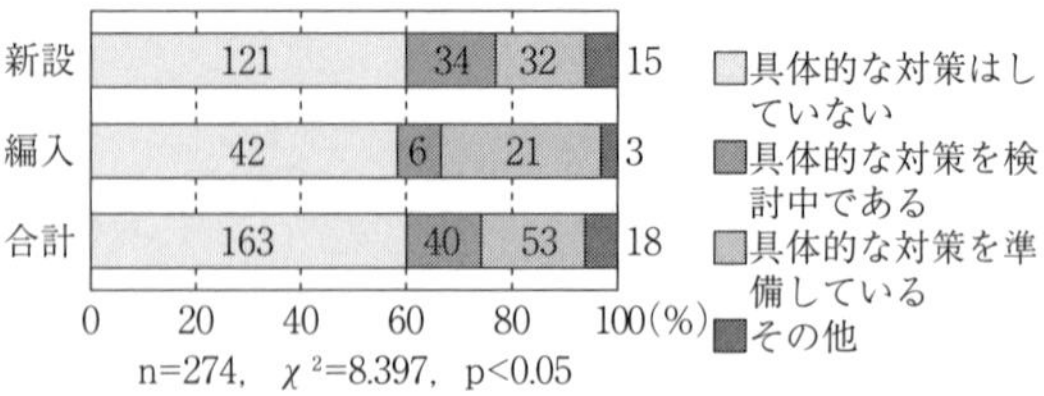

図2-34　合併方式別にみた広域巨大災害への対策準備状況

成状況は図2‐30のとおりである。回答自治体の三九%は、想定も策定もしていない。また、半分を超える五五%の自治体では指針やマニュアルなどを策定していないが、「複合災害は起こりうる」と想定しているとの調査結果であった。結局のところ、合併によって広域化しているものの、複合災害を想定し、マニュアル等を策定している自治体は六%であった。

(8)広域巨大災害の対策状況

「広域巨大災害」の定義とは、「三以上の隣接都道府県にわたって死者一〇〇〇人を超えるような」激甚な災害である（中林・小田切二〇〇九）。本調査では、回答自治体の六割がこのような「広域巨大災害」に対して具体的な対策をとっていない（図2-31）。

広域巨大災害の対策状況は、災害時の職員応援派遣、財政力、合併方式と有意な関連性があるが、とくに合併後も小規模な自治体では災害時の応援派遣も難しく、また財政力の弱いグループほど、広域巨大災害対策までは取り組まれていない傾向がある（図2-32）。

逆に、災害時の職員の応援派遣を経験している相対的に大規模な自治体は、経験のない自治体に比べて広域巨大災害に対応して具体的な準備をしている割合が高い（図2-33）。しかも、編入合併の自治体は規模も大きく、財政力の強い自治体が多く、新設合併に比べると広域巨大災害に対して具体的な準備をしている割合が高い傾向にある（図2-34）。

6　考察——合併自治体における防災施策見直しや立案力と自治体属性の関連性

合併自治体の防災施策見直し状況

合併自治体を対象として行った本調査から防災施策の見直し状況は次のようにまとめられる。自治体の防災対策の基本となる地域防災計画の見直しは、合併後二年目までに過半の回答自治体で見直しを終えていた（図2-6）。具体的な減災の取り組みの基礎情報となるハザードマップの見直し作成は、災害種別によって状況が異なっていたが、洪水は三分の二の自治体で、地震や土石流は三分の一の自治体が取り組んでいた（図2-19）。また、複合災害対策は、起こりうると想定していても、地域防災計画への反映や対策マニュアルの制定にまでは至っていない。合併後の面積がより広い回答自治体は、複合災害被災可能性をより高く認識はしているが（図2-4）、その具体的対策は、地域防災計画の見直しに比べて必要性、緊急性が低いと考えられているようである。

合併自治体における防災施策の見直し状況と自治体属性の関連性

表２-17は、回答自治体における防災施策の見直し状況と有意な関連性があった自治体属性の一覧である。執行資源である「財政力」が、地震ハザードマップ見直し作成、地域防災計画見直し程度、広域巨大災害対策の三項目と有意な関連性が認められた。同じく執行資源である「一般職員総数」も地域防災計画見直し完了時期、地域防災計画見直し程度、地震ハザードマップの見直しの三項目に有意な関連性があった。また、立案資源である「防災担当職員の専門研修」は、地域防災計画の見直し完了時期、地震ハザードマップ見直し作成、洪水ハザードマップの見直し作成の三項目と関連性があった。立案かつ執行資源である「防災担当職員人数」も、地域防災計画見直し完了時期、その全面改定の状況、地震ハザードマップ見直し作成の三項目と関連性があった。同じく立案かつ執行資源である「防災担当職員一人あたり面積」も二項目について有意な関連性があった。

なお、「一般職員総数」と「財政力」の間の相関関係は弱く（相関係数〇・三二一）、相互に連動しているとは言えないが、「防災担当職員人数」と「財政力」の間には弱い相関関係（相関係数〇・二九〇）がある。そして、「強化地域指定などの法制度」や「地域の多様性」など防災動機資源は、防災対策の見直し状況と有意な関連性は見られなかった（表２-18）。

すなわち、合併自治体の防災施策見直しは、防災動機付け資源よりも執行資源と立案資源によって、見直し状況に差が生じる。そして、防災担当職員一人あたり面積と防災職員人数によって差が生じている。このことは、合併による職員の増加によって、自治体内に防災担当職員の目配りが行き届くことや、一定の範囲に複数の目配りがあることとなって、防災施策見直しが実施され、見直しの程度も深くなる可能性があることを示している。しかしながら、合併に伴う行政面積の広域化と行政体制の合理化のための職員数削減により、面積と職員数のバランスが偏ると、合併自治体の問題点の一つである災害対応などの住民サービスの低下につながる恐れがあることを指摘して

表2-17　合併自治体における防災施策の見直しと自治体属性の関連性

自治体属性／防災施策の見直し	防災動機付け資源					執行資源				サービス対象		合併状況	
				立案資源									
	被災可能性認識	地域多様性	法制度	災害時職員応援派遣	防災担当職員の専門研修	防災担当職員人数	防災担当職員1人あたり面積	財政力	一般職員人数	人口	面積	合併方式	合併自治体数
地域防災計画見直し完了時期					○	○			○	○		○	
地域防災計画全面改定の状況				●		●		●	○	○		●	
地震ハザードマップ見直し作成					○	○	●	○	○	○		○	
洪水ハザードマップ見直し作成					○								
土石流ハザードマップ見直し作成							△						
地域防災計画での複合災害対策													
複合災害対応マニュアル策定													
広域巨大災害対策				○				○				○	

凡例
○　有意な関連性（$p < 0.05$）あり（概ね正の相関，または合併方式おいては編入合併において見直しに効果がある）
●　有意な関連性（$p < 0.05$）あり（概ね負の相関，または合併方式おいては新設合併において見直しに効果がある）
△　有意な関連性（$p < 0.05$）あり（明確な正負の相関はみられない）

表2-18　財政力指数と自治体属性の相関

	財政力指数	一般職員人数	防災担当職員人数	防災担当職員1人あたり面積
財政力指数	1	.311**	.290**	−.373**
一般職員人数	.311**	1	.553**	−.127*
防災担当職員人数	.290**	.553**	1	−.340**
防災担当職員1人当たり面積	−.373**	−.127*	−.340**	1

おかねばならない。

また、これまで基礎自治体での取り組みが一般的とは言い難かった複合災害対策や広域巨大災害対応については、合併に伴う行財政の効率化による防災施策見直しへの効果として取り組むことは不可欠である。複合災害対応の取り組みはこれからであるが、すでに一部で取り組まれている広域巨大災害対策は財政力との間に有意な関連性が見られた。財源に余裕のある自治体では、広域巨大災害対応や準備をしている割合が高く、合併による財政力強化は、新しい防災施策立案につながる可能性を示唆している。それには担当職員数の増加よりも、複合災害や広域巨大災害の被災可能性の認識を高める「職員の想像力」と、新たな対策を立案し講じていく「職員の創造力」の向上が重要となる。

総務省資料（総務省二〇一〇：六頁）によると、平成の合併を実施した自治体の七四・五％が合併の理由として「財政状況」を挙げている。合併による財政力の改善が、防災担当職員の研修派遣、災害時の職員応援派遣など、職員の質的向上を促し、立案資源の拡充をもたらし、広域化した合併自治体に潜在化している複合災害や広域巨大災害に遭遇する可能性の高まりに配慮した「新たな防災施策」の検討・再構築の工夫に向かうならば、合併自治体における安全・安心の地域づくりが向上し、安全・安心な国土づくりに繋がる可能性がある。しかし、合併によって財政力が改善されたとしても、合併がもたらす広域化に対応した防災職員の充実はみられず職員一人あたり面積は拡大しており、地域防災の課題への取り組みに向かわせることが保証されているわけではない。

東日本大震災では、全国の自治体が多様な支援活動を行っている。東日本大震災に学んでいる自治体は少なくない。その体験を活かし、来る首都直下地震や南海トラフ地震災害にも視野を向け、広域巨大災害や複合災害という最悪の事態を想定し、合併に伴う地域の広域化・多様化に潜在する防災対策の課題を直視し、合併した小規模自治体を「周辺化」することのない、自治体における防災対策の着実な展開に取り組まねばならない。合併すれば地域防災力が高まっているわけではないことを忘れてはならない。

7　合併自治体の防災力の向上に向けて

本研究は東日本大震災直前に行った全合併自治体に対する質問紙調査から、合併自治体における防災施策の見直し状況等を、新たな被災可能性の認識や合併後の自治体属性との関連性を通して分析してきた。一方、東日本大震災では合併自治体も被災している。対等合併による自治体でも、被災状況や復興への取り組み状況の違いから地域間の対立が潜在していたり、編入合併による自治体では、中心市街地に編入された地域は周辺地域となり、総合支所の対応力は低下し、マクロには被災直後の災害対応で行政規模の大規模化が機能した状況も認められるが、地域対応としては周辺地域が取り残されていく状況も垣間見える。そして被災からの復興では、周辺地域よりも中心市街地に議論も施策も集中しているといわざるをえない。

東日本大震災を契機に全国で防災対策の見直しに取り組んでおり、合併自治体での防災施策の見直しも推進されていくであろう。合併を契機とする地域防災の弱体化を乗り越え合併効果を活かすためにも、各自治体が取り組んでいる防災対策の改定について、今後も注視していく必要がある。合併して大規模自治体化すれば防災力が高まるわけではない。むしろ大規模化が防災力の弱体化につながる可能性もある。被災する可能性が高まっていることを直視し、職員の想像力と創造力を高めていく体制づくりと地域社会との連携・協働の仕組みづくりを推進して初めて、災害に強い自治体づくりを可能とすることを忘れてはならない。

注

(1)　本章のデータは、付表に概要を示した科研費（一九一〇一〇〇七）「巨大複合災害とその減災戦略」（代表河田恵昭）による調査で得られたものである（付表参照）。調査票は、合併後の自治体の地域防災計画担当部課に送付し、担当者に回答を依頼した。なお、調査票の認識に関わる回答は、合併基礎自治体（以下「回答自治体」）の防災担当者の回答である。

付表　調査の概要

調査名称	「自治体の合併による災害対策の変化に関する調査」
調査時期	平成22年2月郵送発送、最終郵送回収同年10月末日（東日本大震災発生前である）
調査対象	平成11年3月31日～21年12月31日までに合併した576基礎自治体の地域防災計画担当課に送付し、担当者二階塔を依頼
回収状況	回答数282、回収率49.0％
主な設問	被災可能性の認識、合併後の防災施策見直し状況、合併後の自治体属性

また、合併後の担当者にとって、合併前の各自治体の状況に関して回答するのは困難と考え、本調査では合併後の実態を主な調査内容としている。

（2）農業地域類型は、昭和二一年当時の旧市区町村区域ごとに分類されている。

（3）財政力指標とは、地方公共団体の財政力を示す指数で基準財政収入額を基準財政需要額で除して得た数値の過去三年間の平均値。財政力指数が高いほど、普通交付税算定上の留保財源が大きいことになり、財源に余裕があるといえる。

（4）データは総務省発表資料によった。総務省「市町村合併の状況、県順一覧」参照。

（5）各災害のハザードマップは次のような根拠法令や国土交通省、内閣府によるガイドブック等に基づいて作成されている。

・地震：内閣府（二〇〇五）「地震防災マップの公表について」

・洪水：水防法第一五条平成一七年改正

・土砂災害：土砂災害防止法

（6）財政力とその他の属性の間の相関係数は表2-19の通りである。強い相関関係にあるものはなく、全てが財政力次第とはいえないことがわかる。

参考文献

阿部齊他『地方自治の現代用語』学陽書房、一九九六年、八〇頁。

金谷裕弘・嶋田貴洋「合併に伴う市町村の防災上の課題」『自治体危機管理研究』Vol.2、日本自治体危機管理学、二〇〇八年、二七～四一頁。

北垣哲夫「市町村合併と防災対策」『自治体危機管理研究』Vol.2、日本自治体危機管理学会、二〇〇八年、四三～五四頁。

栗原市「みんなで明日へ　栗原市震災復興ビジョン」二〇一二年。
国土交通省「ハザードマップポータルサイト」http://www1.gsi.go.jp/geowww/disapotal/index.html
杉本識・中林一樹・小田切利栄「合併自治体の広域化と災害意識及び対策の変化に関する研究」『消防技術安全所報』第四八号、東京消防庁、二〇一一年、一五四〜一六一頁。
杉本論・中林一樹・小田切利栄「合併後の自治体属性と防災施策の取り組み状況との関連に関する研究」『地域安全学会論文集』第一八号、地域安全学会、二〇一二年、四〇一〜四一〇頁。
総務省『平成の合併』二〇一〇年、六頁。
総務省「平成22年度地方公共団体の主要財政指標一覧5．全市町村の主要財政指標（特別区を含む）」http://www.soumu.go.jp/iken/zaisei/H22_chiho.html
総務省「市町村合併の状況、県順一覧」http://www.soumu.go.jp/gapei/gapei.html
中林一樹・小田切利栄「日本における複合災害および広域巨大災害への自治体対応の現状と課題」『地域安全学会論文集』第一一号、地域安全学会、二〇〇九年、三三一〜四二一頁。
中林一樹・小田切利栄・杉本識「自治体広域合併による複合災害罹災の可能性」『巨大複合災害とその減災戦略』第三回複合災害シンポジウム（報告書）、京都大学防災研究所巨大災害研究センター、二〇一一年、六九〜八三頁。
農林水産省「二〇〇五年農林業センサス報告書農業地域類型別報告書」http://www.maff.go.jp/j/tokei/census/afc/2010/other/tiiki_ruikei.xls
林智和「防災対策における市町村合併のメリット・デメリット――市町村合併を挟んだ災害経験から」『自治体危機管理研究』Vol.2　日本自治体危機管理学会、二〇〇八年、七三〜七八頁。
福島茂・瀬口哲夫「『平成の大合併』にみる広域合併都市の都市的特徴と都市・地域政策」『都市計画論文集』44(3)、日本都市計画学会、二〇〇九年、六九七〜七〇二頁。
吉村弘「都市規模と行政サービス水準(I)――合併の行政サービス水準への効果」『山口經濟學雜誌』50(3)、山口大学、二〇〇二年、二六五～二八二頁。

吉村弘「都市規模と行政サービス水準(Ⅱ)――市町村合併の行政サービス水準への効果」『山口經濟學雜誌』50(4)、山口大学、二〇〇二年、四五七～四七五頁。

吉村弘「市町村合併と行政サービス度」『山口經濟學雜誌』52(2)、山口大学、二〇〇四年、一〇一～一二二頁。

第3章　市町村合併による震災対応力への影響
——石巻市にみる大震災と大合併——

幸田雅治

1　石巻市の合併

平成の市町村合併

平成一一年七月に市町村合併特例法が改正された。それまでの合併特例法にはなかった普通交付税の算定特例（合併算定替）の期間延長や合併特例債の創設などの財政措置の拡充策が盛り込まれて、合併を促進する国の方針が明示されたと言ってよいであろう。このようにして、平成の大合併がスタートしたのである。平成一一年四月一日時点で三二二九あった市町村は、同法の当初の適用期限であった平成一七年四月一日には、二三九五市町村となった。さらに、上記の改正法は、経過措置により一年間延長され、その効果があって、平成一八年四月一日には、市町村数は一八二〇にまで減少した。さらにまた、同法の期限が切れた後も、新しい市町村合併特例法（いわゆる合併新法）の下で合併政策は継続され、平成二二年三月三一日時点で、一七二七市町村となった。かくして、平成の大合併で、市町村数は五三・五％とほぼ半減することとなった。

平成の市町村合併は、アメ（財政優遇策）だけでなくムチ（交付税削減）による国の誘導施策により強力に推進されたため、財政的理由によって合併を選択した市町村が多い。しかし、行財政の効率化が見込まれる大都市圏域では合併は進まなかった。このことは、財政力の弱い市町村を合併に誘導したということを意味する。その結果、こうした弱小自治体が大都市に吸収され、基礎自治体としては巨大とも言うべき自治体が数多く誕生することとなった。そして生活圏の異なる合併や飛び地合併なども生まれることとなったのである。

石巻市は、合併によって大きな面積を抱えることとなった自治体の一つである。全国市町村の平均面積は、平成一一年三月三一日時点で一一四・八平方キロであったが、平成の大合併が終了した平成二二年三月三一日時点では二一五・四平方キロ（市の平均面積は二七三・九平方キロ）となった(1)。石巻市は、旧石巻市の面積一三七・二七平方キロから五五五・六四平方キロと約四倍となり、五〇〇平方キロを超える大規模面積の基礎自治体となった(2)。

そして、平成二三年三月一一日、合併によって新しく誕生した石巻市を東日本大震災が襲ったのである。東日本大震災は、各地で大きな被害をもたらした。石巻市においても、甚大な被害をもたらしたが、その後の被災対応において、いわゆる「石巻問題」という言葉が聞かれるようになった。これは、石巻市は、「他の市町村に比べ、被災者生活支援や復旧対応などが遅れているのではないか」、「旧市町村のバランスを考えるあまり対応の迅速さに欠けるのではないか」、「市役所内部の縦割り意識が強く市の横断的・統一的な対応が出来ていないのではないか」などとささやかれるようになり、被災地支援に携わる政府関係者の間で、この言葉が定着したと言ってよい。そして、復興段階においては、旧雄勝町の地区において住民の多くが希望しない計画が進められ(3)、地元ではしばしば言及される「雄勝難民(4)」という言葉が生まれるようなきわめて厳しい状態も生まれている。

これらの問題は、石巻市が大合併によって、行政機能が十分発揮できない結果をもたらしているのではないか、独自の風土や地理的条件を持った地域に対応できていないのではないかとの指摘でもある。本章では、このような指摘を踏まえ、石巻市における合併の評価とともに、合併による大震災への対応力への影響について考察しようとするものである。

石巻市の歴史と現況

石巻市は、宮城県の北東部に位置し太平洋に面した、東西に約三五キロ、南北に約四〇キロ、面積五五五・六四平方キロの、人口一六万八二六人（平成二二年国勢調査）を有する県下第二の都市である。歴史的には、現在の石巻市の地域は、江戸時代は、仙台藩伊達家統治の下、北上川・江合川・迫川を合流し、石巻湾に流入させる大改修によって、水害防止や灌漑用水の確保の他、東北各藩の藩米の集荷地、江戸廻米の基地として、仙台藩経済の一つの中心地となり、今日のまちの基盤が形成された。その後、慶長二年（一五九七）から明治一七年（一八八四）にかけて貞山運河・北上運河などが建設され、東北の輸送の大動脈となって発展してきた。

明治に入ると東北本線の開通により交易港としての役割は急激に衰えたが、その後、金華山沖漁場を背景として、石巻、雄勝、鮎川などの漁港を中心に漁業のまちとして活気を取り戻した。大正元年（一九一二）には、石巻線、昭和三年（一九二八）には仙石線が開通するなど鉄道網の整備が進み、昭和三九年（一九六四）の新産業都市の指定や昭和四二年（一九六七）の石巻工業港の完成などにより、工業都市としての発展も遂げてきた。

現在の石巻市は、人口は、進学や就職に伴う若者の流出を主な要因として昭和六〇年以降減少が続き、今後もこの傾向は続くと予測されている。平成二五年三月末現在の高齢化率では、宮城県の平均二三・三％を上回る二七・八％となっている。

新石巻市は、平成一七年四月に、一市六町が合併して誕生したが、旧市町は、地域ごとに産業構造、人口構造など相当異なる特色を持った地域である。それぞれの地域ごとの概況を、石巻市総合計画基本構想「石巻市の概況と課題」（平成一九年三月策定）に基づき、以下、概説する。

旧石巻市エリアは、市街地の中心部には、市役所本庁、国及び宮城県の地方機関、銀行や商業施設などが集積し、臨海部には、石巻漁港を中心とした水産加工や食品製造、石巻港を中心としたパルプ・紙製造や木材品製造、鉄鋼業など第二次産業の拠点であった。郊外に位置する渡波、稲井、蛇田においては、住宅地整備が進んでおり、都市型の産業構造となっている。

一方、雄勝は、「ほたて」の養殖をはじめ、岩ガキ、ほや、わかめなどの海産物を有しており、牡鹿は、世界三大漁場の一つに数えられる金華山沖の漁場と恵まれた地形により漁船漁業と養殖漁業、さらには、伝統的な捕鯨基地である鮎川港を抱え、漁業が盛んであり、いずれも、漁業の割合の高い沿岸型産業構造となっている。

図3－1　合併した旧市町村の地図

また、河北は、農用地面積が耕地面積の約二割を占め、北上川流域の肥沃な土地を活用して、「ササニシキ」、「ひとめぼれ」などの稲作と畜産との複合経営、施設園芸など生産性の高い農業が盛んであった。河南は、農用地面積が耕地面積の約五五％を占め、北上川流域の肥沃な土地を活用して、「ササニシキ」、「ひとめぼれ」の主産地であった。桃生は、農用地面積が耕地面積の約五割を占め、北上川流域の肥沃な土地を活用して、やはり「ササニシキ」、「ひとめぼれ」の一大産地となっていた。北上は、大半を山林が占めている（約七五％）が、北上川沿いの平野部では農地が広がっており、稲作と畜産との複合経営などが営まれている。これら、河北、河南、桃生、北上の地域は、いずれも農業の割合の高い産業構造となっている。

また、地域ごとの高齢化の状況には大きな格差があり、平成二五年三月末時点で、旧石巻市域は二六・〇八％であるのに対し、雄勝は四二・二四％、牡鹿は四二・五四％で、雄勝・牡鹿エリアにおける高齢化率は四〇％を超え、既に超高齢社会が現実のものとなっている。

石巻市の合併の経緯

石巻市の合併については、平成一七年四月一日に、旧石巻市・河北町・雄勝町・河南町・桃生町・北上町・牡鹿町の一市六町が合併し、新たな「石巻市」としてスタートした。簡単に、合併に至る経緯を振り返ってみる。平成一四年七月に、宮城県の強力な働きかけにより、一市九町の首長と議会議長で構成する「石巻広域合併調査研究会」が発足し、一市九町の枠組みによる合併について調査をスタートさせた。県の組み合わせの考えは二〇万人の特例市を実現しようとしたものである。その後、同年一二月の研究会で、二町合併を目指す矢本町と鳴瀬町、原発立地という地域事情のある女川町が任意協議会への不参加を表明し、特例市の実現は不可能となった。

平成一五年二月には、牡鹿町長が女川町との合併を目指すとして任意協議会への不参加を表明したため、上記四町を除く一市五町で「石巻地区一市五町任意協議会」が設置された。しかし、牡鹿町の合併申し出に対して女川町が拒否したため、同年五月に、牡鹿町が任意協議会に復帰した。その後の各市町議会における法定協議会設置の可決を経て、同年七月二五日に、一市六町の枠組みによる「石巻地域合併協議会」が設置された。合併方式については、旧石巻市が吸収合併を主張し、他の六町との間で対立が生じていたが、平成一五年八月に開かれた第二回法定協議会「石巻地域合併協議会」において対等合併とすることが決まった。

また、一時、平成一六年三月には、河北町が石巻市寄りの合併内容に対する不満から合併協議会を離脱したため、「石巻地域合併協議会」を休止して「石巻地域一市五町合併協議会」を設置したが、同年八月には、河北町は、住民投票と議会決議を経て合併協議会に復帰し、「石巻地域合併協議会」が再開されている。以上のような複雑な経緯を辿り、同年一〇月に、一市六町で合併協定が調印され、平成一七年四月に新しい石巻市が誕生した。

2　東日本大震災による被災状況

平成二三年三月一一日午後二時四六分、三陸沖を震源にマグニチュード九・〇の巨大地震が発生した。旧石巻市は、高台を除く市中心部が津波に襲われ、二三五三人が死亡し、二二六人の行方不明者を出した。旧石巻市域の沿岸部の門脇町・南浜町地区は、約一七〇〇世帯が住んでいた住宅街であったが、津波に流されるとともに大規模な火災が追い打ちをかけ、被害が拡大した(5)。また、石巻市役所庁舎では、市議会の保健福祉委員会が開かれていたが、一階が二メートル近く浸水し、市災害対策本部も情報を把握できない状態であったため、議員は地元に戻り、住民のニーズをそれぞれの議員が把握することとなった。

表3-1　東日本大震災による死亡者数及び行方不明者数
（平成24年9月末現在）

地域	死亡者（人）	行方不明者（人）	合計	人口比（%）
旧石巻市	2,353(153)	226	2,579	2.28
河　北	413(13)	48	461	3.86
雄　勝	165(12)	79	244	5.67
河　南	20(7)	5	25	0.15
桃　生	7(2)	0	7	0.09
北　上	196(5)	72	268	6.88
牡　鹿	88(11)	35	123	2.71
石巻市全体	3,242(218)	465	3,707	2.28

（注）1．死亡者のかっこ書きは，死亡者数の内数で，関連死の人数。
2．人口比は，平成23年2月末の住民基本台帳人口に対する比率である。

雄勝では、雄勝総合支所は、三階まで津波に呑まれた。雄勝の中心部の四地区（伊勢畑、下雄勝、上雄勝、味噌作）の家屋は津波に飲み込まれていった[6]。また、雄勝は、多くの漁村を抱えるリアス式海岸であり、各浜には津波が押し寄せて来て、約二五〇名が犠牲となり、約八割の建物が壊滅的な被害を受けた。津波は石巻市立雄勝病院（三階建て）の屋上まで達し、患者四〇人全員を含む、当時、病院にいたといわれるほとんどの人が犠牲になり、地域医療の拠点だった病院は廃虚と化した。

牡鹿では、総合支所（旧役場）は高台にあったので、支所は助かったが、雄勝と同様にリアス式海岸であり、各浜には津波が押し寄せて来て、壊滅的な被害を受けた。津波の高さは、最大八・六メートル以上を観測した、地盤沈下も深刻で、鮎川地区では一二〇センチの沈下があった。

旧北上町では、津波が北上川を逆流して遡上し、まちを飲み込んでいった。旧北上町は北上川の河口北岸にひろがる地域で、わずかな平野部に広がっていた家屋と水産業施設の大半が津波に遭い、甚大な被害となった。北上総合支所の庁舎は、まるまる津波に呑まれ、全壊状態となり、庁舎には当時五七人の住民や職員がいたと見られているが、ほとんどの人が亡くなった[7]。

旧河北町では、大川小学校の悲劇が起きた。津波で、全校児童一〇八人の七割に当たる七四人が死亡、行方不明となった。学校管理下で児童が犠牲になった事例としては戦後最悪の被害である。校庭に避難してから津波が襲来

するまで四〇分以上あったと見られ、五分あれば裏山に避難できたはずであり、学校側の対応は問題視されている。(8)

石巻市は、この東日本大震災においては、三二四二名の死者、四六五名の行方不明者という甚大な人的被害を受ける（平成二四年九月末）とともに、平野部の約三〇％、沿岸域の七三平方キロが浸水し、被災住宅は全住家の約七割の五万三七四二棟、うち約四割の二万二三五七棟が全壊（平成二三年一〇月末）となった。震災後の最大避難者数は約五万人、避難箇所は二五〇カ所となった。合併七市町ごとに見ると、旧石巻市は中心部が壊滅的被害、旧北上町・旧雄勝町・旧牡鹿町は全域が壊滅的被害、旧河北町が町の半分が壊滅的被害を受けた。人口比で見ると、北上が六・八八％、雄勝が五・六七％と、特に大きな被害を被ったことが分かる（表3-1）。石巻市役所の職員は四八人が亡くなった。(9)

3　石巻市の合併の評価

合併の評価に関するアンケート調査

石巻市の合併の評価に関しては、二つの調査が行われている。一つは、平成二一年八月から九月にかけて、宮城県内三五市町村の現職市町村議員および平成の合併を経験した九市町村の元市町村議員を調査対象として、福島大学と河北新報社が共同で実施したアンケート調査(10)（以下「福島大学調査」という）である。もう一つは、平成二一年三月一四日及び一五日にかけて、宮城県合併四市（石巻市、登米市、栗原市、大崎市）の住民七五四人を対象に、東北大の河村和徳准教授及び河北新報社との共同調査により実施された電話によるアンケート調査(11)（以下「東北大学調査」という）である。

平成二一年八月から九月にかけての福島大学調査における九市町村の現職、元職議員全体のアンケート調査結果(12)としては、合併の評価としては、「合併してよかったと思う」二〇・四％、「どちらかといえばそう思う」二四・九％、「どちらかといえばそう思わない」一六・四％、「そう思わない」三三・一％であり、やや否定的な評価が多く

表3-2　合併に対する評価（議員・元議員アンケート）　（単位：%）

	そう思う	どちらかといえばそう思う	どちらかといえばそう思わない	そう思わない	どちらともいえない
合併して良かったと思うか	22.8(20.4)	19.2(24.9)	17.3(16.4)	38.6(33.1)	1.8(5.3)
	そう思う	どちらかといえばそう思う	どちらかといえばそう思わない	そう思わない	どちらともいえない
合併前に期待した以上の成果が上がっていると思うか	1.8(2.9)	12.3(15.9)	26.3(20.1)	57.9(53.4)	1.8(7.7)

（注）石巻市の議員及び元議員の合計の数値であり，かっこ内は，宮城県内35市町村の議員および元議員の合計の数値である。

なっている。合併を推進した立場の議員が多数を占めていることを踏まえると、評価することに躊躇している姿が浮かび上がる。また、「現在、合併前に期待した以上の成果が上がっていると思うか」との問いに対しては、「そう思う」二一・九％、「どちらかといえばそう思う」一五・九％、「どちらかといえばそう思わない」二〇・一％、「そう思わない」五三・四％との結果で、期待された成果が上がっていないとの意見が約八割に上っている。

これらに比較して、石巻市における評価（現職市議会議員及び石巻市域の元職の旧市町村議員が対象）はどうだったであろうか。表3-2は、合併の評価及び合併への期待への評価を示している。まず、合併に対する評価に関しては、石巻市は、「どちらかといえばそう思わない」一七・三％、「そう思わない」三八・六％であり、両方を合計すると五五・九％と、宮城県内三五市町村での四九・五％に比較して、否定的な評価の割合が高くなっている。次に、「現在、合併前に期待した以上の成果が上がっていると思うか」との問いに対しては、「そう思う」一・八％、「どちらかといえばそう思う」一二・三％、「どちらかといえばそう思わない」二六・三％、「そう思わない」五七・九％との結果で、期待された成果が上がっていないとの意見が約八五％に上っており、宮城県内三五市町村と比較しても、圧倒的に「期待外れ」との評価が下されている。

次に、宮城県内の合併四市の住民に合併の評価を聞いた東北大学調査では、「大いに評価する」四・四％、「ある程度評価する」四七・五％で

表3-3　合併に対する評価（住民アンケート）

	大いに評価する	ある程度評価する	ほとんど評価しない	まったく評価しない	その他・分からない
石巻市	5.5(7.1)	40.5(40.0)	42.0(38.6)	11.5(14.1)	0.5(0.0)
合併4市	4.4	47.5	38.3	8.1	1.7

（注）かっこの外は，石巻市域全体の住民の回答，かっこ内は，旧6町の住民の回答である。

あるのに対して、「ほとんど評価しない」三八・三％、「まったく評価しない」八・一％である（表3-3）。トータルでは、積極的評価と否定的評価とが拮抗しているが、強く否定的評価をする割合が、強く積極的評価をする割合の約二倍となっている。これに対して、石巻市においては、「大いに評価する」五・五％、「まったく評価しない」一一・五％と、強く否定的評価をする割合が、強く積極的評価をする割合の約二倍となっているとともに、「ほとんど評価しない」四二・〇％、「評価しない」一一・五％と、否定的評価が五割を上回っている。これは、旧石巻市域、旧六町の地域のいずれにおいても同じである。

このように、議員及び住民ともに、宮城県内での合併に対しては、全体的に見れば消極的な評価が多いと言える。特に、石巻市については、マイナスの評価が多い。石巻市の低い評価はなぜであろうか。いくつかのヒアリングで確かめたところによれば、この点は四つの要因が原因となっているようである。

第一に、地域の一体性の欠如、

第二に、合併が主に財政的理由で行われたこと、

第三に、行政サービスが低下しているとの実感、

第四に、政治的発信力の低下である。

第三の点及び第四の点は次節以降で触れることとし、ここでは、第一の点及び第二の点として指摘されていることが妥当であるかどうかの判断をしてみたい。

まず、地域としての一体性の欠如がどのように低評価に関係しているであろうか。先に述べたように、石巻市は、旧市町の産業構造が相当異なっているが、このように産業構造が異なる自治体の合併は、元来困難を伴うものである(13)。どうしても、中心部の地域が優先され、周辺地域への政策は優先度が低くなるし、全市域のバランスが考慮されることにな

る。

また、文化的にも、地域的な違いが認められる。雄勝は、六〇〇年以上の伝統を誇る国指定の伝統工芸品「雄勝硯」の産地であり、さらには、国指定重要無形文化財「雄勝法印神楽」など地域に根付いた歴史文化が今に引き継がれている。桃生も、西暦七五八年に蝦夷に対する軍事拠点として桃生城が構築された地域であり、古くからの伝統文化と民族芸能が今に引き継がれている。河北、河南など旧町名を残さない取扱いを採用したのとは異なり、雄勝及び桃生が合併後の住居表示に「雄勝町」、「桃生町」を残す取扱いを採用したことには、文化的な誇りへの配慮がある。また、北上は、イヌワシの繁殖地が国の天然記念物、ウミネコ、ゴイサギ、アマツバメ、ウトウ等の繁殖地が県の天然記念物として指定されており、自然の豊かな地域であり、雄勝、桃生と同様、住居表示に「北上町」を残すこととした。

以上からも分かるように、石巻市の旧市町は、産業構造の相違に加え、文化的アイデンティティの面でも相当に異なった地域であった。一体感を醸成することは難しいと言える。

地理的に分断された地域の合併

これまで行われてきた明治、昭和、平成の大合併を比較して分析することは、本章の目的ではないが、必要と思われる二、三の点について記しておきたい。

まず、明治の大合併は、明治二一年（一八八八）当時あった町村（七万一三一四町村）が、江戸時代からの自然発生的な町村を受け継いだ形で行われた。また、明治二二年（一八八九）に初めての近代的な地方自治制度である市制・町村制を施行するのに合わせて実施されたものであるため円滑であった。実際上、小学校や戸籍の事務処理を行うため、三〇〇～五〇〇戸を標準として、全国一律の町村合併にも、行政の効率性を高めることは有効であることが推定できた。もちろん、この時点でも、行政村が自然村をつぶすという批判はあったが、批判を受けても当局には自信があった。

次に、昭和の大合併は、戦後の民主主義的な地方自治制度が昭和二二年（一九四七）に施行されたのを受け、事務や権限をできるだけ住民に身近な市町村に配分すべきとの観点から実施されたものである。昭和二八年（一九五三）に、「町村合併促進法」が施行され、中学校一校を効率的に設置管理していくため、人口規模八〇〇〇人を標準として町村の合併が推進された。ここでも、戦後地方行政の最重要事項である「義務教育」を中心とするという思想があった。

これに対して、平成の大合併は、「基礎的自治体である市町村の行財政能力の向上、効率的な地方行政体制の整備・確立[14]」とは言いながら、合併の思想は明確ではなかった。確かに、〝自主的な市町村合併〟の推進は強調された。例えば、機関委任事務の廃止等を内容とする地方分権一括法により、合併特例債や合併算定替の延長などを盛り込んだ市町村合併特例法の一部改正法が平成一一年七月に成立し、平成の合併がスタートした後、平成一二年末に、政府は、「与党行財政推進協議会における「市町村合併後の自治体数を一〇〇〇を目標とする」という方針を踏まえて、自主的な市町村合併を積極的に推進し、行財政基盤を強化する。[15]」との閣議決定を行った。あくまで〝自主的な市町村合併〟と言いつつ、それを上から推進することとなった。自主的合併という名目はあったが、そこから何を得るのか、合併の目的が明確でなかった。平成の大合併は、単に市町村の規模の拡大、市町村の財政力の強化というだけで明確な理念を欠いたものであったと言わざるをえない。

基礎自治体である市町村は、福祉サービスなどをはじめとして、住民への人的サービスの提供が重要な責務となっている。これらのサービスは、住民の生活圏との密接な関係があり、適切な地理的範囲があると考えられてきた。したがって、そうした考慮なしに行われた合併では、住民サービスの提供に当たって、住民に不利益を生じる可能性が出てくることははじめから予想され[16]、それが合併協議会でも地域から指摘されていた。

地理的条件を考慮せずに行われた合併かどうかを判断するに当たって、地政学的な検討、分析が大切である。地理学者の畠山輝雄は、次のような検討を加えている。すなわち、畠山は、合併が地域の一体性を考慮していると判断しているかどうかという点から、四種類の基準を設定している。四種類とは、「峠」「河川」「飛地」「島嶼」であり、[17]「峠」は高低差二〇〇メートル以上の峠、「河川」は一級河川でありかつ橋梁が一キロ当たり一カ所未満、「島嶼」は本土と接続されていない場合という基準を設定している。畠山によれば、明治、昭和の大合併においては、共通する生活様式にほぼ適合する形で、市町村の区域が設定されていたのであるが、平成の大合併においては、合併市町村の約四分の一で地理的に上記基準の少なくとも一つの点で分断されているという。[19]政府の考えは「行政」は行財政基盤の充実が目的であるべきだとしている。ところが、「行財政基盤の強化」という名目の下で、住民サービスの観点は横に置かれ、財政的な議論が中心となった合併が多くなるという結果となった。[20]

石巻市に、この地理的分断条件の基準を当てはめてみる。該当するのは、雄勝、牡鹿、北上である。雄勝は、合併市町村の中では、旧河北町とのみ接しているが、雄勝峠で、旧河北町とは分断されている。牡鹿は、合併市町村の中では、旧石巻市とのみ接しているが、小積峠で旧石巻市とは分断されている。[21]北上は、合併市町村の中では、旧河北町とのみ接しているが、一級河川である北上川によって、旧河北町とは分断されている。[22]地理的に分断されている地域は、生活圏域が異なっているため、地域の文化や生活様式も異なっているのが通常である。したがって、住民サービスの面だけでなく、住民自身が別の地域であるという認識を持つため、このように分断された地域が一緒になっても一体感やアイデンティティを形成することは困難となる。地政学的な違いは住民の「地域が違う」という意識につながるものであり、無理に合併をすることは多くの問題を生じることとなる。

次に、第二の点、つまり、合併が主として財政的理由により行われたことについては、多くの論者が指摘しているところであるが、[23]全国的アンケート調査としては、㈶日本都市センターの調査[24]がある。合併四二一市町村を対象としたものであるが、合併市町村に対して合併した理由を尋ねたところ、「財政状況」を挙げた自治体が一番多く、七四・五％で、次いで、「地方分権の推進」六一・三％、「少子・高齢化」四六・六％と続いている。

石巻市においても、それは同様であった。石巻市地域合併協議会の会議録からは、財政状況が厳しくなってきていることが合併する主たる要因であることが同協議会会長をはじめとする各委員からの発言でも明らかになっている。[25]しかし、市町村は、基礎自治体として住民サービスの提供主体であるとともに、住民自治を支えるアイデンティティの中核であり、アクセスポイントである。その点を軽視して、財政的理由を主な理由として合併を進めることには問題が生じざるを得なかった。

4　行政対応力の低下

行政サービス低下の実感

合併に対してマイナスの評価が下される要因として、前節で指摘した第三の「行政サービスが低下しているとの実感」および第四の「政治的発信力の低下」は、東日本大震災への対応に大きな問題を生じている原因とも大きく関係している。このうち、「行政サービスが低下しているとの実感」は、行政対応力の低下によってもたらされるものと考えることができる。本節では、この行政対応力の低下について述べることとする。

図3-2は、石巻市の職員数を合併前の平成一五年の職員数から、合併直後の平成一七年の職員数およびその後の推移（東日本大震災前まで）を見たものである。合併直後は、石巻市本庁に集約を図ったことにより、各支所の職員数は、従前の旧町の職員数の六一％（平均）が配置されることとなった。つまり、合併時に一気に、各支所はマンパワーが約四割も減少したことになる。その上、合併後においては、石巻市全体の行政改革による職員削減が行われたが、特に各支所における職員数の減少が著しい。合併直後の平成一七年四月と機構改革が行われた平成二二年八月[26]とを比較すると、各支所の職員数は、平均で六二％となっており、合併のあとの五年余りの間に、さらに約四割も減少したことになる。つまり、0.6（4割減）×0.6（4割減）＝0.36であるので、合併前に比較して、ほぼ三分の一に激減したことになる。

このような職員体制の下で、東日本大震災が発生したのである。雄勝は、合併時に総合支所の中で最大の人員減（一三三人から六二人に減少、五四％の減少率）となり、その後の五年間で四一人にまで減少した。つまり、大震災の前の時点で、合併前の約三〇％の職員数となっていた。また、牡鹿は、合併時に一七三人から一〇六人に減少し、

（単位：人）

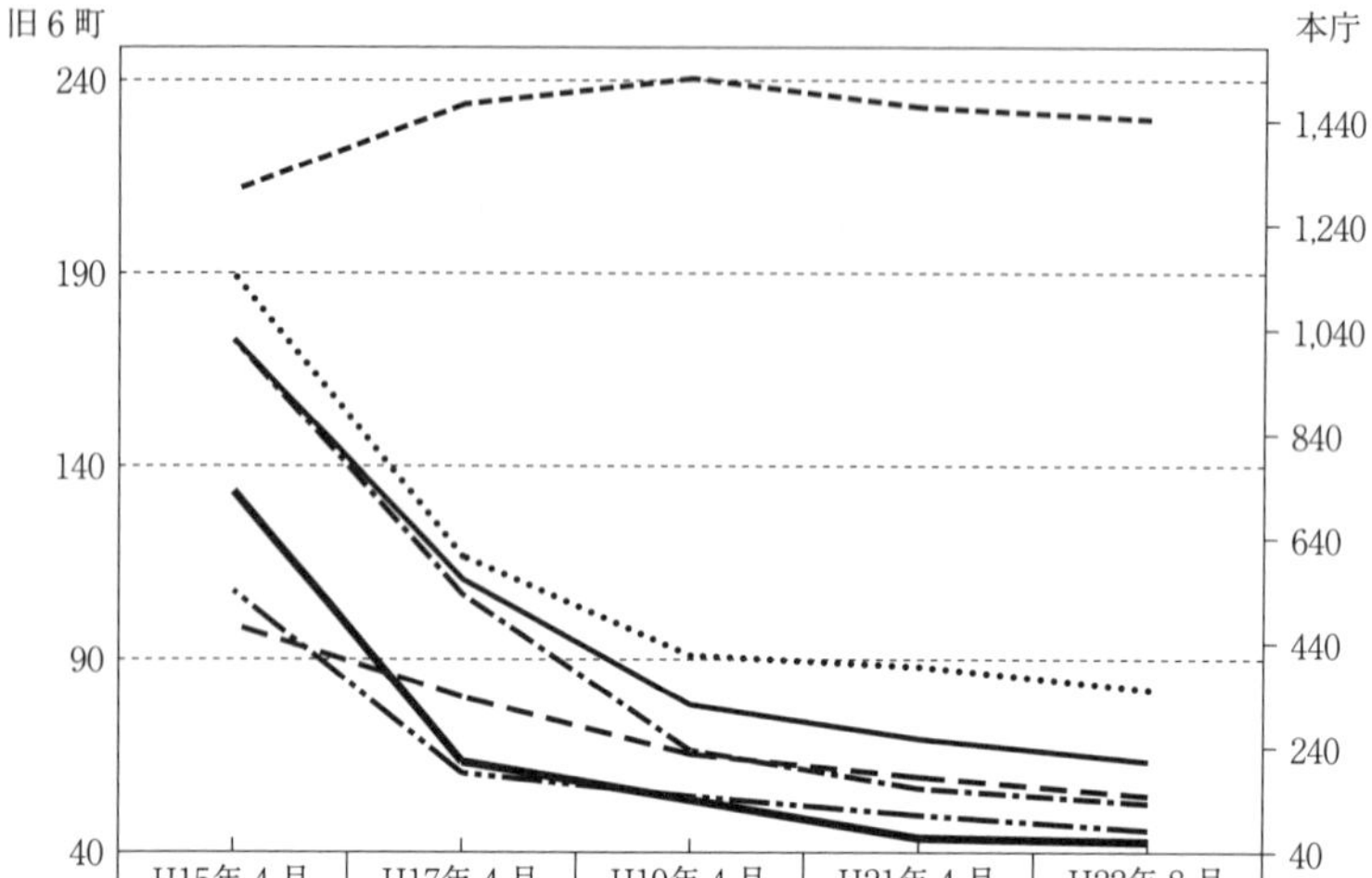

	H15年4月	H17年4月	H19年4月	H21年4月	H22年8月
─── 河北	173	110	77	68	62
━━ 雄勝	133	62	52	42	41
…… 河南	190	116	90	87	81
─・・ 桃生	107	59	53	48	44
─ ─ 北上	98	79	64	58	53
─・─ 牡鹿	173	106	65	55	51
---- 本庁	1,321	1,493	1,544	1,487	1,463
全体	2,195	2,025	1,945	1,845	1,795

図3－2　石巻市の職員数（実員）の推移

その後の五年間で総合支所の中で最大の人員減（一〇六人から五一人に減少、五二％の減少率）を蒙り、雄勝と同様に、大震災の前の時点で、合併前の約三〇％のレベルにまで落ち込んでいる。ここでも、半島部に位置する雄勝および牡鹿が、他の地域よりも圧倒的に高い減少率を示している。

一方、合併のメリットとして、行政組織の専門性の強化が挙げられていたが、宮城県が平成一九年に行った合併市町村実態調査[27]において、「組織が専門化したり、新たに専門の組織を設置したり、大幅に増員されるなど、部・課・係が充実・専門化されたものはありますか」との質問に対して、石巻市は「企画財政総務部門が充実・専門化された」と回答している。これは、合併を契機にして企画財政総務部門を本庁に集約するとともに、課・係を充実させたことを意味している。

合併のメリットとして一般的に取り上げられる専門職員は、保健師・助産師・看護師、保育士、栄養士、建築技師、土木技師等であるが[28]、石巻市は、これらの職に相当する部門である保健福祉部門、都市計画建設部門、産業振興部門での充実、強化はないと回答しており、合併を契機に、これらの専門職員の強化は図られなかったことが分かる。合併の目的であった行政の「専門化」は、実際には、眼中になかったのである。

行政サービスの低下に関する実感については、大震災発生前において、先に紹介した福島大学調査（平成二一年八〜九月）および東北大学調査（平成二一年三月）によって、すでに明らかになっていた。表3-4は、福島大学調査において、「合併による効果」を項目別に示したものである。この質問項目は、総務省が合併を推進するに当たり、合併の効果を説明する際に使っていた項目に一致しているものである。まず、住民サービスに関連した項目である②から⑤について、石巻市の調査結果を見てみる。②「住民の利便性の向上」については、「どちらかといえば効果はなかった」二八・一％、「効果はなかった」五二・六％となっており、③「住民サービスの高度化・多様化」については、「どちらかといえば効果はなかった」三一・六％、「効果はなかった」四七・四％、④「重点的投資による基盤整備の推進」については、「どちらかといえば効果はなかった」二六・三％、「効果はなかった」三八・六％、⑤「広域的な視点に立ったまちづくり」については、「どちらかといえば効果はなかった」一八・六％、「効果

表3－4　合併による効果（議員・元議員アンケート）

	効果があった	どちらかといえば効果があった	どちらかといえば効果はなかった	効果はなかった	どちらともいえない
①地方分権の推進	5.3 (4.9)	21.1 (20.4)	22.8 (19.1)	35.1 (37.9)	15.8 (17.7)
②住民の利便性の向上	0.0 (0.8)	14.0 (11.8)	28.1 (23.5)	52.6 (52.7)	5.3 (11.2)
③住民サービスの高度化・多様化	0.0 (1.6)	10.5 (16.4)	31.6 (27.5)	47.4 (43.1)	10.5 (11.3)
④重点的投資による基盤整備の推進	3.5 (9.1)	15.8 (25.7)	26.3 (20.4)	38.6 (29.8)	15.8 (15.0)
⑤広域的な視点に立ったまちづくり	10.7 (8.1)	14.3 (32.5)	28.6 (19.6)	35.7 (26.6)	10.7 (13.2)
⑥市町村の行財政の効率化	8.8 (11.0)	33.3 (38.2)	15.8 (15.5)	33.3 (25.7)	8.8 (9.6)
⑦国の行財政の効率化	3.5 (8.6)	26.3 (23.2)	29.8 (19.4)	33.3 (31.3)	7.0 (17.5)
⑧地域のイメージアップ	10.5 (12.9)	35.3 (30.4)	21.1 (15.1)	31.6 (28.8)	3.5 (12.9)

（注）石巻市の議員及び元議員の合計の数値であり，かっこ内は，宮城県内35市町村の議員および元議員の合計の数値である。

はなかった」三五・七％となっており、特に、②および③の項目に関して、圧倒的に否定的評価が下されている。また、②から⑤のいずれの項目も、宮城県内三五市町村の数値を相当上回ってマイナスの評価が下されている。

本項目については、平成二四年一二月に現職石巻市議会議員に対して地方自治総合研究所が行ったアンケート調査（以下「自治総研調査」という）[29]では、②「住民の利便性の向上」については、「どちらかといえば効果はなかった」三六・四％、「効果はなかった」四五・五％となっており、③「住民サービスの高度化・多様化」については、「どちらかといえば効果はなかった」二二・七％、「効果はなかった」二七・三％となっており、現職の市議会議員だけを対象としていることから、福島大学調査に比較して、マイルドな結果となっているが、同様の傾向を見てとることができる。評価は、さらに時間をかけて行われるべきであるとの見解はあろうが、すでに現時点で、この地域には問題があったと言ってよかろう。

次に、表3-5および表3-6は、東北大学調査において、合併後の行政サービスの評価について、設問の項目の中から一つだけ選ぶように住民に質問した結果を示したものである。表3-5においては、特に良くなった点はないと回答した住民が、石巻市域全域、旧六町の地域、合併四市（石巻市、登米市、栗原市、大崎市）ともに、約六割となっている。また、「窓口サービス」、「市役所などへの交通手段」、「除雪や道路清掃などのきめ細かさ」、「医療体制」などの個別のサービスについての質問への回答は、いずれも、「良くなったと思う」と回答したのは一桁台

表3-5　合併後の行政サービスの評価（良くなったと思うこと）（住民アンケート）

	石巻市	合併4市
窓口サービス	7.0(5.9)	7.6
市役所などへの交通手段	5.5(2.4)	4.4
除雪や道路清掃などのきめ細かさ	2.0(2.4)	3.1
医療体制	4.0(4.7)	4.4
公共施設の広域利用	14.5(21.2)	13.9
特に良くなった点はない	63.5(58.8)	63.8
その他・分からない	3.5(4.7)	2.9

（注）かっこの外は，石巻市域全体の住民の回答，かっこ内は，旧6町の住民の回答である。

表3-6　合併後の行政サービスの評価（悪くなったと思うこと）（住民アンケート）

	石巻市	合併4市
窓口サービス	6.5(10.6)	6.6
市役所などへの交通手段	7.5(8.2)	7.2
除雪や道路清掃などのきめ細かさ	19.0(22.4)	17.0
医療体制	16.5(10.6)	23.5
公共施設の統廃合	18.5(21.2)	19.1
特に悪くなった点はない	27.0(21.2)	21.1
その他・分からない	5.0(5.9)	5.6

（注）かっこの外は，石巻市域全体の住民の回答，かっこ内は，旧6町の住民の回答である。

にとどまっている。

表3-6においては、具体的に項目を選択して悪くなったと回答したのは、石巻市域全域で六八・〇％、旧六町村部で七三・〇％に上っており、圧倒的に悪くなったと感じていることが分かる。これは、合併四市全体でも、七三・四％となっており、同様の傾向となっている。

「行政サービスの充実」や「住民の利便性の向上」[30]が図られるどころか、後退しているとも評価されているのであり、行政対応力は合併によって低下しているといえる。

自己決定力の喪失

以上述べてきた行政対応力の低下は、主として、マンパワーの低下によるものであるが、もう一点、重要な点がある。それは、自己決定力の喪失である。合併によって新しい一つの自治体となるのであるから、基本的に本庁において物事が決定されることとなるが、旧市町村役場をどのように位置づけるかについては、自治体によっていくつかの方式がある。合併後の住民サービス維持のため、半数近くの市町村においては総合支所方式が、約三分の一の市町村においては分庁方式が採られており、その他の市町村は、窓口サービス中心の支所方式等が採られている。[31]

総合支所方式は、管理部門を本庁に統合し、事業実施部局などの部局は各支所（旧市町村役場）に残す方式であり、分庁方式は、新市町村の役場機能を、部課単位で分割して旧役場に配置する方式であるが、自治体によって、権限の移譲などの態様は異なっている。

石巻市においては、総合支所方式が採用されたが、ごく軽微なものを除き、決裁権限は本庁が持つ体制となり、総合支所の独自予算もなくなった。したがって、総合支所は、自己決定権を喪失し、本庁にお伺いを立てなければ物事を進められないこととなった。このことは、市の一体性、公平性の名の下に、地域の実情に応じた独自施策が実施されにくくなることを意味する。もちろん、一体感のある地域が合併した場合には、問題は比較的少ないが、石巻市のように、風土、文化の大きく異なる自治体が合併した場合には大きな問題を生じさせることとなる。また、中心的都市と周辺町村が合併した場合には、優先順位からして中心部に目がいき、周辺の旧町には目が回らなくなることは必然的な流れとも言える。実際、全国的にも、合併前に実施されていた地域の実情に応じた独自施策は合併によって、廃止される事例が多い。岡崎昌之は、「多くの場合、支所化した旧庁舎は人員が減り、町村自体が周辺に位置付けられ、旧来の個性的なまちづくりは頓挫しているケースが多い。」とする。(32)また、住民ニーズに応えた福祉サービスが削減、廃止されることになる場合も多い。(33)

石巻市は、過疎町村と非過疎市町が合併して過疎みなし市町村となった市(34)である。このパターンの合併における課題について、総務省の実施した「合併による過疎地域への影響に関するアンケート調査」報告書（平成一八年三月）では、「（このパターンの合併では）市町村内における各区域間の格差や住民の意識格差が顕在化している傾向があり、行政においては、各地域の課題や実態の把握が困難となっている状況が見られる一方で、住民側においては、中心部のみが発展するのではないか、周辺部は一層衰退するのではないかという不安や危惧が生じている状況もみられる。」と指摘されている。(35)まさに石巻市にそのまま当てはまる指摘である。石巻市においては、合併前の旧町に対する過疎指定は、東日本大震災で最も被害の大きかった河北町、雄勝町、北上町、牡鹿町の四町であった（前掲、表3-1参照）。

5　政治的発信力の低下

政治的影響力の低下

合併によって、地域の政治的発信力は低下する。地域のリーダーであった首長がいなくなったことの政治的意味は大きい。総合支所は、単なる市役所の一機関であり、単なる手足である。総合支所では、合併前の首長のような求心力は持ちようがない。

また、合併前は、旧石巻市の議員定数は二九人、旧六町の議員定数の合計は九八人であったが、合併後は、石巻市は合併特例法による議員の在任特例を使わなかったため、合併直後の平成一七年四月の選挙から定数は三四名となった。平成一七年、一八年、二二年と議会議員選挙が行われたが、旧六町は平均して二名の市議会議員を送りだしている。平成二五年一月現在においても、旧六町で合計一二名の市議会議員が在籍している。この人数は、石巻市全体に占める旧六町の人口にほぼ相当する議員数となっているが、旧六町の住民側から見ると、自分たちの政治的意思を反映するルートである地方議員が一挙に八分の一に激減したことを意味するのである。また、政治的議論の場である市議会において、旧六町出身議員の影響力は、三四分の二に過ぎないこととなり、地域としての政治的発信力が低下したことは明らかといえる。

平成の大合併による投票率への影響については、堀内匠の分析がある。(36) 平成一一年から平成二〇年四月までのデータを用いて、「新自治体を構成する旧自治体の合併直前選挙時における有効投票数の合計から割り出した平均投票率」と「合併後最初の選挙の投票率」とを比較して、首長選挙において三・三一ポイント、議員選挙において二・五五ポイントの下落があったとする。また、定数と投票率は正の相関関係にあり、合併によって定数が減るほど投票率も下がることが明らかになったとする。

堀内のデータは、合併自治体全体の投票率と合併前の投票率を比較するもので、合併自治体を構成する旧市町村単位の投票率を分析したものではない。石巻市については、合併後の選挙について旧市町単位での投票率を、合併前の投票率と比較して、旧市町単位で、どのように変遷しているかを直接みることとする。まず、首長選挙については、図3-3に示す通りであり、旧町の地域では、いずれの旧町の地域においても、二〇ポイント以上という大きな下落を示している。これは、石巻市全体の投票者のうち旧町の投票者の占める割合が少なくなり、石巻市長を選出する上で、自らの政治的影響力が低下することが直接影響していると思われる。

議員選挙については、図3-4に示す通りであり、旧町の地域では、いずれの旧町の地域においても、首長選挙以上の約二五ポイントという大きな下落を示している。これは、自らの地域から選出可能な議員数が大きく減少することに加え、石巻市議会全体において占める政治的影響力の小ささが影響していると思われる。なお、旧石巻市

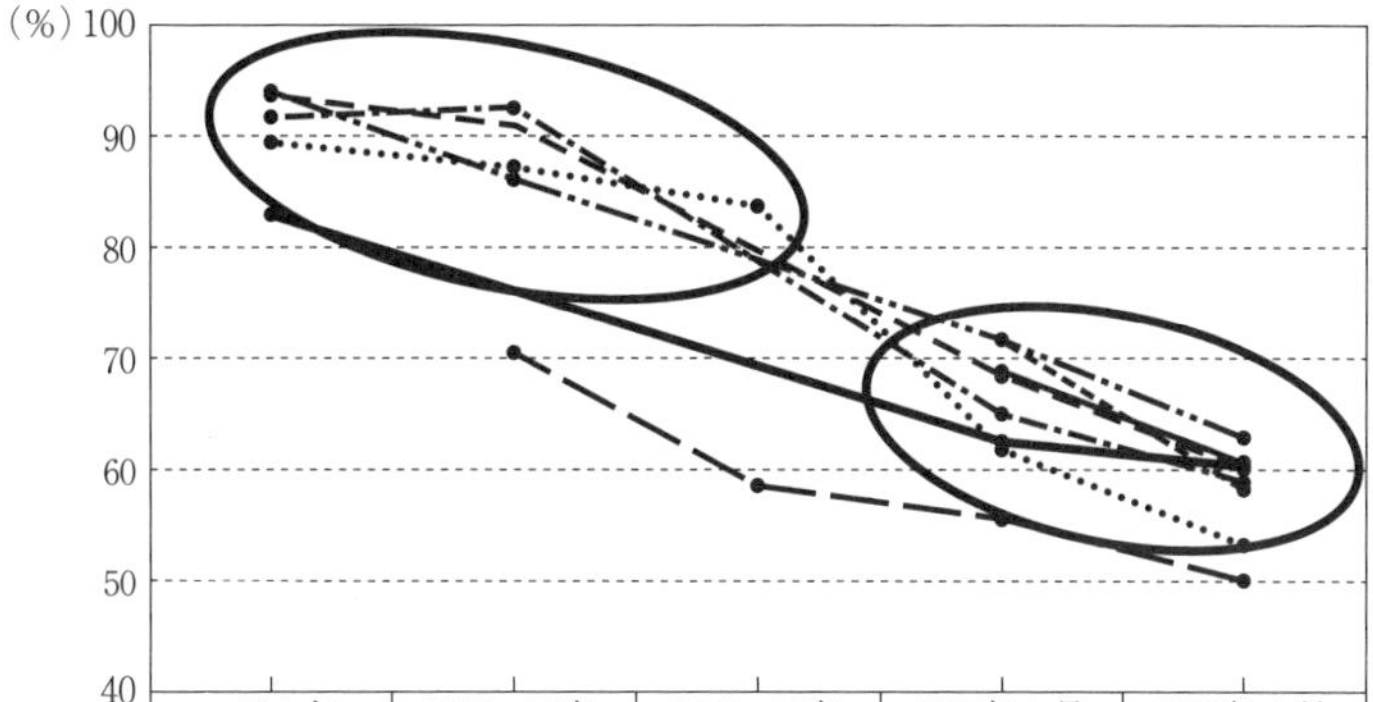

	～H 9 年	H10～12年	H13～16年	H17年 4 月	H21年 4 月
旧石巻市		70.79	59.14	56.25	50.86
河北				69.19	61.14
雄勝	83			62.97	60.87
河南	89.24	87.08	83.71	63.29	53.95
桃生	93.37	91.43		68.8	60.66
北上	93.72			72.26	63.67
牡鹿	91.44	92.56		65.42	59.49
全体				71.87	58.82

図 3 - 3　石巻市域の投票率（首長）

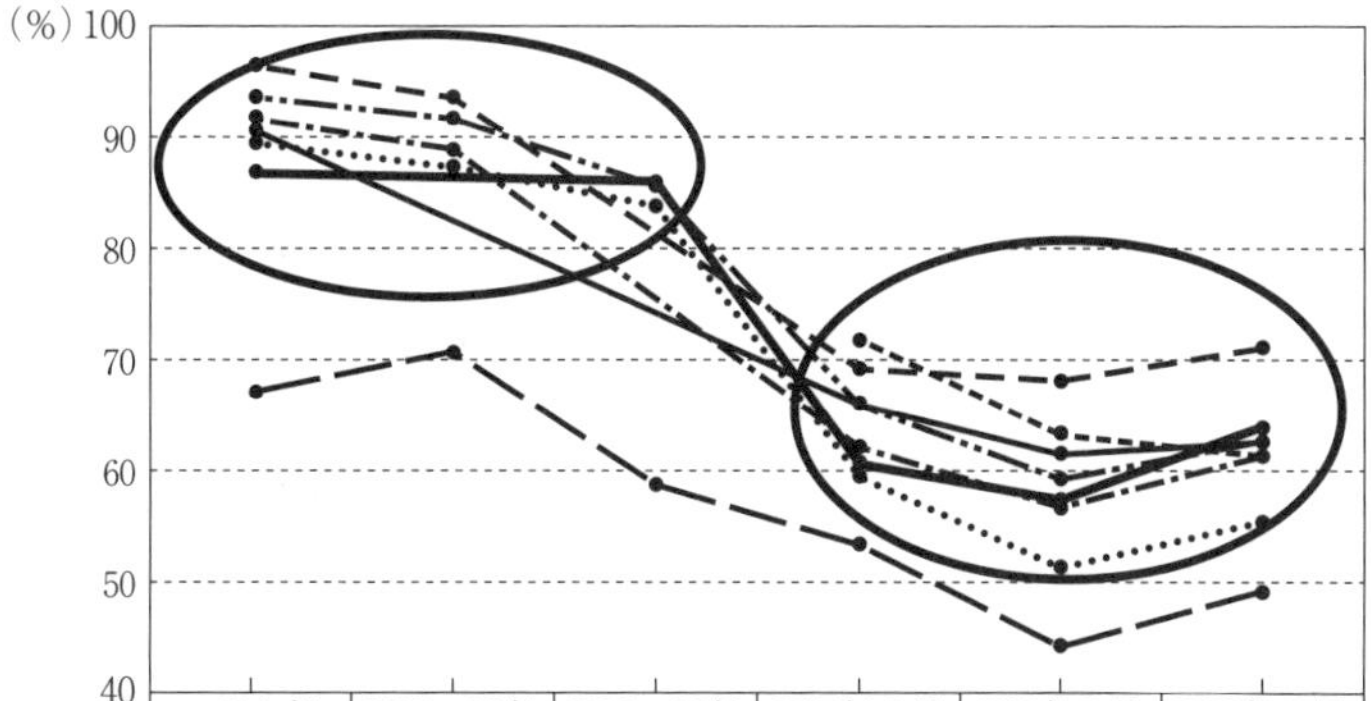

	～H 9 年	H10～12年	H13～16年	H17年 4 月	H18年 5 月	H22年 5 月
旧石巻市	67.19	70.8	58.98	53.66	44.97	49.6
河北	90.58			66.08	61.67	62.76
雄勝	86.63		85.86	60.81	57.65	64.13
河南	89.24	87.09	83.69	59.65	51.61	55.71
桃生	93.37	91.42	85.45	66.05	59.47	62.85
北上	96.16	93.28		69.26	68.23	71.13
牡鹿	91.43	88.69		62.3	57	61.5
全体				71.87	63.39	61.54

図 3 - 4　石巻市域の投票率（議員）

域については、首長選挙および議員選挙ともに下落傾向にあるが、合併前後で有意に下落しているとまでは言えないであろう。

政治的発信力低下の実感

政治的発信力の低下に関する実感については、大震災発生前において、福島大学調査および東北大学調査によって、すでに明らかになっていた。まず表3-7は、福島大学調査において、合併による問題点について項目別に示したものであるが、住民サービスの低下については、「どちらかといえば問題がある」三一・〇%、「問題がある」四四・八%と、問題点を認識している割合が高いのは、表3-4の裏返しの結果なので当然であるが、住民サービスの低下に対する実感が示されていることを再確認することができる。

ただ、ここでは、地域にとって重要な、経済力につながる設問である②および政治力につながる設問である③の結果について見てみることとする。②「中心部と周辺部の格差が増大する」については、「問題がある」が五〇・〇%と半数に達するとともに、「どちらかといえば問題がある」が二二・四%となっており、③「住民の声が届きにくくなる」については、「問題がある」が五五・二%と過半数を超えるとともに、「どちらかといえば問題がある」が三一・〇%と、両者を足せば、九割に迫る割合となっている。この結果は衝撃的であると言わざるを得ない。

本項目については、自治総研調査では、②「中心部と周辺部の格差が増大する」については、「問題がある」が一八・二%、「どちらかといえば問題がある」が三六・四%となっており、③「住民の声が届きにくくなる」については、「問題がある」が一八・二%、「どちらかといえば問題がある」が四五・五%と、両者を足せば過半数となっている。表3-4「合併による効果」と同様、本調査は現職の市議会議員だけを対象としていることから、福島大学調査に比較して、マイルドな結果となっているが、同様の傾向を見てとることができる。

なお、地域にとって重要な、文化力につながる設問である④「各地域の歴史、文化、伝統が失われる」については、「問題がある」二七・六%、「どちらかといえば問題がある」三一・〇%と、両者を足せば約六割となっている。

表3-7　合併による問題点

	問題がある	どちらかといえば問題がある	どちらかといえば問題はない	問題はない	どちらともいえない
①役場が遠くなり不便になる	23.6 (28.7)	14.5 (29.8)	21.8 (16.4)	34.5 (20.9)	5.5 (4.3)
②中心部と周辺部の格差が増大する	50.0 (46.4)	22.4 (28.4)	19.0 (12.7)	3.4 (5.6)	5.2 (6.9)
③住民の声が届きにくくなる	55.2 (46.5)	25.9 (28.4)	5.2 (12.7)	10.3 (5.6)	3.4 (6.9)
④各地域の歴史，文化，伝統が失われる	27.6 (23.2)	31.0 (29.6)	13.8 (25.6)	22.4 (15.7)	5.2 (5.9)
⑤広域化に伴い，住民サービスの水準が低下する	44.8 (34.7)	31.0 (36.8)	10.3 (15.9)	3.4 (5.0)	10.3 (7.7)
⑥先行的な政策や条例等を新市町村に引き継げない	34.5 (23.7)	34.5 (5.9)	19.0 (18.9)	5.2 (12.2)	6.9 (9.3)

表3-8　合併に対する評価についての市内の他地域との比較

	良い面が多い	悪い面が多い	どちらも同じぐらい	その他・分からない
石巻市	4.0(3.5)	28.5(45.9)	66.0(48.2)	1.5(2.4)
合併4市	4.0	31.7	62.1	2.3

進行している現実よりは，やや控えめな数値になっているものと思われる。

また表3-8は，東北大学調査において，「あなたの住んでいる地域は，市内の他の地域と比べた場合，合併の良い面と悪い面のどちらを多く受けていると思いますか。」という質問に対する住民の回答を示したものである。これを見ると，旧六町の住民は，四五・九％が「悪い面が多い」，三・五％が「良い面が多い」と回答しており，旧六町では，自らの地域を旧石巻市域等と比較して，合併によって悪くなった面が多いと感じている住民が圧倒的に多いことが分かる。これは，旧六町の地域の存在感が弱体化していること，つまり，旧六町の政治的影響力が低下していることを反映しているといえよう。ただ，これらの点については，合併推進論者は，「合併とはそういうものでしょう。」という淡々としたレスポンスが返ってくるかもしれない。

6　災害の各フェーズにおける合併の影響

第5節で見たのは、アンケート調査の回答から得られた印象である。より一歩進めて、実際の震災における合併のインパクトについて本節では考察する。東日本大震災において、石巻市の合併がどのような影響があったのかについて、応急対応段階、復旧段階、復興段階の三つのフェーズに分けて考えてみたい。河北総合支所、雄勝総合支所、北上総合支所の職員等(37)にヒアリングを行い、大震災発生時以降の状況を把握するとともに、合併の影響がどのようなところに現われているかについて分析してみた。

応急対応段階

まず、災害発生直後の応急対応段階であるが、この段階は、住民の安全の確保、救助、救出を行う初動期である。一般的な災害の場合、自治体は、災害対策本部を立ち上げ、消防をはじめとする実働部隊を動かし、住民の救助を行うとともに、災害の規模に応じて、自衛隊を含む国や他の自治体への応援要請を行うことになる。併せて、避難勧告や災害の状況について住民への的確な情報伝達が求められる時期でもある。また、避難した住民に対しては、支援物資の配付など、住民の安全確保のために必要な支援を行うこととなる。

この時期、河北、雄勝、北上総合支所のいずれの管内でも、住民に対して、ほぼ一週間近く、十分な情報伝達は行われなかった。先に述べた総合支所の職員数の激減によるマンパワーの面での行政対応力が低下した影響があったものと考えられる。もちろん、総合支所そのものが流された北上総合支所は、合併していなかったとしても町役場自体が流され機能喪失していたと考えられるが、それでも、生き残った職員はいるのであり、合併前に比べ、職員数が約五四％となっていたことの影響はあったものと考えられる。なお、この時期は、総合支所は本庁と連絡が取れない状態であり、本庁からの情報は総合支所には来なかった。

これらの地域では、避難した人たちへの支援物資についても、総合支所や市本庁からではなく、三月一三日頃に自衛隊からの支給によって助けられることとなった。

また、甚大な被害が発生したという事実を外に情報発信することが支援を受ける上で重要であるが、この時期、石巻市という自治体名は出ても、雄勝、北上、牡鹿といった旧町は、その陰に隠れて、報道されることがきわめて少なかった。もし、合併していなかった場合は、大槌町、女川町と同様に、雄勝、北上、牡鹿が壊滅的状態であると報道されていたに違いない。これら地域に関する報道が、かなり遅くなってしまったことについては、三陸河北新報社が検証しているところである(38)。このように、政治的発信力の面でも大きな低下をきたすこととなった。

復旧段階

次に、復旧段階の対応であるが、この段階は、ガレキの撤去、インフラの復旧が行われるとともに、避難所等の運営と生活改善（物資の調達、配送を含む）、避難所を早期解消して仮設住宅へと移っていくことおよび必要な仮設住宅の建設が行われる時期である。また、復興が始まるまでの被災者等の就労支援（仮設商店街や農林業、漁業の早期再開などの生業支援）が行われる時期でもある。

この時期においては、道路や河川堤防などインフラの復旧などは国や県の役割が大きく、石巻市としては避難所の運営と仮設住宅へ円滑に移行していく上での役割が大きい。国、県、他の市町村からの応援やボランティアの支援が行われる時期でもあり、被災自治体の行政対応力や政治的発信力の高低による影響は、他のフェーズに比較すると少ないと考えられる。もちろん、外部からの支援を受ける上で、受援側の行政対応力、いわゆる受援力は重要であるし、政治的発信力が高ければ応援がより多く入ってくることによって復旧が一層進むということはあるので、一定の影響はあると考えられる。

しかし、復旧の時期において影響がより大きいと考えられるのは、自己決定力の喪失である。分かったことは、法的権限は、予想されたこととはいえ、総合支所の地域では決定の拠り所を失っていたのである。法的にいえば、〝まず〟本庁に伺いを立てなければ決められない。当然、機動性がなくなって時間的なロスが多く発生した。地元業者がガレキの撤去をしようとして総合支所に断られた事例や仮設住宅の手続きなどに時間がかかったことは事実のようである。また、復旧の時期も応急対応の時期と同様、住民への情報提供は大変重要であるが、この面でも、旧町であれば行政区長を通じて人のネットワークで迅速に伝えることが出来たものが、合併市として統一的に市の広報誌など正規の手段で伝えることになると時間がかかってしまった。とりわけ緊急時には、この種の手続きがマイナスに働くと考えられる。

特に石巻市では、仮設住宅への入居については、地域で独自に決めたいと考えても、横並びや公平性のため、決定までに時間がかかることとなった。石巻市は仮設住宅への入居に当たり、原則としてくじによることとした。このことは、大きな失敗と言われている。集落がまとまって入居するのではなくバラバラに別々の仮設住宅に入居することとなった結果、住民への情報伝達にも支障をきたすとともに、その後の復興に関する協議を行う上でも困難を抱えることとなった。浜の近くの仮設住宅のように入居希望者が少なく、結果的に近くの集落がまとまって入居出来た事例や北上総合支所管内のように市議会議員が中心となって本庁に集落単位での入居を働きかけ実現した事例もあるが、その場合にも時間を要することとなった。復旧の時期は、迅速性が大事である。時間がかかることによって、域外に行ってしまう人も出てくる。すばやく対応すれば的確に手当てできることも時期を失してしまうと手遅れになってしまう。復旧の時期は、次の復興段階へとつないでいく重要な時期である。特に、合併前のように町長のところに関係者が集まって即決できるのと、合併後のように本庁にお伺いを立てて、幹部会議、庁議と手続きを踏んで物事を決めるのとでは大きな違いが出てくる。

応急、復旧時における合併のメリットとして、「避難者の受け入れが合併したことにより可能になった」、「仮設住宅の建設用地が、市域が広がったことにより確保できた」などを挙げる合併市長がいるが[39]、これには疑問がある。大震災にあっては、広域的な対応が求められるのであり、被災を受けた市町村の区域内で、その対応を考えることは、そもそも難しい。大災害に自前で対応するために市域を際限なく広げる必要が出てきてしまう。実際、東日本大震災においては、岩手県三陸沿岸の西側内陸部に位置する遠野市が後方支援拠点となって沿岸の被災市町村に効果的な支援を行ったし、遠隔地の市町村が水平連携支援を大々的に実施するなど、市町村同士の広域連携が大いに効果を発揮したのは記憶に新しいところである。また、仮設住宅の建設も、市域では対応できない場合には広域的に対処すべきものである。上記意見は、合併を正当化する理由としては根拠が弱い。

復興段階

最後に復興段階の対応であるが、この段階は、住宅再建、産業再建などの生活復興〈くらしの復興〉を図るとともに、都市復興、地域づくりなどにより市街地復興〈まちの復興〉を図っていく時期である。東日本大震災の被害が甚大かつ広範囲に及んでいるため、復興には相当の時間を要すると考えられており、現在〈平成二五年三月時点〉はまだ復興の入口段階に入った時期といえる。石巻市震災復興基本計画では、「5　土地利用の考え方」の箇所に「各地域の個性を活かし(40)」との考えを示しているが、限界があると言わざるを得ない。法的に総合支所には自己決定力がなく、独自の復興計画を策定することはできないこと、関連して地域として意見集約能力が弱くなり、市全体での復興の方針に対抗する地域の主張はできにくいメカニズムになっている。

現在の雄勝地区の復興計画では、雄勝の「町なか」を復興することが盛り込まれていない計画となっている。石巻市全体から見れば旧石巻市の復興が優先順位の第一であって、周辺部の雄勝地区は優先度が低くなるのは仕方のないことかもしれないが、仮に合併していなければ、雄勝の中心部の商店街を何が何でも復興させようとしたに違いない。

商店街がないとまちは機能しない。商店街のないところに高齢者が住むのは難しいので、人口流出が加速されることになる。もちろん、今後、雄勝の「町なか」の復興計画が策定されることを期待したいが、商店街「町なか」の将来像を描かないでいること自体が、雄勝地区の政治的発信力の低下を表わしているものと言える。中心部、

表3－9　災害の各フェーズにおける合併の影響

	災害の各フェーズ		
	応急	復旧	復興
行政対応力（マンパワーの面）	◎	△	○
行政対応力（自己決定力の面）	○	◎	◎
政治的発信力	◎	○	◎
地域力（発展力）	－	○	◎

（注）◎は，マイナスの影響が大きいこと，○は，マイナスの影響があること，△は影響がそれほどないこと，－は事柄上関係ない事項であることを示している。

「町なか」が流された状況の中で、首長がいて、住民とともに何とかしなければならないとの「課題」を認識し、その「課題」に対処しなければならないと取り組むことが、まさに復興事業に結びついていくのである。そのためには、中心的リーダーシップが必要となる。

復興は、新しく地域を再生する「まちづくり」そのものであるから、その地域の総合力が問われることになる。旧六町では、首長がいなくなり、議員も二名程度と政治的発信力は著しく低下し、職員も大幅に減少し行政対応力も低下した。これらに、住民のパワーも加えた総合的な地域力が復興に大きく影響することになろう。津波で流された地域の復興であるので、地域の復元力と言い換えることもできると思う。

ジャーナリストの葉上太郎は、次のように言っている[41]。

「雄勝が危機に瀕している理由は、いくつもあるだろう。…だが、もしこれが単独の雄勝町であったらどうだろう。メディアは、「廃町の危機」と書き立て、町長も必死で復興させようとするに違いない。住民も一丸となるだろう。ところが、合併で一地区となってしまえば求心力が失われる。しかも、石巻市は中心部が極めて大きな被害を受けており、それどころではないのが実情だ。…これから、イバラの道を歩かなければならない。」

以上、応急対応段階、復旧段階、復興段階の各フェーズにおける合併の影響を述べてきたが、その影響度をおおまかに捉え、そのイメージをまとめたものが表3-9である。この表に示すように、まず、応急対応段階においては、職員数の減少に伴うマンパワーとしての行政対応力の低下、つまり、災害時の応急対応能力が低下していることに加え、単独の自治体としての発信力がなくなり、被災の状況も合併自治体全体の中に埋没しがちになり、マスコミ報道も減少するなど、政治的発信力の低下が大きく影響することとなる。

次に、復旧段階においては、できるだけ早く復旧することが被災した人々の離散を防ぎ、復興への道のりへと進んでいく時期であるだけに、迅速性が重要となる。しかし、合併によって自己決定力が喪失し、何事にも本庁に伺いを立てなければならないことによる決定までの時間のロスが発生することとなる。

そして、復興段階においては、復興は、まさに当該地域の将来像を描くという「まちづくり」そのものであるだけに、自らの地域の将来を自ら決めるという自己決定力を喪失していること、リーダーシップを持って復興に取り組むリーダーの不在による政治的発信力の低下は大きな影響を及ぼさざるをえない。さらに、復興においては、住民力も含めた地域力の低下が大きく影響してくることとなる。

7　地域力の低下

合併の行きつく先は、周辺部に位置する地域の更なる衰退と地域力の低下である。地域力を端的に表しているのは、人口である。日本全体が人口減少社会に入っており、少子高齢化対策が重要な政策課題となっているが、合併地域が、合併が原因で一層の人口減少に陥るとするならば、これは人為的な人口減少ということになる。

宮城県内の全市町村の平成一二年、一七年、二二年の国勢調査人口を比較して、その人口増減率を、合併市町村の「(旧市町村単位での) 中心地の旧市町村」、「(旧市町村単位での) 周辺地 (中心地以外) の旧市町村」、非合併市町村の三者で比較したものが図3-5である。市町村合併前の人口増減率 (平成一七年と一二年を比較) と合併後の人口増減率 (平成二二年と一七年を比較) を比較して見ると、「中心地の旧市町村」と「非合併市町村」が同様の傾向を示している。これに対して、「周辺地の旧市町村」は、合併後に顕著に人口減少率が高まっていることが分かる。つまり、合併という人為的な活動によって人口が減少しているのである。

これを石巻市について見たのが表3-10である。旧石巻市域は、平成一七年の一二年に対する人口減少率が三・

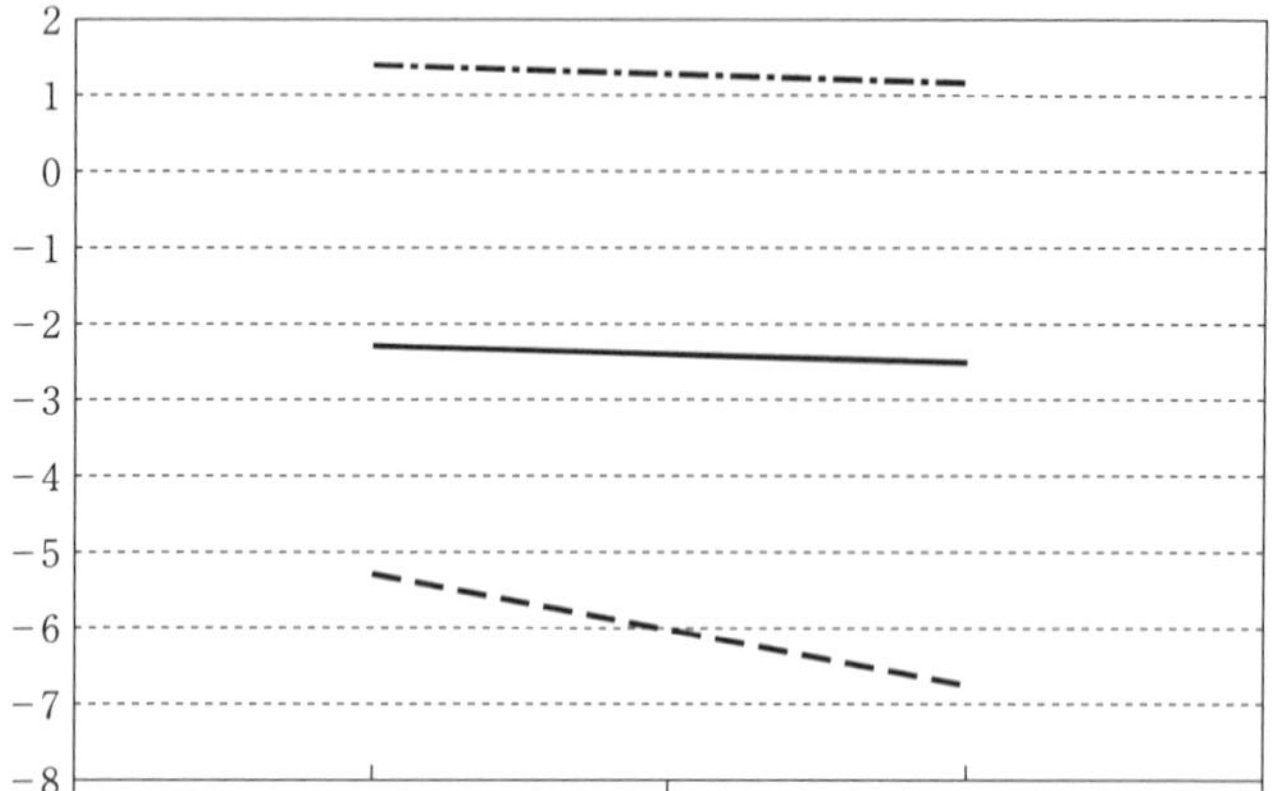

	平成12年から17年の人口増減	平成17年から22年の人口増減
――― 合併（中心地）	−2.3	−2.5
― ― ― 合併（周辺地）	−5.3	−6.7
―・―・― 非合併	1.4	1.2

図3－5　宮城県内の市町村の人口増減比較表　　（単位：％）

表3－10　石巻市の人口の推移　（単位：人，％）

	平成12国調	平成17国調（増減率）	平成22国調（増減率）
旧石巻	119,818	115,5888(△3.5)	112,683(△2.5)
河　北	13,407	12,508(△6.7)	11,578(△7.5)
雄　勝	5,239	4,694(△10.4)	3,994(△14.9)
河　南	17,919	17,522(△2.2)	16,950(△3.3)
桃　生	8,644	8,102(△6.3)	7,582(△6.4)
北　上	4,472	4,028(△9.9)	3,718(△7.7)
牡　鹿	5,279	4,882(△7.5)	4,321(△11.5)
旧6町	54,960	51,736(△5.9)	48,143(△6.9)
市全体	174,778	167,324(△4.3)	160,826(△3.9)

（注）増減率は，前回の国調からの増減，△は，減少率を示す。

五％、平成二二年の一七年に対する人口減少率が二・五％となっており、人口減少率が鈍化しているのに対し、旧六町の平均は、平成一七年の一二年に対する人口減少率が五・九％、平成二二年の一七年に対する人口減少率が六・九％となっており、逆に人口減少率が悪化しているのである。その率は、宮城県内の他市町村と比較しても、深刻である。

合併によって役場がなくなると、支所職員の減少に加え、役場職員の本庁への引っ越しによる移動も起きるし、役場を中心にそれまであった人々の動きが少なくなることによって地域の産業や商業の衰退も起きてくる。(42)自治体の面積が狭ければ人口移動もそれほど生じないかもしれないが、石巻市のように五〇〇平方キロを超える広さになると大きな人口移動が生じることになる。合併は、日本中の市町村をふるいにかけて、小規模地域の活力を低下させたことは明らかである。

地域の力を結集し、最大限に引き出すためにはリーダーが不可欠である。それぞれ特色があり魅力を持った地域をごちゃまぜにしてしまっては、中心部に偏ったリーダーか薄まきのリーダーしか持てないことになる。特色ある地域に合ったリーダーがいて、初めて、その地域の力が発揮される。このことをもっと真剣に考える必要がある。それぞれの地理的条件や風土、文化を踏まえて初めて、適切な自治体のエリアが考えられるのであって、決して、全国一律に考えられるものではない。

また、地域における住民と自治体の関係性にもっと目を向ける必要がある。基礎自治体における民主主義の力が地域力を発揮することにつながることを重要視しなければならないだろう。行政の効率性や財政の観点ばかりで論じてはならない。

本章は、津波被災の悲惨さの中で、被災地がどのような苦難を強いられているかを踏まえ、合併による影響がどのような部分に出ているのかについて考察してみた。今後の災害対応への教訓として、災害での犠牲を少しでも少なくする一助となれば幸いである。

注

（1）「全国市町村要覧（平成一〇年度版）」及び「同（平成二一年度版）」の面積による。
（2）五〇〇平方キロという面積は、農村地域においては旧郡や広域市町村の面積に匹敵するものである。森川洋『行政地理学研究』（古今書院、二〇〇八年八月）六八頁、同『ドイツ市町村の地域改革と現状』（古今書院、二〇〇五年七月）二五六頁〜。
（3）「石巻市・旧雄勝町：高台移転　市が決定、住民九割希望せず」平成二四年一二月一一日『毎日新聞』、医療ガバナンス学会メールマガジン Vol. 331「石巻市雄勝町の現状」平成二三年一二月三日。
（4）『おがつ新聞』（平成二四年九月号、一一月号）。
（5）河北新報社編集局著『再び、立ち上がる！東日本大震災の記録』筑摩書房、二〇一二年二月一〇日、六五頁。
（6）三陸河北新報社「石巻かほく」編集局編『津波からの生還　東日本大震災・石巻地方一〇〇人の証言』旬報社、二〇一二年八月一日、二六二頁。
（7）河北新報社編集局前掲書（六九頁）では、無事が確認されたのは職員二名と児童一人のみであった。
（8）河北新報社編集局前掲書（二〇八〜二一〇頁）に詳述されている。
（9）四八人の内訳をみると、全壊した北上総合支所で一七人、市立雄勝病院で一九人、その他の総合支所（河北、雄勝、河南、牡鹿）で四人、本庁で三人の死亡が分かっている。
（10）宮城県内三五市町村の現職市町村議員に対しては議会事務局を通じ、合併を経験した九市町村の元市町村議員には郵送で調査票を配布し、いずれも郵送で回収した。回収率は五〇・四％。
（11）合併四市の旧市町村単位で世代別、性別のサンプル獲得目標数を割り当て、電話帳世帯と無作為抽出し、条件に合う有権者の協力を得たもので、獲得サンプル数は、石巻二〇〇、登米一八二、栗原一八六、大崎一八六であった。調査実施機関は河北新報報道部直営。
（12）今井照「市町村合併に伴う自治体政治動向について（二〇〇九）――政治的視点からの合併検証」（『自治総研通巻三七

五号』二〇一〇年一月号)。
(13) 横山純一「市町村合併問題と市町村の将来展望」『生活経済政策』八四号、二〇〇四年一月。
(14) 地方分権推進委員会第二次勧告（平成九年七月八日)。
(15) 「行政改革大綱」(平成一二年一二月一日閣議決定)。
(16) 畠山輝雄「地理的分断条件を伴う市町村合併が及ぼす高齢者福祉サービスへの影響」(『地理学評論』八六巻一三号、二〇〇七年)、畠山輝雄「編入合併に伴う高齢者サービスの変化と住民利用」(日本大学『地理誌叢』四九巻一号、二〇〇八年)。
(17) 畠山前掲論文（二〇〇七年）八六〇頁では、分断条件を境に、中心地区への従業通学率に大きな差が見られることから、分断された地域では生活圏が異なっていることを示している。
(18) 田辺裕「近代化過程のおける市町村領域」(『東京大学教養学部人文科学科紀要』三四号、一九六五年）一〇〇頁、畠山前掲論文（二〇〇七年）八五七頁。
(19) 畠山前掲論文（二〇〇七年）では、平成一一年六月から平成一八年三月末までに合併した五五六市町村のうち、約四分の一となる一三三市町村が、地理的分断条件に該当している。特に、峠を含む市町村は、八一と全合併市町村の一四・六％と予想以上に多い結果になったとしている。
(20) 旧西ドイツで一九六〇年代後半から七〇年代にかけて行われた市町村（ゲマインデ）の行政区域改革（合併）が、農村部の中心集落の成長を助け、農村地域住民の生活レベルを都市並みに向上させることに貢献するとともに、過疎化の進行を抑制することとなったこと（森川洋前掲書（二〇〇八）及び（二〇〇五））やスウェーデンにおける市町村（コミューン）の合併が公務員の倍増によるサービスの拡大が合併のメリットとして認識されていた（菊地端夫「ドイツ、スウェーデンにおける市町村合併の現況」（自治体国際化協会「平成一七年度比較地方自治研究会調査研究報告書」二〇〇六年三月））のとは好対照をなしている。
(21) 小積峠は、高低差二〇〇メートルには至らないが、半島部と内陸部との境となっている。

(22) 石巻市域の北上川には、新北上大橋と飯野川橋が架かっているが、一〇キロ以上離れている。
(23) 大森彌「平成の大合併への視点」(『地域政策』二〇〇七年新年号）二六頁～、全国町村議長会第三次地方（町村）議会活性化研究会報告書「基礎自治体のあり方と町村議会のあるべき姿」（平成二一年五月）九頁～、吉良伸一「平成の市町村合併とは何だったか」(『社会分析』三六号、二〇〇九年）八三頁～など。
(24) ㈶日本都市センターが平成一一年四月一日～平成一八年三月三一日を期日として合併した全市に実施、回答率は四一六市／四二一市、九八・八％（『平成の大合併　都市要覧』二〇〇八年三月)。
(25) 第四回（平成一五年一〇月九日)、第九回（平成一六年一月二二日)、第一一回（同年二月二〇日)、第一三回（同年三月二六日)、第一七回（同年九月九日)、第二四回（同年一二月二二日)、第二五回（平成一七年一月二七日）など。（http://www.city.ishinomaki.lg.jp/soumu/i-gappei/gappei/gappei-index.jsp)。例えば、第一一回協議会では、「三位一体改革、…交付税交付金もどんどん減らす。あるいは補助金も削減してくる。…一年遅れれば遅れるほど税交付金、補助金が削減されると。…（合併は）一年でも早い方がいいということであり、」との発言がされている。
(26) 平成二二年八月の職員数は、東日本大震災発生前の最新の数値であるため、比較の対象とした。同月の組織改正では、保健福祉部を健康部と福祉部に分割するとともに、税務部門を総務部から生活環境部に移管した。
(27) 「市町村合併に関する実態調査」宮城県総務部市町村課（平成一九年三月）の調査票1（http://www.pref.miyagi.jp/sichouson/gyou1/gappei/zyoukyoutyousa/4-1hyousi.pdf)。
(28) 「「平成の合併」の評価・検証・分析」（総務省「市町村の合併に関する研究会」報告書、平成二〇年六月）八九頁。
(29) 福島大学調査の方法と同じく、現職市議会議員に対して議会事務局を通じ、調査票を配布し、郵送で回収した。三四名の市議会議員のうち、二二名から回答があった（回収率は六四．七％)。
(30) 「国民から見た」合併の効果として説明していたものである（「市町村の合併に関する答申」第二五次地方制度調査会（平成一〇年四月二四日）など)。
(31) 「「平成の合併」の評価・検証・分析」（総務省「市町村の合併に関する研究会」報告書、平成二〇年六月）三七頁。

(32) 岡崎昌之「農山漁村からみる平成の市町村合併」『地域政策』二〇〇七年新年号。

(33) 高野和良「過疎市町村における市町村合併の課題」『社会分析』三六号、二〇〇九年。

(34) 非過疎と過疎の市町村が合併した場合、①過疎法の過疎地域の指定要件に該当し過疎市町村となる場合、②過疎法の過疎みなし市町村の要件に該当し全域が過疎市町村の取扱いとなる場合、③旧過疎地域のみが過疎地域をみなされる市町村となる場合の三つのパターンがある。石巻市は、合併時には②に該当していたが、現在は③に該当し、河北町、雄勝町、北上町、牡鹿町の旧四町の地域のみが対象である。

(35) 非過疎と過疎の市町村が合併して過疎のある市町村となったパターンにおいても、過疎町村と非過疎市町が合併して過疎みなし市町村となったパターンと同様に、各地域の課題や実態の把握が困難となっている状況が見られると指摘されている。

(36) 堀内匠「「平成の大合併」の効果としての投票率の低下」『自治総研』三六八号、二〇〇九年六月。なお、同「長野県内市町村における投票所の統廃合と投票率」『信州自治研』二〇一一年三月号では、合併と投票所統廃合の因果関係について分析している。

(37) 雄勝地区においては、総合支所職員以外に、雄勝地区震災復興まちづくり協議会委員、雄勝未来会議委員、仮設商店街の人たち、元雄勝町議会議員、漁協役員などの方々から聞き取り調査を実施した。

(38) 三陸河北新報社著『ともに生きた　伝えた』早稲田大学出版部、二〇一二年六月一〇日、一二六頁〜。

(39) 日本自治学会シンポジウム要旨（『自治日報』平成二四年七月一三日）。

(40) 石巻市震災復興基本計画（平成二三年一二月策定）一八頁。

(41) 葉上太郎「「まちがない。」悲鳴すら上がらない被災地の窮状　宮城県石巻市の合併地区」『月刊自治研』二〇一一年八月号。

(42) 「周辺役場が支所になることにより地域内再投資力と雇用力が消滅し、地域経済波及効果が縮減し、地域の担税力ばかりか、定住人口の減少をきたすところが多い。」（岡田知宏「市町村合併と地域経済」『地方議会人』三七巻九号、二〇〇七年)。

第4章　市町村合併と災害対応
――二〇一一年台風一二号災害――

牧　紀男

1　市町村合併と自治体の災害対応力

市町村合併と自治体の防災力

平成一一年に始まった「平成の大合併」により、三二二九あった市町村数は平成二二年には一七二七となり市町村数はほぼ半減した。市町村合併の背景として⑴地方分権の推進、⑵少子高齢化の進展、⑶広域的な行政需要が増大、⑷行政改革の推進という四つのポイントが挙げられる。広域合併には、専門職員の配置、行財政の効率化といったプラスの効果もある一方で、当然、マイナスの効果もあり、人口が増え住民の声が届きにくくなる、広域化に伴いサービス水準が低下する、といった問題が挙げられる(1)。

基礎自治体である市町村は様々な役割を担っているが、安全・安心に関する住民の関心は高く、防災・危機管理は市町村にとって重要な業務の一つである。日本では市町村が第一義的に災害対応業務を担うこととなっており、市町村は災害発生時には避難勧告・指示といった命に関わる緊急対応、避難所の運営、食料・水の配給といった応急対応、さらには、り災証明のための建物調査に始まる被災した人々に対する生活再建支援業務といった発災後の全ての対応を担う。安全・安心を守るうえでの市町村の責務は重大であり、広域合併をしてもサービスレベルを落とすことは許されない。

効果的な危機対応を行うためには、事前の準備が不可欠であり、被害を出さないための被害抑止対策に加え、発生した被害を最小限に食い止めるため、市町村は災害対応計画を策定し、災害対応訓練を実施しておく必要がある。また、基礎自治体の防災・危機管理業務は、地震・水害といった自然災害だけではなく、新型インフルエンザ、ミサイル発射といった国民保護に関する事案まで多岐にわたり、市町村の防災・危機管理に関する業務量は、住民の安全・安心に対する関心の高まり、さらには対象とするハザードの拡大により、以前と比べて増加している。

合併による効果の一つとして専門職員の増加が挙げられているが、危機管理・防災担当職員についてはどうであろうか。群馬、兵庫で行われた調査を元に見ていきたい。

群馬県での調査(2)は、平成一九年台風九号時の行政の災害対応を検証することを目的に、群馬大学・群馬県・国土交通省が、県内の全市町村を対象に実施したものである。防災担当職員数に関する調査結果を見ると、防災担当人員について、本庁レベルでは「合併前と変わらない」「合併前より増えた」という解答が一〇〇％を占め、本庁レベルでは市町村合併の影響が無いのに対し、支所では三割の市町で「合併前より減った」「防災担当者がいない」という状況になっており、合併により特に支所レベルで人的資源が減少している状況が見受けられる。また、人員の過不足については本庁・支所とも現状では不十分という解答が四割を占め、市町村合併が行われたにも関わらず十分な数の職員は配備されていない現状がある。

兵庫県での調査(3)は、多くの人的被害が発生した二〇〇九年の佐用町水害を踏まえ、市町村の広域化と市町の初動対応の遅れ、の関係を明らかにする目的で神戸新聞社が実施したものであり、調査対象は兵庫県下の合併を経験した一九市町である。防災担当職員数については「増えた」「変わらない」が一四市町、「減った」が五市町であり、合併が行われたにも関わらず防災担当職員が減少した市町も存在する。その一方で、一〇市町で「防災担当部局の増設、増員」が行われており、市町村合併の効果として上げられる専門職の配置を目指した動きもみられる。しかしながら、本庁と支所の関係で見ると、群馬県同様、本庁のみに防災職員の配置を行っている市町が多く、支所レベルでの防災職員数は減少している。職員配置を見ると支所の人員が減少しており住民の声が届きにくくなる、サービス水準が低下するという問題の発生が危惧される。

防災上の課題

市町村合併に伴い旧市町の声が届きにくくなるという問題は、合併前からも危惧されていた。二〇〇四年一〇月二三日に発生した新潟県中越地震は、合併を控えた市町村を襲った。大きな被害を受けた長岡市・山古志村・小国町、そして中之島町・越路町・三島町は二〇〇五年四月一日の合併を目指し、災害発生一〇日前の一〇月一三日に新潟県知事へ廃置分合の申請を行っていた。長岡市（全半壊世帯率一一％）だけでなく、大きな被害を受けた山古志村（全半壊世帯率八三％）、小国町（同三五％）は合併が決まっているにも関わらず、独自に復興計画の策定を行った。また、長岡市では二〇〇六年一月一日の合併を目指した動きもあり、和島村・寺泊町・栃尾市・与板町の間での合併についての検討が行われていた。長岡市との合併について検討を行っていた栃尾市は、他の市町村を比べると被害程度（同四・七二％）はそれほど大きくないにも関わらず独自に復興計画の策定を行った。阪神・淡路大震災では、復興計画を策定した市町の全半壊世帯率が、都市部で八％以上、郡部で二〇％以上であったことと比べると、全半壊世帯率四・七二％の栃尾市が復興計画を策定するというのは異例のことである。

栃尾市が復興計画を策定したのには理由があり、復興計画には以下のように書かれている。「栃尾市は長岡市との合併を控えていますが、広大な市域を有することになる新しい長岡市の中でも、これらの問題（災害復興：筆者加筆）に取組ながら、育まれてきた地域の個性を大切にした活力のある「栃尾」として将来に受け継いでいくことが重要となります。[(4)]」合併後に復興事業が実施される山古志村・小国町、被害率が小さい栃尾市が復興計画を策定した背景には、合併すると、自分達の声を反映することが難しくなる、復興計画を策定する主体が無くなる、という思いがあった。

防災・危機管理の専門部局を設置し、事前の対策を充実することも重要であるが、本来の意味での自治体の防災・危機管理能力は、災害発生時に的確な災害対応が実施できるかどうか、にある。的確な災害対応を行うためには、地域のハザード、さらには地域特性（どのような被害が発生しやすいのか、高齢者は多いのか等々）を把握していること、すなわち地域についての土地勘を持っていることが不可欠であり、実際の対応を行う上では、地元の人との人間関係も重要となる。

平成の合併の結果、市町村の面積はほぼ二倍に増加している（平成一一年：一一四・八平方キロ、平成二二年：二一五・〇平方キロ）。行政区域の拡大は、よく知らない地域への対応、様々な事案に対する同時対応、気象状況が全くことなる地域への対応（本庁では雨が降っていないにも関わらず、支所では豪雨災害が発生）等々、的確な災害対応を行う上での様々な障害を発生させる。大規模合併を行った自治体では、一級河川の流域をまたぐような規模での合併も行われており、同じ基礎自治体内で天候・河川の状況が全く異なるというような事態も想定される。

先述のように「平成の合併」の負の効果として「人口が増え住民の声が届きにくくなる」、「広域化に伴いサービス水準が低下する」といった課題が挙げられる。住民の安全・安心を守るという市町村の基本的な機能は「平成の合併」を経て、どのように変化したのか、基礎自治体は広域合併に伴い危惧される災害対応能力の低下にどのように対応しているのか、さらには将来的な課題は何か、について二〇一一年に発生した台風一二号災害により甚大な被害を受けた和歌山県の事例を元に検証してゆく。

2　平成二三年台風一二号による和歌山県の被害と災害対応

和歌山県の被害(5)

二〇一一年八月二五日にマリアナ諸島で発生した台風一二号は、九月三日に高知県に上陸、九月四日に日本海に抜け、九月五日に温帯低気圧となった。この台風は大型で速度が遅かったため、進路の東側にあたる紀伊半島では大雨が降り、紀伊半島では総降雨量が一〇〇〇ミリを超える地域が発生した。和歌山県の大杉観測所では八月三〇日一八時～八月四日二四時の間に総降雨量一九九八ミリという記録的な大雨を観測している。和歌山県南部の年間降雨量は平地で二〇〇〇ミリ、山地で三五〇〇ミリ程度であり、この台風は年降雨量の約半分にあたる雨を降らせたことになる。

この台風に伴う大雨は、和歌山県南部で河川の氾濫による浸水被害を発生させ、和歌山県内で床上浸水二六八〇棟、床下浸水三一一四棟という被害が発生した。また、土砂災害も群発しており九六カ所で土石流・地すべり・がけ崩れが発生した。この災害による人的被害は死者五六名（内六名関連死）、行方不明者六名にのぼる。浸水被害については、熊野川の水量が河川整備基本方針の計画規模を超え、熊野川の中流域に位置する日足地区の水位は最大で一六・二メートルに達した。その結果、熊野川沿いを走る県道のさらに上に位置する新宮市熊野川行政局（旧熊野川役場）で建物の二階まで浸水するという被害が発生した。土砂災害については、那智川での土石流災害により多くの住宅が流され、多くの人命が失われた。また田辺市熊野《いや》地区では土砂ダムが発生し、災害警戒区域が長期に渡って設定され、住民が長期にわたって避難生活をおくる事態となった。土砂災害による人的被害は甚大であり、和歌山県における人的被害の内三五名が土砂災害により発生している。

図４－１　冠水した市街地
（新宮市下本町）（新宮市提供）

土砂災害・浸水に伴う道路・鉄道の被害も甚大であり、道路については多くの箇所が通行止めになり和歌山県南部の主要都市である田辺市、新宮市、さらには奈良県を繋ぐ国道一六八号線、三一一号線が通行止めになり、県南部の交通網に重大な影響を与えた。また、那智川の鉄橋の流失のためＪＲ紀勢線が一部不通になるという被害も発生し、ＪＲ紀勢線の完全復旧までに四カ月を要した。

道路が寸断されたことにより集落の孤立が発生し、田辺市六地区、新宮市一七地区、那智勝浦町四地区、有田川町一地区、日高川町一四地区の計四一地区、五四六七名が影響を受けた。田辺市は二〇〇〇年に田辺市、龍神村、中辺路町、大塔村、本宮町の一市二町二村が合併した市であるが、集落の孤立は、旧田辺市以外の合併町村地域で多く発生した。新宮市も旧熊野川町と合併しているが、孤立集落は旧熊野川町で多く発生した。

この災害による住民生活への影響も甚大であり、全壊三六七戸、半壊一八四〇戸という住宅被害が発生、さらに一一万二〇〇〇世帯で停電被害、三万四〇〇〇世帯で断水被害、三万四〇〇〇世帯で固定電話が不通になるという被害が発生し、ライフラインの復旧までに一カ月半を要した。また、避難者は最大で九〇〇〇人に及び、避難生活が長期化したことからホテル・旅館、民間住宅の借り上げ、公営住宅が避難所として利用された。

経済活動については、みかん・梅といった果樹栽培、畜産業（死亡牛約五〇〇頭）、水産業（鮎・アマゴ・錦鯉）に被害が発生した。またユネスコ世界遺産に登録される熊野三山のうち、熊野那智大社、熊野参詣道において土砂災害の被害、熊野本宮大社の門前町で浸水被害が発生し、観光業も大きな影響を受けた。商工業・観光業の直接被害額は五六億円にのぼる（和歌山県調べ）。

県の災害対応(6)

台風災害の場合、進路の予測に基づき事前から災害対応の準備を行うことが可能になる。和歌山県は高知に台風が上陸する（九月三日）二日前の九月一日水防配備態勢第一号を発令し、この台風に備えていた。上陸一日前の九月二日には田辺市、新宮市に土砂災害警戒情報が発令され、田辺市は本宮町川湯地区に対して避難勧告、その後、避難指示を発令している。また夜になると熊野川中流の新宮市日足地区で河川氾濫危険水位を超過し、新宮市は熊野川日足、山本地区に避難勧告を発令し、災害対策本部を設置する。台風が上陸した九月三日になると、熊野川沿いの田辺市本宮においても熊野川の水位が河川氾濫危険水位を超過し、田辺市は午前八時に災害対策本部を設置する。市町村の状況について、県庁は的確に把握しており、市町村の情報についてとりまとめ、マスコミへの資料提供、ホームページでの公表を行っている。和歌山県は頻繁に台風に襲われることもあり、和歌山県、さらに市町は災害対応に慣れており、九月三日午前中までは着実な災害対応が実施されていた。

その後も雨は降り続き午後三時を過ぎると累積雨量が六五〇ミリを超える地域が出はじめ、多くの河川で水位が河川氾濫危険レベルを超過するようになる。また、多くの市町村で避難勧告が発令されるようになり、さらに田辺市は本宮町本宮に避難指示を発令する。夕方になると県の対応も緊迫し始め、自衛隊派遣要請の可能性の検討を開始し、午後七時の新宮市長からの自衛隊派遣要請に伴い、大阪府信太山にある陸上自衛隊に対して派遣要請が行われる。その後、田辺市、那智勝浦町、新宮市、すさみ町で立て続けに避難指示が発令されるようになり、午後九時には二三の観測点で累積雨量が八〇〇ミリを超える。

日付が変わり九月四日になっても雨は降り続き、さらに多くの自治体で避難指示が発令されるようになり、深夜三時には田辺市長から自衛隊派遣要請が出され、旧熊野川町庁舎である新宮市熊野川行政局が二階まで浸水しているという情報も入る。こういった事態を受け、県も朝八時に災害対策本部を設置し、朝九時から第一回目の災害対策本部が開催される。さらに、那智勝浦町で土砂災害により大きな被害が発生し、新宮市、田辺市に引き続き那智勝浦町に対する自衛隊派遣要請が行われる。政府の対応も本格化し、午前一〇時三〇分の関係省庁連絡会議で政府調査団の派遣が決定される。その後も雨は降り続き午後一一時三〇分には累積雨量が一〇〇〇ミリを超える観測点が出始め、午後三時三〇分には日高川町から自衛隊派遣要請が行われる。夕刻には雨も収まり始めるが、午後五時三〇分から開催された災害対策本部会議は政府調査団のメンバーも参加して開催され、政府は災害対策基本法に基づき非常災害対策本部を設置することを決定する。

台風上陸から三日目の九月五日に災害対応業務はピークを迎え、本格的な災害救助活動が実施されるようになる。そういった中で午後三時に田辺市熊野地区で土砂ダムが発生していることが確認され、土砂ダムに対する対応が本格化する。その後も市町に対する様々な支援業務が行われるが、被害規模が甚大なため被害の全体像の把握に時間がかかり、最終的に被害の全体像が明らかになるのは台風上陸から一週間後の九月九日のことである。

その後、一旦、災害対応は落ち着きを見せるが、土砂ダムに対する対応は継続し、九月一六日には今度は台風一五号が近づき土砂ダムが決壊する恐れがあることから水害対策としては異例の災害対策基本法に基づく災害警戒区域が和歌山県田辺市の熊野地区（一九世帯、三〇人）に対して設定され、一二月二日まで警戒区域の設定が継続される。

和歌山県の災害対応の特徴として、県職員を積極的に市町に派遣していることが上げられる。土木・農林・保健部局等、専門職員の派遣はよく実施されるのであるが、県の派遣は、避難所運営・対策本部運営業務といった市町が中心となって実施する業務支援のために職員を派遣していること、市町の要請を待つのではなく、ある程度、県独自の判断で職員の派遣を実施していること、に特徴がある。県が、独自の判断で一般職も含めた県職員を市町の災害対応業務に派遣したのは、東日本大震災の経験によるものである。和歌山県は関西広域連の枠組みの中で岩手県に職員派遣を行っており、災害対応、復旧、さらには被災者支援業務を実施するには被災市町の対応能力を超えることを認識していた。

県の主たる支援対象とした自治体は、大きな被害を受けた新宮市、那智勝浦町であった。新宮市に対する職員派遣については、新宮市の要請を待たず、台風上陸から二日目の九月四日から検討が行われ、九月七日に一一人の職員の派遣が行われた。また、新宮市から十分な情報を入手できないことから、新宮市の災害対応業務が混乱しているという判断が行われた。また、那智勝浦町については県の防災システムの情報が更新されておらず、また、町長から役場機能が混乱しているというコメントがあったため、職員派遣が決定され、九月八日に一一人の派遣を行った。第一陣として派遣された職員の業務は避難所を巡回し、避難所のニーズを県が直接把握することであった。要請を待たずに県職員を派遣したことについての市町村の反応は概ね良く、大災害時には県が市町村業務を代行する必要があるという知事の思いがその背景にあった。その後、田辺市、日高川町、古座川町、白浜町へも保健師、土木建築、農林といった専門職員、さらにはがれき撤去等の実働支援のための職員派遣を行っている。

県の災害対策本部は災害発生から約一カ月半の間、設置され、一〇月二五日に閉鎖される。そして一一月一日には復旧・復興本部の第一回会議が開催される。和歌山県の復旧・復興計画策定は発災から約二カ月後の一〇月初めから開始されており、第一回復旧・復興本部会議で「和歌山県復旧・復興アクションプログラム」が公開される。

市町村合併と災害対応

大きな被害を受けた自治体は、田辺市、新宮市、那智勝浦町であるが、田辺市、新宮市は先述のように合併を経験している。田辺市の対応については次章で詳細に論じるが、台風一二号で大きな被害を受けた地域は旧本宮町であった。旧田辺市は被害を受けておらず、本庁が機能したことから市全体としての機能が失われることは無く、本庁から大きな被災を受けている旧本宮町に対する支援が実施された。ただし、道路が寸断され本庁からのアクセスが難しいという問題は発生した。新宮市については、最も大きな被害を受けたのは旧熊野川町である。旧熊野川町庁舎は浸水被害により機能しなくなっており、旧町独自では全く対応ができなかった。県が職員を旧熊野川町に派遣していることを考えると、旧新宮市でも被害が発生し、さらにはアクセス道路が寸断されたこと、により、新宮市から旧熊野川町に対して十分な支援が実施できなかったと考えられる。合併により市町の規模が大きくなり全体として職員数が増加し、市町独自の災害対応能力が高くなっているはずである。しかし新宮市のように広域化した全市域が被災した場合は、市全域をカバーするだけの十分な対応能力を有しているわけではなく、合併地域に対する支援が手薄になる。

3　広域合併市町村の災害対応——田辺市

田辺市の市町村合併

田辺市は二〇〇五年に田辺市、日高郡：龍神村、西牟婁郡：中辺路町・大塔村、東牟婁郡：本宮町の一市二町二村が合併して生まれた市であり、近畿では最も広い市域を持つ。当初の合併協議には、本宮町は含まれておらず、日高郡に属する南部町、南部川村、西牟婁郡に属する白浜町・日置川町・すさみ町・上富田町を含む一〇市町で合併の検討が行われていたが、最終的に上記五市町村が合併することとなった。田辺市の広域合併は、郡をまたぎ、さらに日高川水系（日高郡龍神村）、会津川水系（田辺市）、富田川水系（西牟婁郡中辺路町）、日置川水系（西牟婁郡大塔村）、熊野川水系（東牟婁郡本宮町）という五つの水系にまたがって実施された。

特に旧本宮町が立地する熊野川は新宮市に流れこんでおり、熊野川に沿って走る国道一六八号線で新宮市と結ばれる。旧本宮町のエリアは現在も、二次保健医療圏では新宮市・東牟婁郡の町村が所属する新宮保健医療圏に属している。また、文化的にも旧本宮町の熊野本宮大社は、新宮市にある熊野速玉大社、東牟婁郡那智勝浦町にある熊野那智大社と熊野三山を構成しており、新宮地域との結びつきが強い地域である。旧本宮町の下流に位置する熊野川町は新宮市と合併を行っている。

田辺市は合併の結果、五つの水系を持ち、さらに和歌山県全域の約二二％を占める一〇二六平方キロという広大な地域を担当する自治体となった。旧田辺市の面積は一三六平方キロ、職員数は七一五名であり、広域合併の結果七・五倍の面積の地域を一・四倍の職員（一〇二一人、平成一六年一月現在）で担当することとなった。

合併を踏まえた災害対応態勢

田辺市では合併後、旧田辺市の市役所に行政機能は統合され、旧町村の役場には行政局が置かれることとなった。その結果、旧町村の職員も含め、多くの職員は田辺市の本庁舎で勤務することとなり、旧町村の行政局には、総務課・産業建設課・住民福祉課・教育事務所だけが残ることとなり、旧町村では、合併前は五〇人程度居た職員が現在、二〇人程度にまで減少している。また、合併後、合併自治体相互の職員交流が進められ、各行政局には旧町村の職員だけではなく、様々な地域の職員が勤務することとなった。その結果、合併前の状況と比較すると、旧町村地域を担当する職員数は減少し、さらに土地勘の無い職員が勤務する態勢となっていた。

田辺市が位置する紀伊半島南部は、毎年台風に襲われる日本でも有数の多雨地域であり、二〇一一年台風一二号災害で最初に避難勧告が出された旧本宮町の川湯地区はこれまで度々、避難勧告が発令されてきた地区であった。合併の結果、市域が広域に拡がり、さらに災害多発地帯も市域に含むこととなった新田辺市にとって、合併後の各行政局の災害対応能力維持は重要な課題であった。田辺市では、合併による災害対応能力の低下を防ぐため、災害が発生する恐れがある場合、具体的には警報発令時には、旧町村の職員は合併前に勤務していた旧役場の行政局へ参集することとなっていた。また、田辺市は五つの河川の流域に渡って市域が広域に拡がるため、本庁が立地する田辺市と各地域では気候状況、河川の状況が異なる。そのため、本庁では災害の危険度について実感を持って把握することが難しく、各行政局長に実質的な避難勧告・指示の権限を与えていた。こういった態勢を取ることで、田辺市は合併前をほぼ同等の災害対応能力を維持しようとしていた。

台風一二号による田辺市の被害(7)

田辺市では台風一二号災害に伴い死者・行方不明者九名、住家の全半壊被害二一三棟という大きな被害が発生した。八月二九日から九月四日までの総雨量は、本庁が位置する田辺では七一三ミリであったのに対し、旧龍神村では一〇五四ミリ、旧中辺路町一〇六七ミリ、旧本宮町一五三二ミリと市域内でも地域により大きく異なった。住家の全半壊被害は旧田辺市二一棟、旧龍神村八棟、旧中辺路町三棟、旧大塔村八棟、旧本宮町で一七五棟と一五〇〇ミリを超える雨が降った旧本宮町で大きな被害が発生した。大きな被害が発生したのは伏菟野地区（旧田辺市）、熊《い》野《や》地区（旧大塔村）、本宮町三越奥番地区、中辺路町栗栖川滝尻地区であり、いずれも土砂災害により大きな被害が発生した。また、上流に位置する二津野ダムの放流の影響もあり、旧本宮町では熊野川の氾濫による浸水被害が発生した。

土砂災害による人的被害も発生しており、田辺市の中心部から比較的近い場所に立地する伏菟野地区では、台風上陸翌日の九月四日午前〇時四〇分頃、大規模な山腹崩壊が発生し、住宅六棟が全壊、五名が死亡するという被害が発生した。日置川水系に立地する熊野地区は、九月四日早朝に集落の上流部で発生した山腹崩壊に伴う土石流被害により、集落が流され、死者・行方不明者三名という被害が発生した。熊野地区では先述のように土砂ダムが発生していることが確認され、災害対策基本法に基づく警戒区域に設定され、排水路設置等の工事が完了し、安全が確保される一二月三日までの約三カ月間に渡って集落への立ち入りが制限された。本宮町三越奥番地区では九月四日午前九時一〇分頃発生した土砂崩れにより、熊野川支流の三越川の河道がせき止められ、溜まった水が集落の中心部を襲い、一人が死亡するという被害が発生した。奥番集落では台風から二カ月後に集落の「解散式」を行い、現地再建を断念している。

土砂災害による被害は人的被害に加え、田辺市／新宮市・奈良県を結ぶ紀伊半島南部の主要交通路である三一一号線を途絶させた。中辺路町栗栖川滝尻地区で発生した山腹崩壊は国道三一一号線を越え、富田川に流れ込み、復旧までに一カ月を要し、田辺市内の主要幹線が寸断されたことにより、応急・復旧対応に大きな支障が発生した。また、道路の不通区間が多く発生し、旧龍神村二地区、旧本宮町九地区の計二四五世帯、四〇三名が孤立し、市職員や消防団により徒歩や架線を使っての物資搬送が実施された。

幸いなことに浸水被害による人的被害は発生していないが、旧本宮町の中心部である本宮地区、さらには請川地区で大きな被害が発生した。旧本宮町の半壊被害の大半は浸水被害によるものである。浸水被害による公共施設の被害も甚大であり、災害対応拠点となる本宮行政局で床上八〇センチ、本宮消防署床上一・七メートル、本宮幹部交番床上一・九〇メートルという浸水被害が発生した。また、本宮体育館や観光施設である熊野本宮館も浸水被害を受けた。

この災害による田辺市の経済活動に対する影響も大きく、田辺市の特産である梅・みかんを含む農産物への被害、浸水により養鶏施設の空調施設が停止したことに伴うブロイラーの大量死を含む畜産被害、農地・農業施設に対する被害が発生した。また、世界遺産でもある熊野本宮大社の門前町が浸水被害を受けたことから、観光業の被害が甚大で、商工観光業に対する総被害額約一一億円のうち観光業の被害が五・六億円となっており、観光業の被害が商工観光業被害の過半を占める。また災害による観光客の減少も発生した。

田辺市本庁の対応

田辺市では台風一二号上陸一日前の九月二日午前四時一五分に洪水・波浪警報が発令されたことから指定職員の

招集を行い、災害対応態勢に入った。また同日、午後一時一〇分には大雨・洪水・暴風警報が発表されたことから警戒態勢に入り、九月三日午前八時には災害対策本部の設置を行っている。

九月二～三日にかけての対応の中心となったのは熊野川水系に位置する旧本宮町であった。九月二日午前一〇時に川湯地区に対して避難準備情報、午前一一時五五分に避難勧告、一二時五〇分に避難指示。また夜になると行政局が位置し、旧本宮町の中心地区で無堤地区となっている本宮地区の浸水被害の危険性が高まり、二二時四〇分に避難準備情報、二三時五〇分に避難勧告が発令される。日付が変わった三日午前一時に河川の合流地点に位置し、しばしば水害に見舞われる請川地区に対して避難勧告、午前二時三〇分に伏拝萩地区に避難勧告というように、浸水危険性が高い地域に対して、河川の水位・降雨量を踏まえ、適宜、避難情報が発令される。その後も雨は降り続き、三日の朝になると本宮地区の国道一六八号線で冠水が始まり、雨は午前中一旦小康状態となるが、夕方から再び降り始め、伏拝萩地区の警察駐在所で浸水被害が発生したころから午後四時四五分に伏拝萩地区の避難勧告は、避難指示へと切り替えられる。また、夕刻になると旧本宮町に加えて、旧田辺市を流れる右会津川の水位も上昇し、旧田辺市の六地区に対して午後七時四〇分に避難勧告が発令される。旧本宮町、旧田辺市で多くの地区に対して避難勧告が発令され、旧本宮町では一部浸水被害も発生していたが、九月三日の夜までは各行政局と本庁の間の通信網は確保されており、本庁で各行政局の情報を把握することは可能であった。

田辺市では災害前から「田辺市避難勧告等の判断・伝達マニュアル」を策定しており、このマニュアルに従い、行政局の判断で避難情報が発令されていった。災害対応一日目の九月二日、三日夕刻までの浸水被害に対する対応については、旧町村出身の土地勘のある職員を対応する行政局に配置し、これまでの災害対応の経験の経験を活かし、適切な対応が行われていたと言える。

災害対応に支障が出はじめるのは、日が変わった九月四日未明からである。本宮行政局では一時五〇分には一階フロアへの浸水が始まる。さらに、この頃になると各地で土砂崩れ等の影響による停電被害が発生し、本宮行政局だけでなく、本庁と他の行政局との間も連絡が取れなくなってきた。その後も停電は続き、各支所に衛星携帯電話を配備していたが、大雨のため上手く利用できず、本庁で各地域の情報を十分に得られない状況での対応が九月四～五日にかけて続いた。

また人的被害を伴う土砂災害が発生するのも九月四日未明からである。四日の未明（消防各地〇時四二分）、旧田辺市に位置する伏菟野地区で山腹崩壊が発生し二世帯六名が行方不明になるという事案が発生する。救助活動を実施することが困難なため、午前三時に県に対して自衛隊派遣要請を行う。さらに午前六時三五分頃旧大塔村熊野《いや》地区で土砂災害による集落の流出被害が発生する。しかしながら、被害の発生を行政が覚知するのには時間がかかっており、大塔行政局が、熊野《いや》地区で被害が発生していることを把握したのは発生から三時間半後の午前一〇時頃のことである。洪水についてはマニュアルに従い避難情報が発令されたが、土砂災害については土砂災害警戒情報だけでは危険な地区を特定することは難しく、避難情報が出されない中で被害が発生した。

九月四日の午後になると雨は止み、九月五日になると土砂災害で大きな被害を受けた本宮町三越地区、旧大塔村熊野地区に取り残された住民に対して防災ヘリを利用した救助活動が行われる。また、土砂災害による被害を受けた伏菟野地区、熊野地区では住民の捜索活動が、自衛隊・警察・消防により九月一〇日（熊野地区は避難指示が出されたため八日まで）まで続けられ、九月一一日に自衛隊の撤退要請が出される。

避難している住民に対する支援が本格化するのは九月五日からであり、田辺市の本庁からの救援物資の搬送が、道路の不通区間を迂回して本宮地区に対して実施される。また、道路の不通により医療体制に問題が生じたため九月六日から本宮中学校に医師・看護師の派遣が行われる。水害からの復旧を行う上で、ボランティアの力は重要であり、田辺市社会福祉協議会では九月五日からボランティアセンターの設置について検討を行い、九月七日に本庁のある田辺市にセンター本部を、本宮地区に支部を設置し、本宮支部で実際のボランティアの受け入れを行った。ボランティアセンターの活動は一〇月九日まで続く。生活支援の基礎となるり災証明発行のための建物被害調査が、本宮地区以外で九月四～一〇日、大きな被害を受けた本宮地区で九月一二～三〇日にかけて実施される。また、家屋の消毒活動、災害ゴミの処理が行われるようになる。

しかし、土砂災害が発生した地域では危険な状態が継続しており、旧大塔村の熊野地区、面川地区に対して九月五日午前九時二三分に避難勧告が出される。特に熊野地区では上流に土砂ダムが発生していたことから九月八日には避難指示、さらに九月一六日には警戒区域が設定され住民の立ち入りが制限される。警戒区域の設定は一二月三日まで継続し、田辺市は警戒区域の解除に合わせて一二月二日午後五時に災害対策本部を閉鎖する。

本宮行政局の対応

本宮行政局では九月二日から台風一二号の接近に合わせ、通常時は二〇人態勢であるが、本庁の旧本宮町出身の応援職員あわせて三五人の職員態勢を取っていた。大雨ごとに浸水被害が発生する大塔川に面した川湯地区には職員を派遣して水位の警戒にあたらせ、九月二日午前一〇時、自治会長とも協議の上、川湯地区に避難勧告を発令した。その後もいくつかの地区に対して局長の判断で基準に応じて避難勧告・指示を発令し、発令した旨を本庁に連絡するという流れで対応が行われた。台風一二号の対応にあたった行政局長は、旧本宮町の職員ではなく旧田辺市の職員であり、土地勘は無かったが防災部局を担当した経験を持っており、適切に対応が行われた。また、避難勧告発令に伴い設置が必要となる避難所については、各避難所の運営は自治会、各学校が行うことになっており、また物資の備蓄も行われており、避難所へは行政職員を常時滞在させることは無かった。

しかし、九月三日午後からは道路の冠水により本宮地区へのアクセス道路が寸断され、本宮地区は孤立し、さらに九月四日の未明には庁舎への浸水が始まる。本宮地区では停電も発生し、自家発電機で発電を行い業務を継続するが、九月五日には燃料が無くなり、発電できなくなったことから本庁との通信ができなくなる。また本宮地区では住民に対して情報を伝えるのに必要な同報系の防災行政無線が使えないという事態が発生した。スピーカーを持つ子局が停電の影響と、その後のバッテリー切れにより放送機能を失ったこともあるが、防災行政無線の親機が田辺市の本庁にあり、行政局からの放送は、行政局→本庁→子局という流れで発信されるが、行政局と本庁の間を結ぶケーブルが切断されたことにより使用できなくなった。

本宮町が合併後、初めて経験する大災害となった台風一二号災害の災害対応は、緊急対応の段階では、本庁からの応援職員があったといえ、道路が不通となり孤立し、さらに本庁との連絡も途絶えた中で、合併前は約六〇人いた職員で対応を行っていたことを考えるとマンパワーの面で厳しい対応となった。また、行政局には技術職員は一人だけの配置であったことも課題となった。本庁からの応援を含む三五人での災害対応は九月四日まで継続し、九月五日からは通常の二〇人態勢に戻った。しかしながら、その後も救援物資の配布、り災証明調査、がれき処理といった災害対応業務のために本庁から五〇人規模での応援が行われた。応急期の対応、がれき処理、復旧・復興対応においては、合併前は別々の市町村であった自治体の職員も含めた対応が実施された。その一方で、応援職員は土地勘、地元の人々と面識が無いことから、地域の人々とのコミュニケーションが難しいという問題も残された。

4　広域合併と市町村の防災力

自律分散協調と市町村合併

地域の防災力を定義する言葉としてリジリエンスという言葉が使われる。リジリエンスとは、災害による被害が発生しない、さらには被害に見舞われてもすぐに立ち直る、という意味の言葉であり、日本語では「しなやかさ」と訳される。京大・NTTリジリエンス研究会(8)によると、リジリエンスを高める鍵は、自律分散協調にあるとされる。自律・分散という意味では、個別の自治体が独自に災害対応を行っていた方が優れているが、合併により組織が一体化されたことは協調という面では一定の効果をもたらす。田辺市が、各行政局独自で災害対応を行うことが可能なように、避難勧告・指示の発令権限を行政局に実質上委譲し、また旧町村の職員を各行政局の応援職員として派遣していることは、合併後も各行政局の自律分散性を保つための試みであると考えることができる。しかし、逆の見方をすると、田辺市は広域合併して市町村の自律分散性が失われることは災害対応上、問題となるということを理解していたと考えることができる。

市町村合併と災害対応の問題について考える場合、被災エリアの拡がり、すなわち合併した市町村の内、いくつの市町村が被災しているのか、さらには合併後の本庁が立地する地域が被災しているのか、について着目する必要がある。災害対応については合併の弊害が指摘されることが多いが、合併した事をプラスに評価している事例も存在する。たとえは東日本大震災の被災地では、合併の結果、津波被害を受けない内陸の地域を持ったことは災害対応を行う上で有効に機能したと言う首長も存在する。しかし、もし揺れにより内陸部でも大きな被害が発生していた場合に果たして、合併により災害対応能力が上がったという評価となったかは疑問である。市町村合併と災害対応能力の関係を考える場合、被害の発生パターンも含めて判断する必要がある。

田辺市では、市役所の本庁、本庁周辺の地域ではそれほど大きな被害が発生せず、合併により役場が行政局となった旧本宮町で大きな被害が発生した。合併した田辺市全域に渡って被害が発生した場合、各地域に対して適切にマンパワーを配分することができたか、については考える必要がある。東日本大震災の復興対策では、合併した全ての市町村全が被災し、合併により規模が大きくなっていたにも関わらず自治体の対応能力を超え、各地域に対して適切な支援が実施できないという問題も発生している。以下、台風一二号災害で合併した二つの市町両方で大きな被害が発生した新宮市の対応を見ていきたい。

新宮市の被害と災害対応(9)

現新宮市は、平成一七年に新宮市、熊野川町が合併して設立された市であり、両市町とも、田辺市本宮地区の下流の熊野川沿いに立地する。台風一二号災害により新宮市では死者・行方不明一四名（旧新宮市八名、旧熊野川町六名）、全壊・半壊合わせて三二六棟という大きな被害が発生した。土砂災害による人的被害も発生しているが、熊野川の氾濫による被害が大きい。浸水被害は旧新宮市、旧熊野川町を含む全市域で発生しており、旧熊野川町では旧役場である行政局の二階まで浸水するという被害が発生した。また本庁が位置する新宮市街地の浸水被害も甚大であり、市役所は浸水被害を免れたが、熊野川の越水により、JR新宮駅周辺も含め市街地で広範囲に浸水被害が発生した。新宮市の水害では、旧本宮町同様、上流にある発電ダムが過去最大量の放流を行ったことが被害を大きくした要因として挙げられる。

新宮市はこれまでも台風、大雨災害に何度も見舞われてきた自治体であり多くの災害対応経験をもっている。新宮市は、大雨・洪水警報が発令された九月二日の早朝から災害対応態勢に入り、同日夜七時には災害対策本部を設置、二〇時四〇分には旧熊野川地区に対して避難勧告を発令している。田辺市と異なり、新宮市では避難勧告・指示の権限を行政局には移管しておらず、最終的には本庁の判断で避難勧告・指示を発令することとしていた。九月二日は断続的に停電が発生していたが、熊野川行政局と本庁との間での連絡は可能であり、本庁と協議の上、適切に避難勧告を発令された。しかし、台風一二号に関わる災害対応の検証(10)では、熊野川行政局長・高田支部長から、状況により行政局長・支部長が避難勧告等を発令することも検討する必要があるという意見も出されている。

田辺市の場合、状況が緊迫するのは九月四日の未明であるが、新宮市の場合、九月三日の午前中から事態は緊迫する。消防に対して、熊野川沿いの旧熊野町田長地区から救助要請が出され、救助が困難なことから、夕方には自衛隊派遣についての検討が始まり、夜七時に自衛隊の派遣要請が市長から県庁に出される。

また、自衛隊の派遣要請を行った夕方七時以降、旧新宮市の市街地でも浸水被害の危険も高まり午後八時四〇分以降、新宮市の住民に対しても避難指示が出され、市職員・消防・警察により避難誘導が行われ、さらに市役所には住民からの避難支援の電話が殺到する。日が変わった九月四日の朝四時には熊野川行政庁は二階まで浸水し、職員がボートで裏山に脱出し、旧熊野川町の災害対応機能が失われる。新宮市では、合併した市町両方で大きな被害が発生し、さらに人口規模が大きい旧新宮市の市街地で浸水被害発生したことから、災害対応について多くの問題が発生した。

新宮市の検証結果によると、災害対応の鍵となる情報処理については、災害対策本部にリアルタイムで情報が伝わっていない、情報の錯綜が発生した、組織としての状況認識の統一が図れていない、行政局との連絡が衛星携帯電話／無線に限られた、という問題、災害対策本部の運営については、報道関係者への対応が業務の妨げとなる、執務室が手狭である、災害対策本部会議が長時間に渡る、事態の推移の予想に基づく適切な災害対応が実施できなかった、といった問題が発生した。また、市町村合併に関する課題としては、熊野川地区が孤立したことから、行政局に災害対応に十分な職員が居ない、正確な情報に基づく安否確認が実施できない、旧町に十分な備蓄物資が無かった、という問題が指摘される。

市町村合併と災害対応の課題

台風一二号の和歌山における災害対応事例をもとに市町村合併の自治体の危機対応能力に与える影響について検討を行ってきた。その結果、市町村合併の弊害として、職員数・土地勘のある職員数が減少することにより、本庁以外の旧町村での災害対応能力が低下する、地域の降雨・河川状況を踏まえた的確な避難勧告・指示の発令ができない、防災行政無線が一元化されたことによりシステムの脆弱性が増加した、地域へのきめ細かなサービスの提供ができなくなる、といった課題が抽出された。

田辺市では合併に伴う行政の災害対応能力の低下を危惧し、旧町村に避難勧告・指示の権限を移管する、発災前から出身の職員を応援職員として派遣する、といった対策により地域の災害対応能力の低下を防ぐ対策を講じており、また幸いなことに本庁がある田辺市ではそれほど大きな被害が発生しなかったため、ある程度、着実に災害対応を実施することができた。その一方、新宮市では通常時は交通の便が良いこともあり、旧熊野川町に合併前と同等の災害時の機能を持たせることなく、本庁で一元的に対応する仕組みをとっていた。そのため、旧新宮市と旧熊野川町が同時被災したことで、災害対応について多くの課題が発生した。新宮市では検証を踏まえた見直の中で、避難勧告・指示権限の行政局・支部への移管の検討に加え、事前警戒時の職員の派遣による行政局・支部の体制強化・充実、行政局・支部を含めた物資の分散配備、行政局・支部との情報通信体制の拡充を行うこととしている。新宮市の場合、見直しの内容から明らかなように、最終的に旧役場も浸水し行政機能は失われるのであるが、合併し役場機能が失われた旧熊野川町において、合併前と比べて災害対応能力が低下していたと考えられる。

自治体の災害対応能力、防災力を考える場合のキーワードは「リジリエンス」であり、その鍵は先述のように自律分散協調にある。田辺市では旧町の組織・災害対応のしくみを活かすことで合併により失われる自律分散性を確保しようとした。新宮市でも今回の災害を踏まえ、田辺市と同様に事前の旧町の職員派遣、避難勧告・指示権限の移管を行うことを検討している。しかし、土地勘があり、地域の人々とも面識がある旧役場の職員の派遣を派遣して災害対応にあたるという仕組みは、災害対応能力の低下を防ぐ上での完全な解決策とはなっていない。田辺市の台風一二号の対応は、合併から六年が経過した中での対応であったので、一五人近い地元の職員を本宮行政局に派遣して対応することができた。しかしながら、合併後の職員採用は、合併した市町村全体の中で行われており、旧〇〇町枠での採用ということは行われていない。そのため、合併から時間が経過に従い、旧町村出身の職員数は減少し、土地勘のある旧町村の職員を派遣するという仕組みは機能しなくなる。

残念ながら市町村合併は、自律的に活動可能な組織であったいくつかの市町村を一つにまとめることとなり、地域の自律分散性を失わせている。しかし、その一方で協調性という面では、前は別々の自治体であったいくつかの自治体が、同じ行政の仕組みの中で活動できる枠組みが生まれ、本庁からの応援については評価が高い。しかし、これは合併前の自治体の知る職員の感覚であり、将来的には失われるものである。協調が可能になるためには、個々の地域が存在していること、すなわち合併前の自治体ごとに自律的に活動できる組織が存在していることが不可欠である。残念ながら合併により地域を自律的に支える行政組織は失われており、各地域の住民の自律的な活動が、地域の防災力を維持する上で重要となっている。住民の自律的な災害対応を支える仕組みを構築することは、市町村合併により低下した自治体の災害対応能力をカバーするためには不可欠である。大変なことではあるが、災害に対する住民に対する正しい知識の伝達を行うとともに、住民が自律的に災害時の状況を把握・共有するための防災情報・通信システムを整備し、災害時に住民が自律・分散的に活動できるような仕組みの整備が、地域の安全を守るために必要である。

注

（1）総務省「「平成の合併」について」総務省、平成二二年。
（2）平成一九年台風九号による災害に関する調査研究会監修「平成一九年台風第九号による災害に関する調査研究報告書」平成二〇年。
（3）東方利之「平成の大合併と自治体の防災機能」『減災』vol. 5、二〇一一、八九〜九一頁。
（4）栃尾市「栃尾市復興計画」栃尾市、二〇〇五年、一頁。
（5）「和歌山県危機管理局総合防災課作成資料」「和歌山県県土整備部作成資料」「和歌山県復旧・復興アクションプログラム」による。
（6）和歌山県の災害対応に関する記述は、和歌山県危機管理課職員へのインタビュー調査（二〇一二年六月三日実施）結果による。
（7）田辺市に関する記述は、田辺市役所、田辺市本宮行政局でのヒアリング（二〇一二年六月四日実施）、田辺市『平成二三年台風第一二号による災害の記録』田辺市、二〇一二年、田辺市「平成二三年災害により被害状況――台風6号、一二号による土砂災害の状況」、による。
（8）京大・NTTリジエンス共同研究グループ『しなやかな社会の創造災害・危機から生命、生活、事業を守る』日経BP出版センター、二〇〇九年。
（9）新宮市に関する記述は、新宮市役所でのヒアリング（二〇一二年六月五日実施）、新宮市災害対策本部「台風一二号被害にかかる概要」二〇一二年、による。
（10）新宮市災害対策本部「平成二三年台風第一二号災害対応検証報告書」新宮市、二〇一二年。

第5章　復旧・復興財政支援と被災合併自治体

飛田博史

東日本大震災では被災三県を中心に財政力の弱い自治体が壊滅的な被害を受け、地域によっては市民生活の根幹をなす経済機能や行政機能などが崩壊状態に陥った。この点では都市型震災となった阪神・淡路大震災とは条件を異にする。また、市町村合併が進展した後の震災であったことも特徴として挙げられる。

本章では東日本大震災に伴う復旧・復興財政支援の概要を述べた上で、被災三県の自治体を合併、非合併に区分し、それぞれの震災直前の財政状況、震災後の復興財政支援の状況などを検証し、地方財政からみた被災自治体の現状を明らかにする。

1　東日本大震災主要関連法と財政措置(1)

一般制度

二〇一一年三月一一日の東日本大震災（以下「大震災」または「震災」と呼ぶ）に伴う地方財政措置の体系は、阪神淡路大震災を範としつつ、主に従来の災害関連法や個別法における災害復旧規定を基本に、さらに被災自治体の負担軽減を鑑みた大震災にかかる特別法から構成される。

まず、一般制度については主に以下のようなものである。

◆災害救助法

災害救助法に基づき、一定の被害を伴う災害について、都道府県知事に対し各種救助活動を義務付けるものである。同法は市町村の人口に応じた一定数以上の住家の滅失に基づき適用され、支弁する救助費用に対する都道府県の普通税収見込み額の割合に応じて、国庫負担が講じられる。なお、被災三県については発生直後に全市町村域について適用された。

◆個別法や予算措置による災害復旧補助負担制度（恒久制度）

地方自治体の行う災害復旧事業では、各法律または要綱等に基づく各府省別の国庫補助負担制度が適用される。(2) 補助負担率は制度ごとに異なり、対象事業によって一定の算定式により段階的な率が適用されるものもある。主な法律や要綱等は以下の通りである。

【法律】

公共土木施設災害復旧事業費国庫負担法
公立学校施設災害復旧費国庫負担法
公営住宅法
土地区画整理法
海岸法
感染症の予防及び感染症の患者に対する医療に関する法律
廃棄物処理及び清掃に関する法律
予防接種法
農林水産施設災害復旧事業費国庫補助の暫定措置に関する法律
天災による被害農林漁業者等に対する資金の融通に関する暫定措置

【要綱等による予算措置】

公立諸学校建物其他災害復旧費補助金交付要綱

都市災害復旧事業国庫補助に関する基本方針

水道施設に対する予算補助

社会福祉施設等災害復旧費国庫補助金交付要綱

表5-1A列は個別法による主な国庫補助負担の概要である。対象事業により法律補助や予算補助などが講じられており、補助率は二分の一から一〇分の八程度の幅がある。なかでも、最も網羅的な制度は「公共土木施設災害復旧事業費国庫負担法（以下「土木施設国庫負担法」と呼ぶ）」に基づく、道路、港湾、河川等の公共土木施設の復旧事業の国庫補助であり、当該自治体の事業規模に対する財政力（災害復旧費用の標準税収入に対する割合）に応じて補助率が可変する。

これに対し、自治体行政にとって基本となる庁舎や警察署、消防署、福祉施設、社会教育施設などは予算措置による二分の一補助や補助金の対象外となっているものが多くみられる。

◆激甚災害法

正式には「激甚災害に対処するための特別の財政援助等に関する法律」である。「国民経済に著しい影響を及ぼし、かつ、当該災害による地方財政の負担を緩和し、又は被災者に対する特別の助成を行なうことが特に必要と認められる災害が発生した場合」に当該災害（本激）あるいは被災自治体（局激）を政令により指定する。

指定基準は、本激の場合、おおむね当該災害に伴う全国単位での被害状況と都道府県単位で復旧費用の負担状況に基づき、災害自身とこれに伴う適用措置が指定される。これに対し、局激は特定自治体の被害状況を鑑み、市町村ごとの被害の状況を基準として個別自治体とその適用措置が指定される。

指定を受けた災害にかかる被災自治体は、災害復旧事業の一定の対象について通常の補助率の一～二割程度の補

表5-1　東日本大震災関連の各種国庫補助負担

	A	B	C	
対象施設	個別法による主な国庫補助負担率	激甚災害法によるかさ上げ率	東日本大震災財特法	（参考）阪神淡路大震災の特例措置
道路，港湾，漁港，下水道，公園，河川，海岸，砂防設備，隣地荒廃防止施設，地すべり防止施設，急傾斜地崩壊防止施設	6／10～8／10程度（災害復旧費の標準税収入額に対する割合に応じて2／3～10／10を段階的に適用）	7／10～9／10程度（対象となる事業に係る地方負担合計額の標準税収入額の割合に応じて5／10～9／10を段階的に上乗せ（プール方式）		
公立学校施設	2／3			
公営住宅	1／2			
生活保護施設，養護老人ホーム，特別養護老人ホーム，身体障害者社会参加支援施設，障がい者支援施設，婦人保護施設，感染症指定医療機関	1／2			
児童福祉施設	1／3～1／2			
感染症予防	1／3～1／3			
堆積土砂排除	1／2			
湛水排除				
事業協同組合等施設		1／2		
公立社会教育施設（公立の公民館，図書館，体育館，運動場，水泳プール等）		2／3		
私立学校施設		1／2		
災害公営住宅	2／3	3／4		
農　地	1／2～8／10（被害農業者当たりの災害復旧費に応じて段階的に適用）	被害農業者当たりの地方負担額の合計額に応じて7／10～9／10を段階的に上乗せ		
農業用施設（かんがい排水施設，農道等）	6．5／10～10／10（被害農業者当たりの災害復旧費の応じて段階的に適用）			
湛水排除（土地改良区施行）		9月10日		
倉庫，加工施設，市場，養殖施設等（農協，森林組合，漁協所有）	2／10	3／10～9／10		
種苗生産施設等（自治体所有）	2／10	3／10～9／10		
沿岸漁場施設（消波施設，堤防等）	6．5／10～10／10（漁業世帯当たりの災害復旧費に応じて段階的に適用）．			
漁港（漁協管理）				
養殖施設（個人所有）		9／10		
共同利用小型漁船の建造		1／3		
林　道	5／10～10／10（被害延長1m当たりの災害復旧に応じて段階的に適用）	被害延長1m当たりの地方負担額に応じて7／10～9／10を段階的に上乗せ）		
森　林		1／2		
堆積土砂排除（森林組合施行）		2／3		
街路，排水施設，改良住宅等			事業費合計額の標準税収入の割合に応じて8／10～9／10にかさ上げ（プール方式）	1／2
工業用水道施設				
上水道，簡易水道等施設	1／2			
一般廃棄物処理施設	1／2			
交通安全施設	1／2			
集落排水施設（農業，漁業，林業）	1／2			
仮庁舎			2／3	
警察施設	1／2			2／3
消防施設				
社会福祉施設（認知症グループホーム，小規模多機能居宅介護，地域包括支援センター，障害デイサービス等追加）	1／2			
公立火葬場	1／2			
公立と畜場	1／2			
保健所	1／2			
中央卸売市場				2／3
公的医療機関（公立病院）	1／2			
公的医療機関（公立病院以外）	1／2			1／2
介護老人保健施設	1／3		1／2	その他商店街振興組合等の共同施設1／2，神戸埠頭公社の管理する施設8／10（岸壁）
空港施設	8／10		8．5／10	
空港ターミナル			無利子貸付	
宮城県フェリー埠頭公社の管理する施設			無利子貸付	
災害廃棄物処理	1／2		事業費の標準税収入の割合に応じて5／10～9／10にかさ上げ	

（資料）黒田武一郎「東日本大震災に係る地方財政措置等について」『地方財政』2012年6月号27，28頁の表をもとに作成

資料5-1　国庫負担法、激甚災害法による公共土木施設災害復旧事業等に関する特別の財政援助の概要

	一般災害における国庫負担	激甚災害における国庫負担
直轄・補助事業	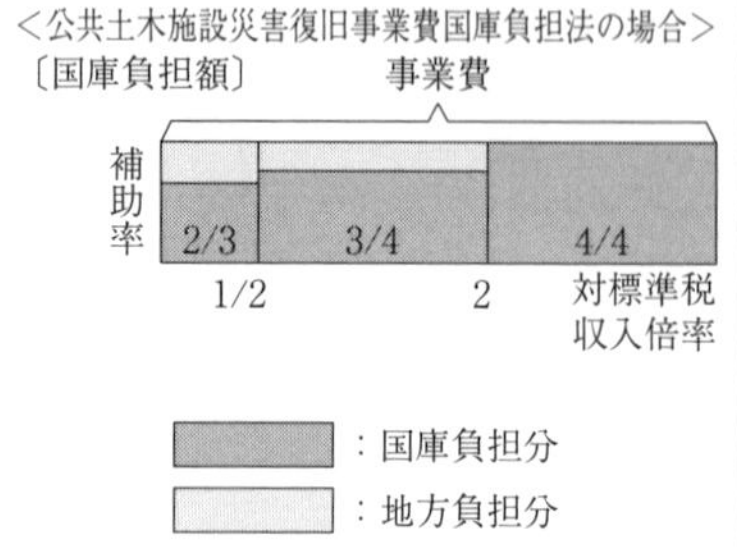	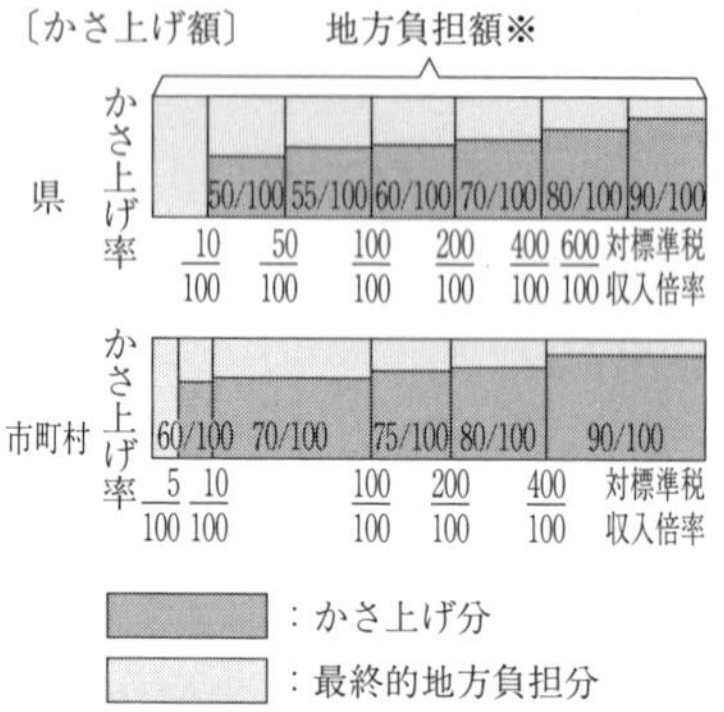
地方財政措置	【起債充当率】　公共土木施設等　100％ 農地農林施設　80％（特定被災地方公共団体は90％） 【元利償還金の交付税算入率】　95％（普通交付税）	

※　公共土木施設の他，公立学校施設，公営住宅，社会福祉施設等の災害復旧事業費等に係る地方負担額を合算したもの。

（資料）　内閣府ホームページ資料より引用。http://www.bousai.go.jp/2011jyosei/siryo4_higashi.pdf

助率のかさ上げ、あるいは通常制度の補助対象外の事業への補助適用があり、自治体負担は通常よりも大幅に軽減される。また、公共土木施設等については各事業費の合算額に対して補助率を適用する「プール方式」が採用されている。

東日本大震災は二〇一一年三月一三日付けで、激甚災害法施行令（「東日本大震災についての激甚災害及びこれに対し適用すべき措置の指定に関する政令」）の指定を受けた。

表5-1B列は激甚災害法による財政措置の内容である。公共土木施設関連を例にとると、土木施設国庫負担法に基づく補助率はおおむね一〇分の六から一〇分の八程度であるが、激甚災害法の対象となる場合、おおむね一〇分の七から一〇分の八に引き上げられる。

また、個別法では対象とならない甚水排除、事業協同組合等施設、公立社会教育施設、私立学校施設、森林などの復旧事業について、激甚災害法では国庫補助の対象と

なる。

例えば公立社会教育施設では図書館、公民館などの住民生活にとって重要な施設の復旧に対して事業の三分の二の国庫補助が講じられる。

資料5-1は公共土木施設の災害復旧を例に、個別法による国庫負担と激甚災害法が適用された場合の地方財政負担の構造を示したものである。

土木施設国庫負担法のもとでは、事業費の対標準税収比率に応じて段階的に補助率が上昇し、地方負担分は軽減される。

激甚災害の場合、残余の地方負担額の対標準税収入倍率に応じて段階的に補助率がかさ上げされ、さらに地方負担が軽減される。

いずれの場合も、残余の地方負担がある場合は公共土木施設では一〇〇％の起債が可能で、その元利償還金の九五％が地方交付税に算入（普通交付税算定の基準財政需要額に算入）される。

◆地方債

被災自治体は、地方財政法第五条に基づき、災害復旧の補助直轄・単独事業にかかる経費充当の起債が可能である。これに加え、災害対策基本法、激甚災害法および後述する財特法により歳入欠かん等債（歳入欠かん債、災害対策債）や小災害復旧事業などに範囲が拡大される。いずれも起債充当率や元利償還金に対する地方交付税の財政措置が適用され、自治体負担を極力抑制している。

なお、今回の震災では同基本法施行令の一部改正により、歳入欠かん債の対象となる地方税について、通常の普通税に加え、事業所税・都市計画税等を対象とすることになった。

◆地方交付税

地方交付税法に基づき、普通交付税や特別交付税の繰上交付の制度がある。

普通交付税は省令に基づき、通常、四、六、九、一一月にわたり分割交付されるが、同省令の第五四条では、大規模災害を被った自治体の特別な財政需要に対応するために、繰上交付が認められている。

また、特別交付税については、地方交付税法第一五条で一二月と三月の交付時期が規定されていたが、二〇一一年三月三一日に地方交付税法の一部改正が成立し、大規模災害等の発生時には、法定の交付時期にかかわらず、別途特例を設けて柔軟な交付額および交付時期の決定ができるように制度化された。

東日本大震災関連の主な法制度等

大震災後、広範かつ多種多様な地方自治体の被災状況を踏まえ、既述のような災害対策制度を適用するとともに、特例法等に基づく補正予算を編成し、中期的な震災財政フレームを視野に入れつつ対策が講じられている。まず、特例法等の内容を整理した上で、二〇一一年度、一二年度の震災復興予算の状況を時系列でみていく。

◆東日本大震災財特法（二〇一一年五月二日成立）

正式名は「東日本大震災に対処するための特別財政援助及び助成に関する法律」（以下「財特法」と呼ぶ）である。

地方自治体の災害復旧事業に対する国庫補助負担金は、既述のように個別法または予算措置および激甚災害法による補助率のかさ上げにより、比較的手厚い財政負担が講じられる。

しかし、これらの法制度は必ずしも住民生活にとって重要な施設をすべて網羅しているわけではなく、例えば街路や工業用水道施設等の都市施設、一般廃棄物処理施設、消防施設、保健所などでは、補助の対象とならないものや補助があっても激甚災害法の対象外で補助率が低くなるものがある。

政府は地方自治体の復旧対策が極めて広範かつ巨額にのぼることを踏まえて、阪神・淡路大震災の例にならい、こうした施設等への国の財政支援を盛り込んだ「東日本大震災財特法」を五月二日に成立させた。

表5-1C列は財特法および阪神・淡路大震災特例法に基づく、主な対象事業とその補助率を比較している。阪神・淡路に比べ対象事業の範囲が拡大し、かつ補助率が引き上げられているものがある。

阪神・淡路では対象とならず、今回の特例で対象となったものとしては、集落排水、仮庁舎、保健所、介護老人保健施設などがあり、大都市震災とは異なる津波による庁舎の全壊や農林漁業集落排水の損壊などの東日本大震災固有の被害に対応したものである。

補助率についても街路や排水施設等の都市インフラ関連、医療施設等について高い補助率の上乗せが講じられている。なお、街路や排水施設等の都市関連施設の補助率については激甚災害法にならってプール方式が採用されている。

このほか復旧事業に関わる地方債発行の範囲や財政措置が拡充された。基本的には地方財政法や災害対策基本法により各種災害復旧事業債の発行が可能であり、その元利償還金については一定の地方交付税措置が講じられているものが多いが、財特法では歳入欠かん債等の適用期間を災害基本法における災害当該年度から複数年度に拡大し、さらに歳入欠かん債も普通税の減収に加え都市計画税、事業所税を追加し、元利償還金に対する地方交付税措置も引き上げている。

表5-2は主な災害復旧事業債の起債充当率と地方交付税による財源措置の条件を整理したものである。

災害復旧事業債は、補助・直轄、単独事業のいずれについても起債充当率が高いものが多く、多くの起債項目について地方交付税措置が伴う。とりわけ、財特法では歳入欠かん等債の地方交付税措置が通常より手厚くなっており、災害基本法に基づく場合、元利償還金の五七％が特別交付税で補填されるのに対し、財特法では普通交付税と特別交付税の組み合わせで、財政力や対象事業に応じて八〇％から一〇〇％が補填される。

なお、財特法は「特定被災地方公共団体」の指定を受けた自治体が対象となる。指定基準は広範囲に甚大な被害が生じ、具体的な被害状況の把握に時間を要することを鑑み、以下のような概括的なものとなっており、多くの自

表5－2　災害復旧事業債の主な条件と財源措置

<table>
<tr><th></th><th>種別</th><th>充当率</th><th colspan="2">交付税措置</th></tr>
<tr><td rowspan="6">補助・直轄災害復旧事業</td><td>（現年）</td><td colspan="3"></td></tr>
<tr><td>公共事業土木施設等</td><td>100％</td><td rowspan="2">元利償還金の95％</td><td rowspan="2">普通交付税</td></tr>
<tr><td>農地農林施設</td><td>80％</td></tr>
<tr><td>（過年）</td><td colspan="3"></td></tr>
<tr><td>公共事業土木施設等</td><td>90％</td><td rowspan="2">元利償還金の95％</td><td rowspan="2">普通交付税</td></tr>
<tr><td>農地農林施設</td><td>70％</td></tr>
<tr><td rowspan="4">歳入欠かん等債（歳入欠かん債および災害対策債）</td><td></td><td>100％</td><td>災害対策基本法関連　元利償還金の57％</td><td>特別交付税</td></tr>
<tr><td rowspan="2">歳入欠かん債</td><td rowspan="2">100％</td><td>財特法第8条第1項関連元利償還金の75％，残余について財政力等に応じ，最大20％を特別交付税措置</td><td>普通交付税・特別交付税</td></tr>
<tr><td>財特法第9条第1項関連元利償還金の100％</td><td>普通交付税</td></tr>
<tr><td>災害対策債</td><td>100％</td><td>財特法第8条第1項関連元利償還金の95％，災害廃棄物処理対策（災害廃棄物処理事業及び漁場復旧対策支援事業）について，残余の5％を特別交付税措置</td><td>普通交付税・特別交付税</td></tr>
<tr><td rowspan="5">小災害復旧事業</td><td>公共事業土木施設等</td><td>100％</td><td>元利償還金の66.5～95％（財政力補正）</td><td rowspan="5">普通交付税</td></tr>
<tr><td>農地（一般被災地）</td><td>50％</td><td rowspan="4">元利償還金の100％</td></tr>
<tr><td>農地（被害激甚地）</td><td>74％</td></tr>
<tr><td>農林施設（一般被災地）</td><td>65％</td></tr>
<tr><td>農林施設（被害激甚地）</td><td>80％</td></tr>
<tr><td colspan="2">地方公営企業災害復旧事業</td><td rowspan="2">100％</td><td rowspan="2"></td><td rowspan="2"></td></tr>
<tr><td colspan="2">火災復旧事業</td></tr>
<tr><td rowspan="2">一般単独災害復旧事業</td><td>公共土木施設等</td><td>100％</td><td rowspan="2">元利償還金の47.5～85.5％（財政力補正）</td><td rowspan="2">普通交付税</td></tr>
<tr><td>農林施設</td><td>65％</td></tr>
</table>

（出所）『事業別地方債事務ハンドブック　平成23年度版』ぎょうせい，より作成。

治体が指定を受けている。

【都道府県】

・災害救助法の適用のあった県

　青森県、岩手県、宮城県、福島県、茨城県、栃木県、千葉県、新潟県、長野県

【市町村】

・震度六弱以上

・住宅の全壊戸数が一定規模以上

・津波予報区域の最大津波観測地が二・四メートル以上であり、浸水被害が確認されている

・公共土木施設の災害復旧事業費、災害廃棄物処理費等に係る地元負担額の標準税収入割合が五％を超える

・公共土木施設の災害復旧事業費、災害廃棄物処理等に係る地元負担額の標準税収入に対する割合が五％を超えている（査定事業費が確定していない段階においては、査定後明らかに該当すると見込まれること（早期局激の指定と同様に基準の二倍で運用））

　二〇一二年二月二二日改定現在　一七八市町村

その他、被災者等への財政支援を行うために「特定被災区域」の指定があり、災害救助法適用市町村が対象となる。二〇一二年二月二二現在二二二市町村が指定を受けている。

なお、特定被災地方公共団体および特定被災区域の市町村名は資料5-2の通りである。

◆東日本大震災復興基本法および基本方針

財特法とともに将来的な「復興」へ向けた政府の基本方針、組織体制およびこれらに基づく財政措置などの基礎となったのが「東日本大震災復興基本法」（以下「復興基本法」と呼ぶ）である。

復興基本法案は二〇一一年五月一三日に「東日本大震災復興の基本方針及び組織に関する法律案」として政府に

より衆議院に提出され、自公との修正協議を経て六月二〇日に成立した。主な内容は復興の基本理念、復興にかかわる資金確保や復興債の発行、復興特別区域制度の設定、首相を本部長とし全閣僚が参加する「復興対策本部」の設置及び同本部内に復興に関する調査審議等を行う「東日本大震災復興構想会議」の設置(3)、さらに復興対策本部および構想会議を引き継ぐ復興庁の設置などが盛り込まれた。

また、復興基本法第三条に基づき、七月二九日には復興対策本部が中期的な復興の道筋を示した「東日本大震災からの復興の基本方針」を決定し、これに基づき後述する本格的な復興予算となり第三次補正予算が編成され、地方財政の対策が講じられた。

同基本方針の基本的な考え方および地方行財政に関わる主な要点は以下の通りである。

【復興基本方針の要点】

・同方針は国の復興へ向けた取り組みの基本方針であると同時に、被災自治体の復興計画等に資する国の取り組みの全体像を示したものである

・復興を担う行政主体は市町村が基本であり、県は広域的な施策および市町村の連絡調整及び行政機能の補完等の役割を担う

・復興期間は一〇年間とし、当初五年間を集中復興期間と位置づけ、一定期間経過後に事業の進捗状況を踏まえ、事業規模の見込みと財源についての見直しを行う

・集中復興期間の事業規模は、第一次・第二次補正を含み国と地方の公費総額で一九兆円程度とし、一〇年間の規模では同公費総額二三兆円程度を見込む

・集中復興期間の財源は第一次・第二次補正予算の財源に加え、国有財産の売却、特別会計や人件費等の見直しや更なる税外収入の確保、時限的な税制措置により一三兆円程度を確保する

・先行する復旧・復興需要を賄う一時的なつなぎとして従来の国債とは区分して復興債を発行する。その償還

期間は集中復興期間及び復興期間を踏まえ、今後検討する。時限的な税制措置は全額、復興債の償還にあてる

・第三次補正予算編成にあわせ、復興債の発行及び税制措置の法案を策定し国会に提出する。税制措置の具体的内容については八月以降、税制調査会において検討し、具体的な税目、年度ごとの規模等を組み合わせた複数の選択肢を東日本大震災復興対策本部に報告した上で、政府・与党において改めて検討を行い、同本部において決定する。

・今後の復旧・復興に当たっては、国費による措置を講じてもなお、地方負担が地方債の償還や地域の実情に応じた事業を含めて生じることを踏まえ、国と地方の公費分あわせて少なくとも一九兆円規模の施策・事業にあてる財源を確保するとともに、あわせて、地方負担分について地方交付税の加算を行う等により確実に地方の復興財源の手当を行う。

・地域が主体となった復興を協力に支援するため、オーダーメードで地域における創意工夫を活かし、旧来の発想にとらわれず、区域限定で思い切った規制・制度の特例や経済的支援などの被災地からの提案を一元的かつ迅速に実現する復興特区制度を創設する。

・地方公共団体が、自ら策定する復興プランの下、復興に必要な各種施策が展開できる使い勝手のよい自由度の高い交付金を創設する。また、地域において、基金設置等により制度の隙間を埋めて必要な事業の柔軟な実施が可能となる資金を確保できるよう、必要な支援を実施する

・復興基本法に基づき、東日本大震災からの復興に関する国の施策に対し、既存省庁の枠組みを超えて地方公共団体のニーズにワンストップで対応できるようにするため、復興庁を設置することとし、その全体像については年内に成案を得るとともに、その後速やかに、設置法案を国会に提出する

以上のような、当面の復旧に伴う財政措置と復興へ向けた方針のもとで、二〇一一年度以降復興に伴う各種地方

財政対策が講じられてきた。次に具体的な地方財政にかかわる対策について、時系列にみていこう。

◆発生以降の震災予算の状況

表5-3は大震災発生以降の震災関連予算の概況である。発生直後の避難所設置運営経費や弔意・見舞金、自衛隊・消防・警察等の活動経費などについて、補正予算成立までのつなぎの財源として二〇一〇年度および二〇一一年度の予備費一一八二億円を充当した。

その後、二〇一一年度第一次補正（五月二日成立）、第二次補正（七月二五日成立）、第三次補正（一〇月二一日成立）にわたり追加的な予算を編成し、災害救助費、がれき処理、公共土木施設復旧事業、災害関連融資、地方交付税増額、地方向け復興交付金、原子力災害対策など全般にわたる対策を講じた。

・第一次補正予算（総額四兆一五三億円）

年度内の復旧事業を計上し、災害救助等関係費四八二九億円（応急仮設住宅建設経費、災害弔慰金、災害援護貸付金等）、災害廃棄物処理事業費三五一九億円（がれき処理）、災害対応公共土木施設復旧事業等一兆六一八〇億円（災害公営住宅整備、学校施設、社会福祉施設、医療機関、港湾荷役機械、農業・林業要施設等、消防防災施設等の復旧）、地方交付税（特別交付税）増額一二〇〇億円などが計上された。財源は子ども手当の減額、基礎年金国庫負担の年金特別会計への繰入金減額などの歳出抑制や税外収入などにより確保した。

被災自治体への財政支援は、激甚災害法および財特法に基づく公共事業関係の災害復旧の補助金、特別交付税の増額、既述の災害復旧事業債による財源確保などが講じられた。

特別交付税の増額は災害弔慰金、行政機能の維持、被災者支援の応急対応、被災地域の応援に要する経費などの当面の財政負担を踏まえて増額された。

・第二次補正予算（総額一兆九九八八億円）

直近の復旧状況を踏まえ、当面の対策を中心に、新たに原発事故関連経費を追加した。

表5－3　政府復興関連予算の概況　単位（億円）

	2010年度	2011年度				2012年度	合計
	予備費	予備費	第一次補正予算（5月2日成立）	第二次補正（7月25日成立）	第三次補正（10月21日成立）	当初予算（4月5日成立）	
災害救助等関係費（避難所の設置・食料等，応急仮設住宅，弔慰金・見舞金，援護資金等）	603	503	4,829		941	762	7,638
災害廃棄物処理事業費（がれき処理等）			3,519		3,860	3,442	10,821
災害対応公共土木施設復旧事業等関係費（公共土木施設，農地農業用施設，公営住宅，学校施設，社会福祉施設，警察・消防防災施設等）			16,180		14,734	5,091	36,005
災害関連融資関係経費（中小企業等再建，災害復興住宅，農林漁業者事業再建等）			6,407		6,716	1,210	14,333
全国防災対策費					5,752	4,827	10,579
地方交付税			1,200	5,455	16,635	5,490	28,780
東日本大震災復興交付金					15,612	2,868	18,480
その他東日本大震災関係経費（自衛隊・消防・警察・海上保安庁活動経費，生活支援，雇用関係，就学援助等）	76		8,018	3,779	24,631	3,999	40,503
国債整理基金特会への繰入（復興債償還財源）						1,253	1,253
東日本大震災復旧・復興予備費				8,000	-2,343	4,000	9,657
原子力損害賠償法等関係経費（補償金支払い，除染ガイドライン，放射能モニタリング，原子力損害賠償支援機構への出資金等）				2,754			2,754
原子力災害復興関係経費（除染・復興基金創設，福島避難解除区域生活環境整備事業等）					3,558	4,811	8,369
合計	679	503	40,153	19,988	90,096	37,754	189,173

（資料）　小池卓自「東日本大震災からの復旧・復興へ向けた財政措置」『東日本大震災への政策対応と諸課題』国立国会図書館調査及び立法考査局，2012年4月11日の図表と財務省予算資料を参考に作成。

第二次補正3779億円は，東日本大震災復興対策本部経費5億円を含む。

第三次補正－2343億円は，台風12号災害対策費への充当。

被災者支援関係経費（表中ではその他東日本大震災関係経費。二重債務問題対策や生活再建支援金等）三七七九億円、復旧・復興予備費（想定外の支出への備え）八〇〇〇億円、原発事故関連（政府補償契約に基づく補償金支払い、福島県原子力被災者・子ども健康基金、除染ガイドライン作成等事業、放射能モニタリング強化等）二七五四億円、地方交付税増額五四五五億円などが計上された。財源は前年度の決算余剰金および地方交付税の前年度決算の上ぶれ分により確保した。

地方財政関連では、第一次補正と同様であり、公共事業関係の災害復旧補助金、特別交付税の増額、災害復旧事業債による財源確保となった。特別交付税については被災自治体の想定外の特別な財政需要への対応を踏まえたものである。

・第三次補正予算（総額一二兆一〇二五億円）

復興基本法に基づく本格的な復興予算となった第三次補正は、台風一二号等の再対策費やB型肝炎関係経費、第一補正で充当した年金臨時財源補塡などの予算を除き、実質的な予算額は九兆九六億円となった。

第二次補正に続き、災害復旧や復興へ向けた公共事業が一兆四七三四億円計上されたほか、復興事業に伴う地方負担分の財源対策として、被災自治体の復興計画に基づく各種ハード、ソフト事業に対する東日本大震災復興交付金一兆五六一二億円や復旧・復興の追加財源対策として地方交付税の増額（震災復興特別交付税）一兆六六三五億円が計上された。

このほか、全国的な公共施設等の防災対策として、学校施設の耐震化や道路、港湾、治水等の防災関連対策予算として全国防災対策費が五七五二億円。その他の東日本大震災関係経費として、被災地における産業立地補助金や雇用対策等二兆四六三一億円が計上された。

このうち、東日本大震災復興交付金（以下「復興交付金」と呼ぶ）の概要は資料5-2及び5-3の通りである。

交付対象の自治体は、二〇一一年度から二〇一五年度を期間とする復興交付金事業計画を策定し、これを道県単位でとりまとめたものを内閣府復興庁に提出し、各事業内容を踏まえ復興庁が各自治体に交付可能額を通知し、各

資料5－2　復興交付金の概要

東日本大震災復興交付金について

目的：復興交付金の創設により，被災地方公共団体が自らの復興プランの下に進める地域づくりを支援し，復興を加速させる。
対象：著しい被害を受けた地域の復興地域づくりに必要となる事業
（注）東日本大震災財特法の特定被災区域である市町村等及び当該市町村において道県が行う上記の事業
規模：国費1兆5612億円（事業費1兆9307億円）※事業費は国費＋地方負担

基幹事業

■被災地方公共団体の復興地域づくりに必要なハード事業を幅広く一括化
（事業費1兆4302億円）

道路整備事業（補助金）	学校整備事業（補助金）
土地区画整理事業（補助金）	病院耐震化事業（補助金）
防災集団移転促進事業（補助金）	浄化槽整備事業（補助金）
農業農村整備事業（補助金）	：
漁業集落整備事業（補助金）	基幹事業・・・5省40事業

⇒ 被災地方公共団体
復興計画の下に進める地域づくりを支援

基幹事業に関連して自主的かつ主体的に実施する事業（効果促進事業等（関連事業））

■使途の自由度の高い資金により，ハード・ソフト事業ニーズに対応
（事業費5006億円，補助率80％，基幹事業費の35％を上限）

基幹事業	効果促進事業等（関連事業）
都市公園整備事業 防災集団移転促進事業 都市防災推進事業 市街地再開発事業 ：	（例） 災害発生時の避難路を整備 低地の市街地とを結ぶバス路線整備 ハザードマップを作成 まちづくりワークショップを開催

⇐ 基幹事業と関連し，復興のためのハード・ソフト事業を実施可能とする使途の緩やかな資金を確保。

（出所）内閣府ホームページ。http://www.cao.go.jp/sasshin/kisei-seido/meeting/2011/wg1/111213/item7_5.pdf

資料5－2　復興交付金の概要

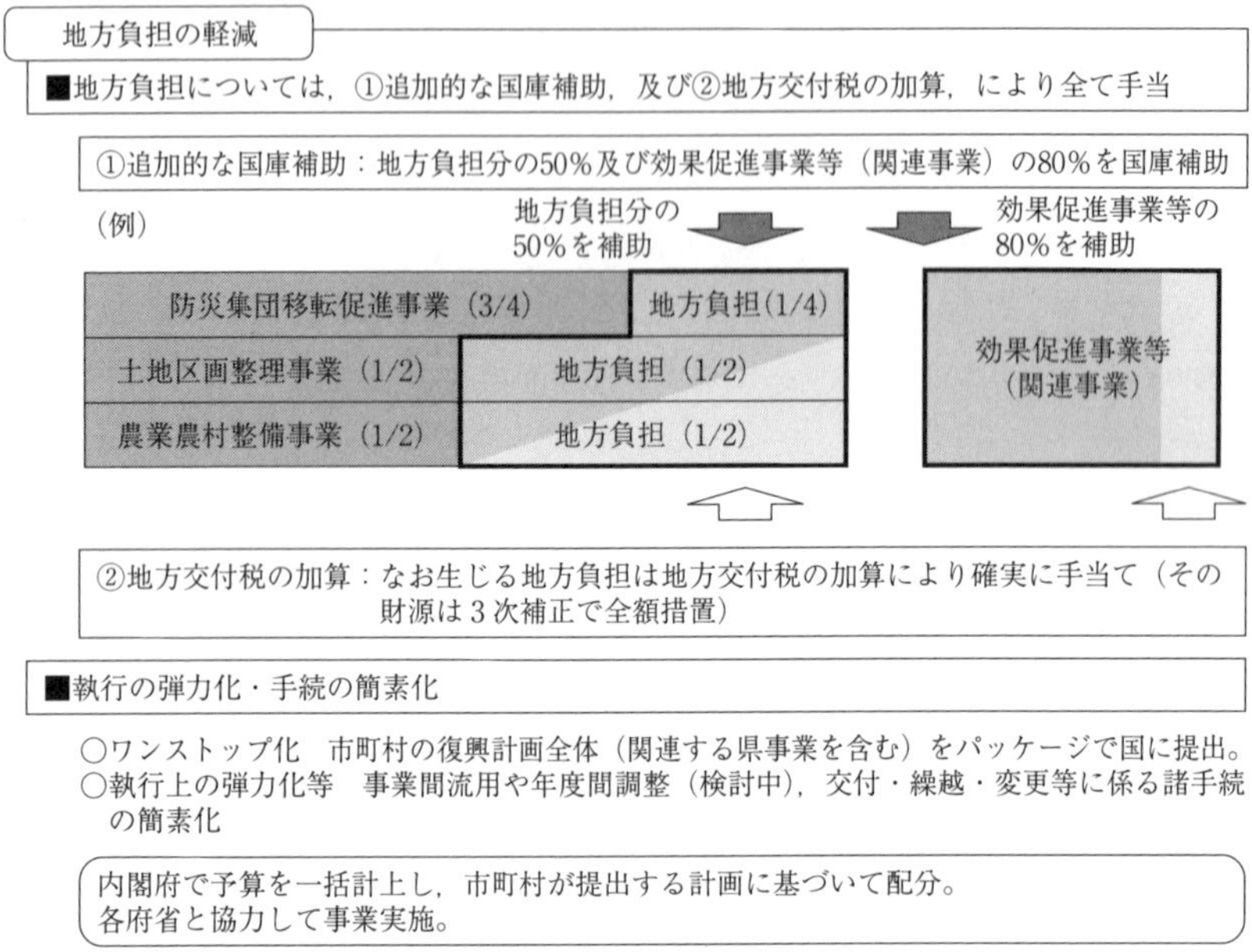
地方負担の軽減
■地方負担については，①追加的な国庫補助，及び②地方交付税の加算，により全て手当
①追加的な国庫補助：地方負担分の50%及び効果促進事業等（関連事業）の80%を国庫補助
（例）
地方負担分の50%を補助
効果促進事業等の80%を補助
防災集団移転促進事業（3/4）
地方負担(1/4)
土地区画整理事業（1/2）
地方負担（1/2）
農業農村整備事業（1/2）
地方負担（1/2）
効果促進事業等（関連事業）
②地方交付税の加算：なお生じる地方負担は地方交付税の加算により確実に手当て（その財源は３次補正で全額措置）
■執行の弾力化・手続の簡素化
○ワンストップ化　市町村の復興計画全体（関連する県事業を含む）をパッケージで国に提出。
○執行上の弾力化等　事業間流用や年度間調整（検討中），交付・繰越・変更等に係る諸手続の簡素化
内閣府で予算を一括計上し，市町村が提出する計画に基づいて配分。
各府省と協力して事業実施。

（出所）　同前。

自治体の交付申請に基づき、所管府省を通じて交付を受ける。

基幹事業の交付額の算定方法は、対象事業の国費負担分のうち、通常の法律や要綱等に基づく補助率を控除した地方負担分の二分の一とする。また、効果促進事業についてはは基幹事業の三五%相当とし、事業費の八〇%を交付対象とする。残りの地方負担分については後述する復興特別交付税で補塡される。

交付金対象は著しい被害を受けた地域の復興地域づくりに必要となる事業で、五省四〇事業のメニューからなる基幹事業とこれに関連する単独事業として効果促進事業等の組み合わせからなる。

復興特別交付税は二〇一一年度以降の各補正予算に伴う復旧・復興事業（地方税や手数料使用料の減免も含む）、防災減災事業等の地方負担（直轄・補助、単独）について、省令に基づき総務大臣が調査した地方が負担すべき額について交付される。

これらにより既述の第三次補正の復興事業に

資料5－3　基幹事業における対象事業（5省40事業）

※本リストは3次補正予算における対象事業であり，復興期間全体を通した場合には，内容が変更となる可能性がある。

番号	事業名
文部科学省	
1	公立学校施設整備費国庫負担事業（公立小中学校等の新増築・統合）
2	学校施設環境改善事業（公立学校の耐震化等）
3	幼稚園等の複合化・多機能化推進事業
4	埋蔵文化財発掘調査事業
厚生労働省	
5	医療施設耐震化事業
6	介護基盤復興まちづくり整備事業【新規】（「定期巡回・随時対応サービス」や「訪問看護ステーション」の整備等）
7	保育所等の複合化・多機能化推進事業
農林水産省	
8	農山漁村地域復興基盤総合整備事業（集落排水等の集落基盤，農地等の生産基盤整備等）
9	農山漁村活性化プロジェクト支援（復興対策）事業（被災した生産施設，生活環境施設，地域間交流拠点整備等）
10	震災対策・戦略作物生産基盤整備事業（麦・大豆等の生産に必要となる水利施設整備等）
11	被災地域農業復興総合支援事業（農業用施設整備等）
12	漁業集落防災機能強化事業（漁業集落地盤嵩上げ，生活基盤整備等）
13	漁港施設機能強化事業（漁港施設用地嵩上げ，排水対策等）
14	水産業共同利用施設復興整備事業（水産業共同利用施設，漁港施設，放流用種苗生産施設整備等）
15	農林水産関係試験研究機関緊急整備事業
16	木質バイオマス施設等緊急整備事業
国土交通省	
17	道路事業（市街地相互の接続道路）
18	道路事業（高台移転等に伴う道路整備（区画整理））
19	道路事業（道路の防災・震災対策等）
20	災害公営住宅整備事業（災害公営住宅整備事業，災害公営住宅用地取得造成費等補助事業等）
21	災害公営住宅家賃低廉化事業
22	東日本大震災特別家賃低減事業【新規】
23	公営住宅等ストック総合改善事業（耐震改修，エレベーター改修）
24	住宅地区改良企業（不良住宅除去，改良住宅の建設等）
25	小規模住宅地区改良事業（不良住宅除去，小規模改良住宅の建設等）
26	住宅市街地総合整備事業（住宅市街地の再生・整備）
27	優良建築物等整備事業（市街地住宅の供給，任意の再開発等）
28	住宅・建築物安全ストック形成事業（住宅・建築物耐震改修事業）
29	住宅・建築物安全ストック形成事業（がけ地近接等危険住宅移転事業）
30	造成宅地滑動崩落緊急対策事業【新規】
31	津波復興拠点整備事業【新規】
32	市街地再開発事業
33	都市再生区画整理事業（被災市街地復興土地区画整理事業等）
34	都市再生区画整理事業（市街地液状化対策事業）
35	都市防災推進事業（市街地液状化対策事業）
36	都市防災総合推進事業（津波シミュレーション等の計画策定等）
37	下水道事業
38	都市公園事業
39	防災集団移転促進事業
環境省	
40	低炭素社会対応型浄化槽集中導入事業

（出所）　同前。

伴う地方負担は基本的に全額補填されることになる。

東日本大震災関係経費（年金臨時財源補填含む）に対する財源は、特例国債である復興債一五・五兆円、その他税外収入や歳出削減により確保した。なお、第一次から第三次を含む集中期間の事業規模一九兆円のうち一〇・五兆円は、所得税（七・三兆円）、法人税（二・四兆円）、個人住民税（〇・八兆円）の臨時増税を充てることになり、事実上復興債の返済財源となる。増税期間は所得税については二〇一三年一月から二五年間、法人税については二〇一二年四月から三年間、個人住民税については二〇一四年六月から一〇年間となる。(4)

・二〇一二年度当初予算

二〇一二年度予算では、復興予算の透明化や復興債の適切な償還を図る目的から「東日本大震災復興特別会計」を設置し、三兆七七五四億円が計上された。

事業は第三次補正の内容を継承しつつ、本格的な復旧・復興を見据え、かつ全国的な防災・減災事業を視野に入れた網羅的なものとなっており、公共事業関連の追加五〇九一億円、復興交付金二八六八億円、復興特別交付税（繰入）五四九〇億円、全国防災対策費四八二七億円などが計上された。

この結果、わずか二年間で復興予算規模は一八兆円程度まで拡大し、復興集中期間（二〇一一〜二〇一五年）の財源フレームである一九兆円の水準に迫る勢いである。(5)

以上のように、東日本大震災では復旧事業と復興事業を両輪として、復旧では一般制度と財特法の組み合わせ、復興事業では復興基本法等に基づく中期的な予算フレームを柱に被災自治体の負担を最小限に抑える財政対策が講じられている。

いずれの財政対策も事業対象や規模には一定の条件があり、震災時より滅失したあらゆる公共施設等を網羅しているわけではない。また、復興事業がメニュー方式ゆえに必ずしも地域の復興ニーズに十分応えられているとはいえない。この問題点は本章末で改めて指摘する。ただし、そうした点を留保した上で評価するならば、被災自治体の復旧・復興において広範囲にわたり、阪神・淡路大震災をケーススタディとして財政支援が拡充されていることは客観的事実といえよう。

こうした制度を背景として、被災地の合併自治体はいかなる財政状況にあるのだろうか。以下では制度と実態について検証する。

2　旧合併特例法に基づく市町村合併の中期的な財政措置

一九九九年のいわゆる旧合併特例法改正により、二〇〇六年三月三一日までに合併した自治体について、主に合併算定替と合併特例債の二つの中期的な財政措置が講じられている。

こうした特例措置の対象となっている被災合併自治体は、非合併自治体と比較して復旧・復興事業における追加的な財源確保の手段を間接的にもっている。しかし、震災後の新たな特例措置も含めた一連の財政措置と重ねるとそのメリットは限定的であり、むしろ特例措置が期限を迎える要素を考慮するとより一層の財政規律が求められる。

以下において旧合併特例法の財政制度の概要と留意点を述べる。

◆合併算定替

合併後一〇年間にわたり、旧市町村単位で毎年度算定した普通交付税の額を合算する。その後五年間で段階的に合併後の本来の算定（一本算定）に戻す。当時の制度の適用を受けた市町村はすでに段階的な廃止の時期に入りつつある。

岩手、宮城両県の市町村について、二〇一二年度の普通交付税算定結果から合併算定替終了に伴う普通交付税の減少率を試算してみると、岩手県でマイナス六・一％、宮城県でマイナス五・四％と推計される(6)。これは市町村全体でみた減少率のため、個々の自治体では一定の幅があり、自治体によってはこれ以上の減少を伴う可能性もある。

今後、合併自治体に対する交付税算定の新たな加算措置が講じられない限り、各種財政指標の算定基礎となる標準財政規模の縮小により、財政指標が悪化する要因となり、財政運営への影響も小さくないだろう。

◆合併特例債

合併後一〇年間にわたり、市町村建設計画に盛り込まれた公共施設建設および基金造成の経費に対して、その九五％に合併特例債を充当でき、後年度の元利償還金の七〇％については普通交付税措置（基準財政需要額への算入）が講じられる。また、公営企業については一〇〇％充当できる。なお、特例債事業の対象となる主な事業としては、次のようなものが挙げられる。(7)

・新市の一体性の速やかな確立を図るための公共的施設の整備
（旧町相互間の道路・橋りょう、トンネル、住民が集う公園等）
・新市の均衡ある発展に資するために行う公共的施設の整備
（介護福祉施設が整備されていない地区への施設整備等）
（同一内容の重複を避けて行う施設整備、例えばある地域に文化施設があるため、他に地域に体育館を整備するといったもの）
・新市の建設を総合的にかつ効果的に推進するために行う公共的施設の統合整備（類似の目的を有する公共的施設の統合）
・新市が地域住民の連帯強化又は旧町の区域における地域振興等のために設ける基金に対する積立のうち、特に必要と認められるものに要する経費
（イベント開催、新しい文化の創造に関する事業実施、民間団体への助成、地域行事の展開、コミュニティ活動等）
・地方公営企業（上水道、下水道、病院）について、合併に伴う増嵩経費のうち特に必要と認められる経費に対する一般会計からの出資・補助

以上のように事業の内容には新市建設計画の枠内という一定の制約があるものの、合併自治体数や人口規模に基づいて定められた発行可能額の範囲で比較的弾力的な事業実施が可能である。充当率や交付税措置なども充実して

いるが、それでも起債の三割の元利償還は実質負担となるため、むやみな事業拡大は後年度の公債費負担に大きく影響する。

なお、合併特例債は、災害復旧事業に直接的に充当できるわけではないが、たとえば庁舎の再建などは特例債事業の対象となりうる。

ただし、総務省は二〇一二年七月に、震災に伴う庁舎再建について、従来、復興交付金の対象外事業であったものでも、標準事業費分を全額補填することとし、交付金対象の事業を拡充している(8)。

一般的にみれば、合併自治体は非合併自治体比べ、制度上は合併特例措置分だけ追加的な財源をもっているが、少なくとも復旧・復興においては両者の財政上の有意差はないとみることができる。

3　検証・大震災と市町村合併——合併に財政的優位性はあるのか

これまでの震災関連の財政制度および市町村合併の財政措置を踏まえたうえで、被災自治体の大震災後の財政状況や復興財源の確保について検証する。

検証方法は、特に被災自治体が多くかつ原発事故の直接の影響を受けていない岩手県および宮城県の市町村を対象に、財特法に基づく「特定被災地方公共団体」（二〇一二年二月二二現在）の指定を受けた自治体を抽出し、決算データなどをもとに合併、非合併の自治体で比較する。なお、二〇一三年一月末時点では二〇一一年度普通会計決算の個別データは財政指標を除き公表されていないため、データのない範囲については大震災直前の財政状況を比較することにより推察する。

・財政力指数

まず、税などの自主財源の高さを示す財政力指数からみてみよう。図5-1は合併、非合併市町村別の二〇一〇

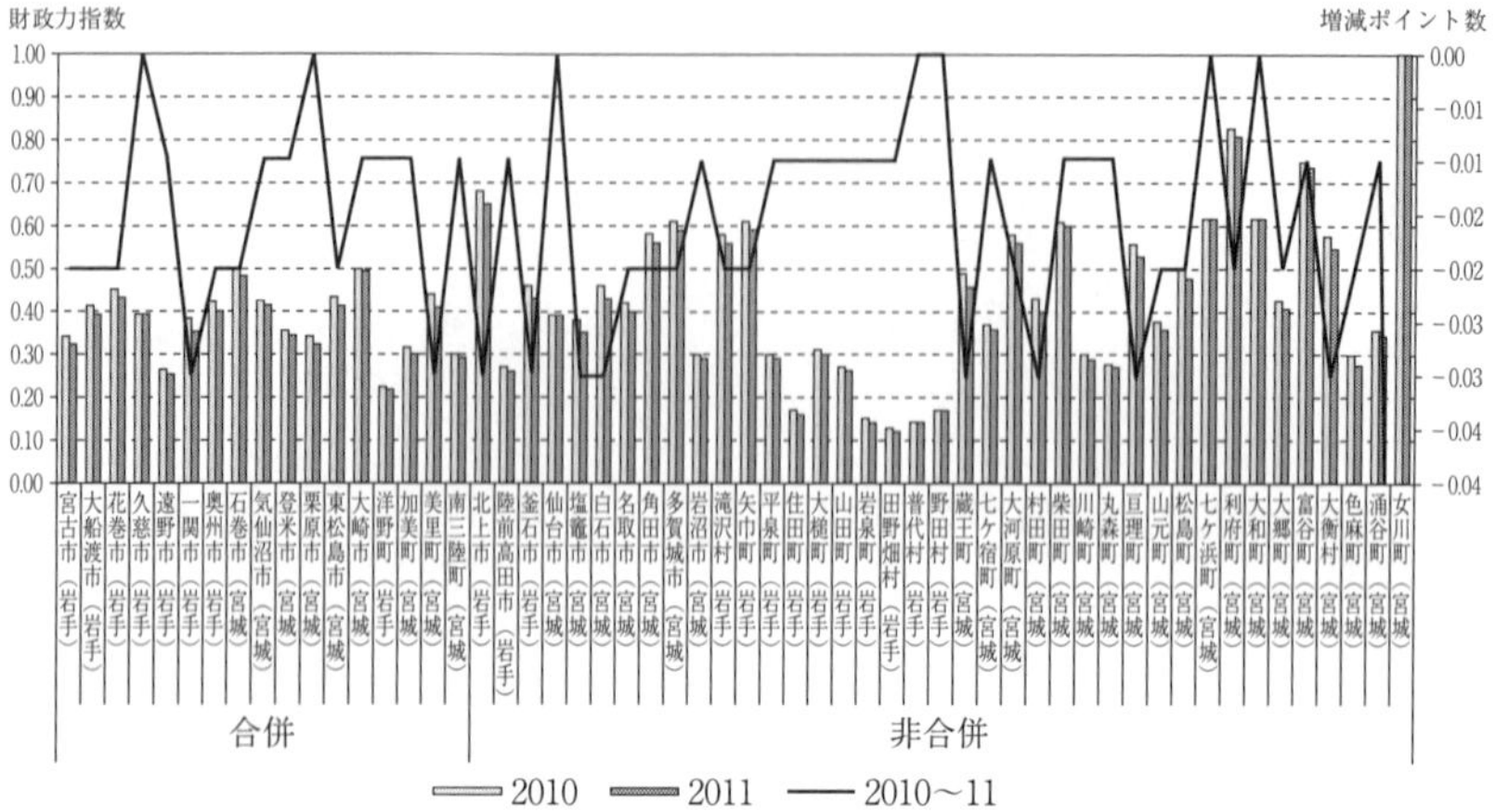

図5－1　財政力指数の変化（2010〜11年）

年度、二〇一一年度の財政力指数を棒グラフ、両者の増減差を右軸が単位となる折れ線グラフで表したものである。

自治体によって財政力には大きな差があり合併、非合併数のカテゴリーの差もあるため、格差の傾向をみるには一定の留保を要するが、震災前の財政力指数の単純平均をみると岩手県では合併市が〇・三八、合併町村が〇・二二、非合併市が〇・四七、非合併町村が〇・二八。宮城県（仙台市を除く）では合併市が〇・四二、合併町村が〇・三五、非合併市が〇・六二、非合併町村が〇・五四といずれも非合併自治体の財政力が高い。これは大都市に隣接する自治体（岩手県滝沢村、宮城県利府町・富谷町など）や工業団地などの産業基盤を有する自治体（岩手県北上市、宮城県角田市など）が比較的多いためである。なお、宮城県の非合併町村の平均値は原発が立地する女川町（財政力一・二八）を含むため平均値を引き上げているが、女川町を除いても〇・五〇と比較的高い水準である。

震災後はいずれの自治体も財政力が低下しているが、合併、非合併にかかわらず〇・〇一〜〇・〇三ポイント程度の低下であり、震災後の両者の差異はみられない。

震災後の交付税算定では、算定に用いる測定単位の統計数値がとれないものもあり、普通交付税の交付に大きな影響が生じるため、算定方法を見直すことで激変を回避している。この算定は合

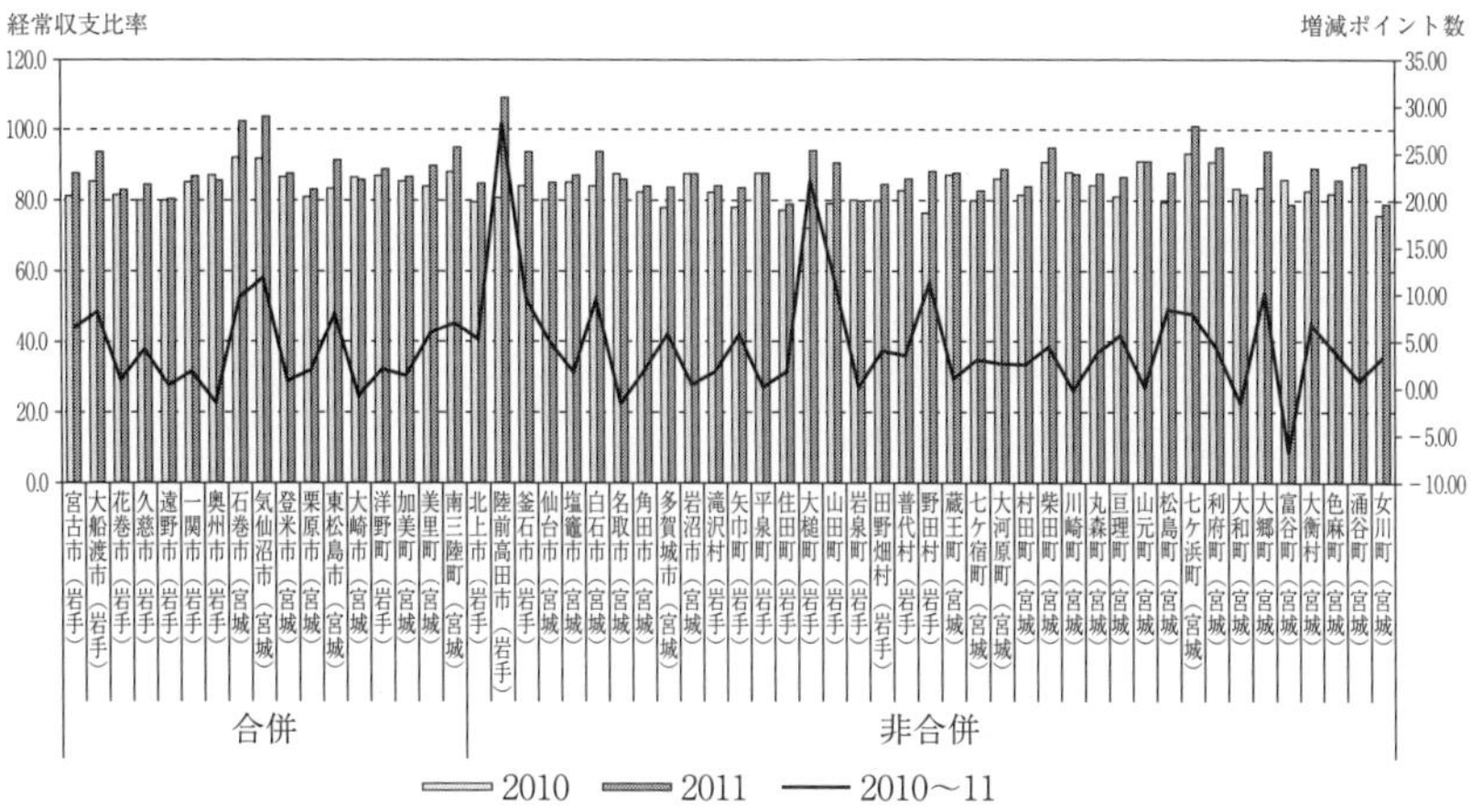

図5-2　経常収支比率の変化（2010〜11年）

併の有無にかかわらず被災自治体に適用されることから、その減少額が等しく一定範囲に収まっているのである(9)。

・経常収支比率

次に財政の硬直度を示す経常収支比率(10)を見てみよう。図5-2は前述と同様のカテゴリーにおける、自治体別の経常収支比率の状況である。右軸には震災前後の比率の変化を折れ線グラフで表した。

二〇一〇年度の各カテゴリーの経常収支比率の単純平均をみると、岩手県では合併市が八三・一、合併町村が八六・七、非合併市が八一・四、非合併町村が七九・四。宮城県（仙台市を除く）では合併市が八六・九、合併町村が八五・五、非合併市が九〇・一、非合併町村が八四・八となり、合併の有無による特徴は見られない。

これに対し二〇一一年度の単純平均は、岩手県では合併市が八六・一、合併町村が八八・六、非合併市が九五・六、非合併町村が八五・五。宮城県（仙台市を除く）では合併市が九二・二、合併町村が八七・八、非合併市が九九・五、非合併町村が八五・五。いずれも比率の上昇がみられるが、これについても合併の有無による特徴は見られない。なお、岩手県の非合併市・町村や宮城県の合併市、非合併市において高い上昇が見られるが、このなかに

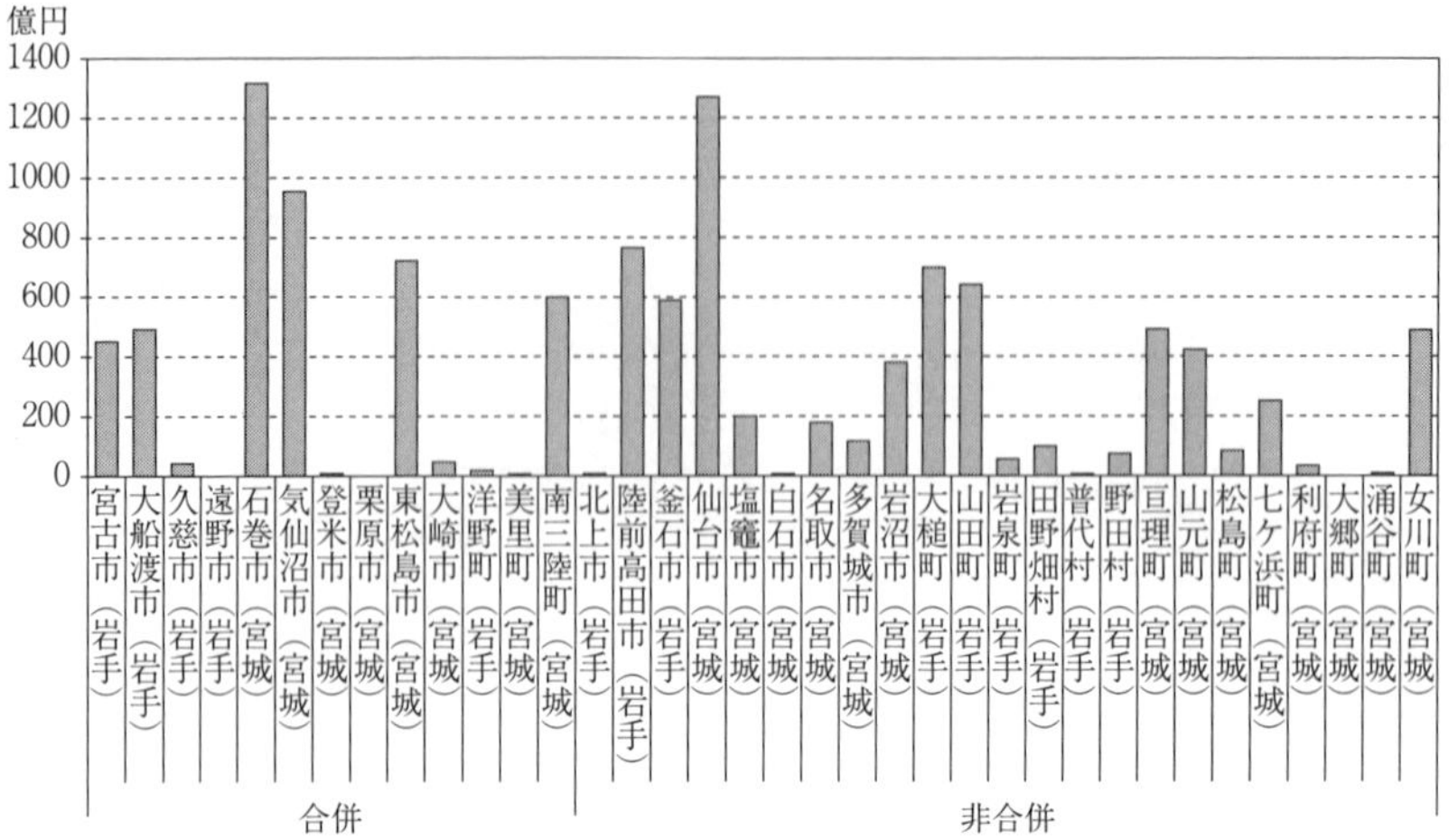

図5-3　復興交付金交付可能額（国費分）

は太平洋沿いで津波の被害が大きかった宮古市、大船渡市、石巻市、気仙沼市、陸前高田市、大槌町などが含まれており、こうした特定の被災自治体の数値が平均値を引き上げているものとみられる。

かつて平成大合併の推進の目的として、国のホームページやマスコミ報道では地方の行財政基盤の強化ということがしばしば挙げられていたが、少なくとも二県の震災直前の地方財政状況からは、震災への対応にあたり財政面の条件が合併自治体において特に有利となる傾向はない[11]。

・東日本大震災復興交付金

各自治体から復興庁へ提出された交付金復興事業計画に対して、二〇一二年三月二日から二〇一二年一一月三〇日までに第四回の交付可能額の通知が行われ、国費ベースで一兆三七〇四億円にのぼっている。このうち分析対象としている二県五六市町村のうち、通知を受けた自治体数は三六自治体、総額一兆一四三四億円となっている。

図5-3は三六自治体の交付可能額の状況である。仙台市や被害の大きかった市町村を中心に数百億単位の交付額が決定しており、これらについても合併の有無による特徴は見られず、いずれにおいても一定程度の復興財源が確保されている。

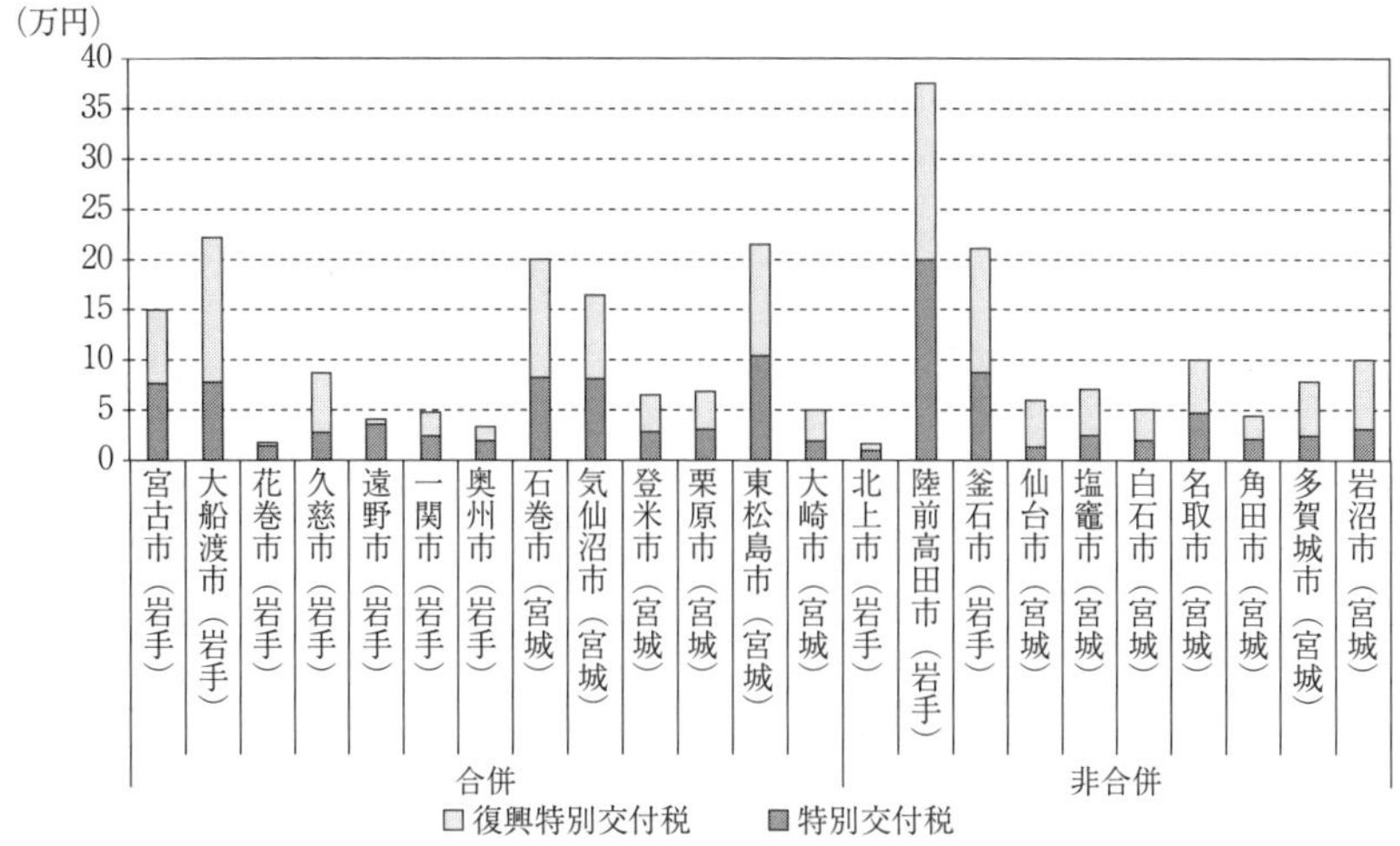

図5-4　復興特別交付税等の交布状況（人口一人当たり）

交付を受けていない自治体は、おおむね被害状況やその他の理由により復興計画を策定する予定のないところが多く、復興事業を要する自治体の多くが交付額の通知を受けているとみられる。

・復興交付税

次に、復興交付金関連事業やその他単独事業などの自治体負担を解消する復興交付税の交付状況をみてみよう。

図5-4は二〇一一年度の復興交付税および通常の特別交付税（以下「特別交付税等」と呼ぶ）についての一人当たりの額を、データが入手できる分析対象の市について表したものである。

おおむね復興交付金の配分の規模と同様の傾向にあり、合併の有無による差はみられない。それぞれの差は事業計画の規模によるとみられる。金額が最も高いのは非合併市の陸前高田市の三七万二一三八万円、ついで合併市の大船渡市二一万九〇四二円および東松山市二一万二八九五円である。

4　問われている復興ビジョン

本章では大震災に伴う地方自治体向けの財政措置の内容を

踏まえ、被災自治体の財政状況を合併、非合併という視点で検証した。

大震災に伴い、政府は中期的な復興対策を見据えた財政フレームのもとで、各種の財政特例措置をもって、被災自治体の負担を最小限に抑える財政対策を講じており、合併の有無はこれらの措置の要件とはなっていない。

こうしたなかで二〇一二年六月一〇日に合併特例債延長法が成立し、特例債発効可能期間がさらに一〇年延長され、復興期間における合併自治体固有の財政措置が追加されたことは事実であるが、復興交付金等で対応可能な事業範囲も拡充しており、合併特例債事業がたとえ復興事業の対象になりうるとしても、一般財源の負担が多い起債条件からすれば、優先順位の高い財源とは必ずしも言えないだろう。

これまでの検証を踏まえると、少なくとも財政面での合併自治体の優位性は、復興においてきわめて限定的であるという結論に至る。先述のように合併算定替の終了に伴い地方交付税の減少が懸念されるなかでは、むしろ合併自治体の方が、財政運営の実態および健全化指標のような制度の両面において、復興の足かせとなるリスクを負っている。

目下、被災自治体に求められているのは、合併の有無にかかわらず、整備されてきた財政支援メニューを活かして、それぞれがいかなる復興ビジョンと具体策を描き実行に移すかということである。とりわけ合併自治体は財源縮小要因を織り込みつつ、財政的に持続可能な復興政策を行っていく必要があるだろう。

もちろん、国の復興支援事業自体にも、現場のニーズに合わない交付金査定の実態、職員不足のなかで要求される煩雑な補助金申請等の手続き、国による復興予算の目的外の不適切執行など、二〇一二年半ば以降、新聞報道等で明らかにされてきた多くの問題点がある(12)。

これらについては被災地自治体による、被災地の復旧・復興のための財政支援となるよう制度の運用、予算計上等のあり方を見直していくべきである。上限無しの復興特別会計が、省庁縦割りの予算獲得競争のアリーナとなり、被災自治体をこれに巻き込むような状況は決してあってはならない。

注

（1）本節の記述は、黒田武一郎「東日本大震災に係る地方財政措置等について」『地方財政』二〇一二年六月号の内容を参考にしている。
（2）愛知県地震災害対策計画第4編第2章より引用し、一部加筆。
（3）四月一一日は「東日本大震災復興構想会議の開催について」が閣議決定されていた。
（4）個人住民税均等割の一〇〇〇円引き上げおよび退職手当の一〇％控除廃止を含む。
（5）二〇一二年一二月。
（6）試算方法は両県の市町村交付団体の基準財政需要額総額を合併算定替と通常算定となる一本算定で比較した。他の条件が等しければ、基準財政需要額の減少率がそのまま普通交付税の減少に反映される。
（7）総務省ホームページ資料より引用。
http://www.gappei-archive.soumu.go.jp/db/22sizu/2206izuku/kyougikai6/k6-p60,61.pdf
（8）二〇一二年七月六日に総務省は自治体が単独事業として庁舎再建を行う場合に、復興交付金の対象とならなくとも、復興特別税で標準事業費を全額補塡することを決定している（読売新聞朝刊二〇一二年七月六日）。
（9）例えば基準財政需要額の教育費に用いる児童数・生徒数では、当該年度の学校基本調査を用いるが、多くの児童・生徒が他市町村や県外などへ避難したことで、統計数値が激減したため、交付税の激減につながる可能性があった。そこで、地方交付税法の省令に見直し、全国平均の児童・生徒数がいるものとして、見なし算定することでこれを回避している。
（10）臨時財政対策債等の財源対策債を含む。
（11）筆者はこのほか実質公債費比率や将来負担比率などの財政指標でも比較してみたが、同様に有意差はなかった。
（12）二〇一二年秋の財務省による実態調査で、全国防災対策費を中心とする予算執行において、東京の国立競技場の補修や反捕鯨団体への対策などの不適切な事業が明らかにされた（時事通信官庁速報二〇一二年一〇月一日）。また、復興交付金の配分にあたっては復興庁の裁量となるため、「査定庁」だといった批判（東京新聞朝刊五月三日）、あるいは宮城県の緊急要望（二〇一二年三月六日）では、事務の煩雑性やメニュー方式など使い勝手が悪いことから、交付金の基幹事業の一定割合については自治体の裁量にまかせることや復興庁から自治体への交付金の直接交付などの改善策の提案などがみられた。

参考文献

町田俊彦編著『「平成大合併」の財政学』公人社、二〇〇六年。

小池卓自「東日本大震災からの復旧・復興へ向けた財政措置」『東日本大震災への政策対応と諸課題』国立国会図書館調査及び立法考査局、二〇一二年四月一一日。

黒田武一郎「東日本大震災に係る地方財政措置等について」『地方財政』二〇一一年六月号。

ぎょうせい「事業別地方債事務ハンドブック　平成二三年度版」。

総務省自治財政局「地方交付税等関係計数資料」。

総務省ホームページ決算カード　http://www.soumu.go.jp/iken/zaisei/card.html

第Ⅱ部　市町村合併と絆

第6章　防災の原点としての自治と連携

室崎益輝

東日本大震災は、質においても量においても阪神・淡路大震災をはるかに凌ぐ深刻な被害を、被災地はもとよりわが国の社会全体にもたらした。大規模な災害は、その社会の持つ矛盾や問題点を、時代を前倒しする形で顕在化すると言われるが、東日本大震災はその被害が甚大であった分だけ、より多くの重要な課題を私たちに投げかけたといってよい。

地域格差や医療過疎さらには限界集落などの問題点が顕在化し、わが国の社会のあり方を根底から問い直すものとなった。その中には、自治体行政や住民自治のあり方に関わるものも少なくない。つまり、自治との関わりで防災力のあり方が問われた、防災力との関わりで自治体合併の問題点が問われた、と言ってよい。そこで本章では、そこで投げかけられた課題に応える形で、巨大災害に備える自治体行政のあり方を考えることにする。

1　東日本大震災と基礎自治体

最初に、東日本大震災が自治体に与えた被害と自治体のそれへの対応について、簡単に触れておきたい。大震災を受けて、これからの自治体のあり方を見直す時には、被災の現実から出発すること、被災の原因を正しく捉えることから、出発しなければならないからである。被災の実態を表面的に捉えると、基礎自治体が機能マヒに落ちいって混乱したのだから、市町村には応急対応や復興対応を任せられない、防災に関しては分権でなく集権で対応すべき、といった安易な結論になりがちである。それを避けるためにも、ここでは被災の状況や原因を科学的かつ社会的に考察することにしたい。

自治体の被災状況

ということで、今回の大震災での被災状況に触れておきたい。とりわけここでは、自治体の被災に絞って、被災の現実とその背景を見ることにする。というのも、震災後の救援から復興に至るまでの混乱の大きな原因が、被災自治体の直後の深刻な被災とそれによる機能マヒにある、と考えるからである。なお、この自治体の被災状況の考察においては、被災状況が投げかけた自治体防災の課題についても、被災との関わりで触れることにする。

まず、庁舎の被害について見ておこう。津波に流されて防災庁舎が壊滅した南三陸町をはじめ、庁舎水没の陸前高田市や大槌町など、岩手、宮城、福島の三県の沿岸市町村の約六割が、災害対応に支障をもたらす庁舎の損壊を受けている。大きな被害を受けた一五の市町村では、被災したことにより庁舎の代替や移転を余儀なくされている。この庁舎の損壊や流出あるいは使用禁止ということは、庁舎という物理的な場所としての建物だけではなく、行政対応に欠かせない資料が失われたことを意味し、さらには行政と住民とのつながりをも断つということを意味している。ここからは、行政庁舎の立地を含む防災性能や行政資料のバックアップのあり方が問われることになる。といって、数百年に一回の大津波のために、庁舎だけを人里離れた高台に移転すればよいかというと、決してそうではない。住民自治の砦としての庁舎は、非常時だけでなく日常時においても住民のためのものでなければならず、日常的な住民とのつながりを高台移転によって断たないようにしなければならない。

次に、自治体職員の被災状況にも触れておきたい。職員の被災実態は、庁舎以上に深刻である。多くの被災地の職員は、家財を失っただけでなく、家族や親戚を失っている。そして何よりも、自らの命をも失っている。地震時に公務中で死亡・行方不明になった地方公務員は、被災三県で少なくとも三三〇人に上る。大槌町や陸前高田市では職員の約四分の一が、南三陸町では職員の約五分の一が犠牲になっている。全体としてみると、行政職員の死亡率が一般住民の死亡率の倍以上高くなっている。職員が最後まで住民の安全のために、身を呈して奮闘したことの「悲しい結果」である。ここでは、行政職員の災害時の安全確保の必要性とそのための活動規範のあり方が問われている。行政職員の安全性を地域住民の安全性と共に確保する道筋を探ることが求められている。

ところで、この行政職員の犠牲について、もう一言触れておきたい。それは、幹部職員や技術職員の被災率が顕著であったということである。学校や福祉施設等の事務職員の被災率も高い。大槌町では町長が死亡、陸前高田市では防災対策室長が、南三陸町では危機管理課長が死亡している。課長級以上の幹部クラスは大槌町で七人、陸前高田市で五人が犠牲になっている。また、大槌町では、土木や建設関係の技術職員がほぼ全員死亡している。技術職員の被災率が高いのは、施設防御や避難誘導の前線で最後まで活動していたことの結果である。学校等の事務職員の被災率の高いのも、最後まで関係機関と連絡を取りあっていた結果である。逃げ遅れを防止するために、住民だけでなく職員の避難開始時間などの退避基準の策定が、強く求められる所以である。

自治体の対応状況

被災地の基礎自治体が前述したような大きな被害を受けたということは、その後の被災者救援はもとより、被災地の復旧や復興に多大な負の影響を与えることにつながる。私は災害直後から、住宅再建や経済再建も大切だが、何よりも自治体再建を最優先すべきだと主張してきた。基礎自治体が再建されなければ、被災者の視点に立った住宅の再建やコミュニティの再建はあり得ないからである。被災者の最も身近にある自治体が、復興に意欲と確信を持って立ち向かおう、そして被災者に寄り添ってともに前に進もうとしなければ、被災地の復興はあり得ないからである。ところで、この自治体再建では、支援にどれだけ財源や人員を投入したかという量の問題だけでなく、自治体の自立とガバナンスをどこまで回復することができたかという質の問題が問われることになる。自治を脅かすような支援は、いくら大きくても「百害あって一利なし」といえよう。被災自治体を支援する側として、「与える支援ではなく、引き出す支援」という規範を持たなければならない。

ところが、実態は必ずしもそうなっていない。支援の量的側面でいうと、延べ一〇万人をはるかに超える行政職員が被災地に派遣され、大きな役割を果たしたことは確かである。ただそれが残念なことに、数合わせに終わってしまっている。派遣された職員の血のにじむような努力にもかかわらず、形だけの支援になってしまっている。その結果、与える支援であっても引き出す支援にはなっていないのである。それは、自治体職員が生き生きと復興の仕事に取り組めているかどうかを見れば、すぐにわかることである。残念なことに、復興支援の過程の中で職員の自殺者まで出ている。ここからは、長期の復興支援については、他所からの職員の派遣よりも正規の職員採用という形で、被災者と直接触れ合う前線は正規というか地場の職員が担当するといった、自治体再建と職員確保のルールの検討の必要性を指摘しておきたい。

言うまでもないことだが、救援と復興における自治の原則の根幹は、第一に何よりも住民を擁護する立場から被災者に寄り添う、第二にそのために自治体が必要な施策を自己決定できるということである。寄り添うという視点からみると、被災地の自治体の職員は、可能な限り被災者と顔を突き合わせて信頼関係を築いていかなければならないが、それができていない。行政と被災者の間に大きな溝ができてしまっているのだ。それは、被災後の需要と供給の関係から相対的に職員が足りず、被災自治体の職員が報告書の作成などの雑務に追われて、最も大切な被災者に向き合う時間も姿勢も失っているからである。非常時における職員定数確保のあり方がここでは問われている。ところで、震災前の広域合併で生じていた行政と被災者の溝が、震災でより大きくなったとみなされるケースもある。

今回の復興における大きな問題は、救援や復興に関しての基礎自治体の裁量権が、きわめて限定されていることである。それは、災害救助法で県に権限が与えられ、災害対策基本法で市町村に責任が与えられているという、法制度上の責任と権限のミスマッチに起因するところが多い。しかし問題は、その制度の形式面だけではない。運用面にも大きな問題がある。被災者や被災地の実態やニーズに寄り添って、制度を弾力的に運用しようとする姿勢が、上部の機関に欠けているからである。その結果として、復興事業に自治体の意向を差し挟む余地がきわめて少ない。

基礎自治体が自由に使える復興基金などの財源もきわめて少ない。自治の源泉は、自己決定できるということである。自己決定には、財源運用の自由度が欠かせない。復興の混乱と遅れの大半の原因は、この財源運用の硬直性にある。自治体に裁量権がないために、基礎自治体が委縮してしまっている。この減災や復興と自治あるいは基礎自治体の関係性については、後で詳しく検討することにしたい。

2　自治体の危機管理の課題

次に、自治体の防災力のあり方を考えるということで、東日本大震災が基礎自治体に投げかけた危機管理に関わる問題を、事前と事後に分けて整理しておきたい。ところで、防災力には「心・技・体」が求められる。心というのは、被災地や被災者に寄り添おうとする姿勢である。この寄り添うというのが、まさに自治そのものである。といって、自治があれば防災力がつくとは限らない。自治は必要条件であっても、十分条件ではない。技という能力、体というシステムがなければ、防災力のある自治体にはなれない。技には、職員の資質の向上と経験の蓄積、体には地域や住民との信頼関係の構築が欠かせない。この経験の蓄積や信頼関係の構築について言うと、広く薄くといった形での市町村合併は、専門職員の配置などにより経験蓄積については多少のプラスになっても、後述するように行政と住民の関係を希薄にするので信頼関係については大きなマイナスとなる。

さて、今回の震災では、自治体の危機管理のあり方が厳しく問われた。この危機管理は、事前の危機管理と事後の危機管理に大別される。前者はリスクマネージメント、後者はクライシスマネージメントと言われる。テストに例えると、リスクマネージメントはヤマをかけて備えること、クライシスマネージメントは、ヤマが外れても急場をしのぐことである。

被害想定と自治体

そこでまずは、リスクマネージメントと自治体との関わりを見ておこう。ヤマをかけるというのは、被害想定をするということである。この被害想定に基づいて、防災計画を策定して事前防備を図るというのが、自治体に課せられたリスクマネージメントにおける主要業務なのである。

今回の震災では、「想定外」という言葉が盛んに使われる。それは想定外だったから仕方がないというように、免罪符として使われることが多い。しかし、それは間違っている。想定外は不可抗力ではなく、「想定しようとしなかったことの結果」で、過失というか行政瑕疵だからである。ということで、ヤマをかけ間違った国や専門家の責任をまずは問わなければならないであろう。想定外を生んだ基本的な原因は、防災に関わる科学技術の未熟性にあるといってよい。現段階の被害想定は、まだまだ未熟で大きな誤差や誤謬を含んでいる。その未熟性は、計り知れない大きさを持つ自然の深淵性からも来ているが、防災科学技術に消極的であった社会の消極性からも来ている。

話しが少し横にそれるが、この被害想定の未熟性や誤謬性について、私の専門である火災分野について見ておこう。客観的事実として、出火と建物倒壊の間には相関関係はあるが因果関係はない。地盤が揺れるから出火するのであって、建物が倒壊するから出火するのではない。この自明のことを、防災を担当する専門家や行政職員は理解することができず、「耐震補強をすれば火災はなくなる」といった誤った想定を、疑いもせずに信じている。もう一つ事例を見ておきたい。地震大火の死者数の予測を行おうとすれば、過去の地震大火のデータを綿密に分析することが求められる。そのためには、少なくとも北丹後地震や福井地震のデータの収集は不可避である。にもかかわらず、それには手間がかかるからと収集することをせず、地震火災とはメカニズムの異なった函館大火や酒田大火などの、手に入りやすい強風時の大火のデータでお茶を濁してしまっている。

ここでは、被害想定を請け負うコンサルタントの姿勢が問われている。メカニズムの違う地震時と強風時を混同する初歩的なミスも問題だが、労をいとわず過去の地震火災のデータを集めようとしない姿勢にこそ大きな問題がある。被害想定は人の命に関わることなので、それだけの緊張感と責任感を持って行わなければならないが、それをしていない。

さて、こうしたコンサルの初歩的なミスを見抜けない行政側のシステムや行政職員の資質にも問題がある。防災のイロハを知らない行政の技術職員の不勉強もあるが、被害想定や防災計画の策定を業者に丸投げしてしまっている行政の体質が、こうした危険な想定を許している。定員削減や広域合併が行政の防災力を弱めたとよく言われるが、住民にとって命に関わる大切な想定が、民間業者に切り売りされている現実が、ここにある。地域防災計画の策定とその前提となる被害想定は、自治体の本来的な業務である。その本来業務を、他人任せにしてはならない。

事前防備と自治体

リスクマネージメントのもう一つの柱である事前防備についても見ておこう。この事前防備は、ハードウェア、ソフトウェア、ヒューマンウェアの三つに分けて考えることができる。堤防の構造の問題や庁舎の設計の問題、あるいは防災無線のシステムや住宅団地の造成の問題などは、ハードな問題と言えよう。未曽有の津波の破壊力にかき消されてあまり問題になってはいないが、堤防が破壊されてしまった問題や電動式の水門が閉まらなかった問題、石油タンクが押し流されてしまった問題、無線が起動しなかった問題など、自治体とそれに関わる自治体職員が真摯に反省すべき問題も少なくない。内陸部の宅地の崩壊や沿岸部の宅地の液状化も、ハードの問題として受け止めなければならないであろう。

それ以上に、ソフトの問題が大きかった。それは何よりも、東京電力の原子力発電所の安全システム設計に重大な欠陥があったことに示される。その欠陥を一言でいえば、冗長性のないシステムになっていたということである。安全設計のイロハが守られていなかったということでもある。商用電源が駄目なら非常電源でカバーする、非常電源も自家発電が駄目なら蓄電池でカバーする、さらには電源がすべて喪失すれば最悪に備えての冷却の装備と態勢を用意しておかなければならない。しかしそれが出来ていなかった。ところで、この原子力発電所の設計は、基礎自治体に直接関わりのないことかもしれない。しかしこうした、冗長性のないシステム設計と同様の誤りは、自治体の防災計画にも随所にみられる。自治体の多くの対策が、実効性のない「絵に描いた餅」になっていた。

津波から住民の命を守るための、避難システムやまちづくりの計画とその具体化は、限りなく基礎自治体の問題である。むろん、整備されていた高台への避難路や情報の伝達システムが有効に機能して、多くの命を救ったことは確かである。二〇万人とも三〇万人ともいわれる多数の人々が津波から命を守りえたのは、被災地の自治体の津波避難対策へのたゆまない努力があったからで、まずはそれを評価したい。失敗の教訓に学ぶことも大切だが、成功の教訓に学ぶことにも目を向けてほしい。釜石の湾口防波堤などは、ハードな整備が被災の低減に役立つことを教えてくれている。

そのうえで、避難路がなくて逃げきれなかった、自動車による避難障害が起きた、危険な施設を避難所にしていたといった、自治体の責任に関わる峻厳な事実を直視しなければならない。ここでは、津波避難計画の習熟あるいは実行管理のあり方が問われている。今回の津波災害では、事前に適切な避難施設計画や避難誘導計画を作成し、それを決められた期日までに自治体が責任を持ってやり切るという、進捗状況の点検を含む実行管理が問われたのである。ところでこの実行管理の問題は、これから巨大地震に見舞われる恐れのある自治体にとっても、他人事ではない。建物の耐震化や密集市街地の解消などが、ちっとも進んでいないからである。「燃えないまちをつくります」という掛け声だけで、その実があがっていないからである。なぜ、この実行が曖昧にされるかというと、計画を実践する姿勢が職員に欠けていることも問題であるが、計画に財政的な裏付けが伴っていないことが最大の問題である。この実行管理のいい加減さは、自治体が責任をもって改善を図るべき課題であり、東日本大震災から教訓をしっかり学ばなければならない。

なお、事前防備のソフトウェアあるいはヒューマンウェアに関わる成功体験ということでは、これまた釜石の事例ではあるが、教育委員会が主導して取り組んできた学校の防災教育の力によって、ほとんどすべての児童や生徒が自らの命を守ったという結果から、事前の意識啓発の大切さを学んで欲しい。

応急対応と自治体

さて、事後の対応としてのクライシスマネージメントと自治体との関連についても見ておきたい。先にも触れたように、前例のない巨大な地震や津波によって、自治体そのものが壊滅的状況に陥った。そのため、基礎自治体が本来的に果たすべき応急対応を実施できない状況が広範に生み出された。被災の状況を正確に掴めない、救援を求めることができない、被災者のニーズに寄り添えない、復旧対応の準備ができないなど、地域に密着した基礎自治体としてなすべき防災責任あるいは救護責任が果たせなくなっている。

この自治体の応急機能のマヒは、第一に庁舎の耐震性なども含めた自治体の基礎体力の無さ、第二に壊滅した自治体を補完すべき国や県などの支援体制の弱さの、両方から来ている。最初の基礎体力では、そもそもの危機管理意識が希薄であったという問題に加えて、財政難などを理由にした定員削減や外部委託などによって、自治体の態勢が震災前から脆弱になっていたという問題が大きい。日常とは違って、非常時には量的にも質的にも過大なニーズが集中する。その過大なニーズに対処するためには、弾力性と補完性を持った行政システムが事前から整備されておく必要があり、そこには余力とかゆとりが欠かせない。この余力は決して無駄ではない。ところが、この余力が定員削減や外部委託さらには広域合併によって失われていた。

この応急対応では、現場に権限を与え現場の判断を尊重するという「現場優先」の考え方と、機能を回復するために資源を補塡するという「補塡補完」の考え方が重要になってくる。前者の現場優先では、トップと現場が直結するというフラットなシステムを構築するとともに、現場解決力や地域連携力を持った職員をあらかじめ養成しておくことが求められる。ところで、本書のテーマである自治体合併は、地域と職員の距離を大きくし、その両者の関係を薄める働きをすることが多いが、地域との連携が基本の現場での迅速な対応にはマイナスに働いてしまう。

また、後者の補塡補完では、不足する資源を補うための様々な形での応援や連携が必要となってくる。ここでは、被災状況やニーズを速やかに把握しつつ、人材や資材などの資源を効率的に受け入れることが求められる。そのため、緊急事態に即した需要と供給のマッチングを図るための、被災自治体側の受援システムの構築が欠かせない。

現段階で、地域防災計画の中でこの受援システムに言及している自治体は、きわめて少ない。被災自治体が「助けられ上手」になることは、被災者のためになることであり、自治体としての受援力の向上を目指すことが欠かせない。なお、この受援のシステムづくりでは、自治体間あるいはボランティアなどとの連携のあり方が問われることになるが、これについては後で詳しく触れることにしたい。

応急対応に関わって、自治体職員のケアの問題点にも触れておきたい。大震災での応急対応では、三〇〇名を超える自治体職員が尊い犠牲になったことは看過できない。この自治体職員の犠牲には、地震や津波での犠牲だけではなく、その後の復旧や復興の過程での過労や心労からの犠牲もあることを忘れてはいけない。私は、住民の命を守るという視点からも、そして職員が一人の人間であるという視点からも、職員の犠牲は絶対にあってはならないことと考えている。英雄主義の名のもとに職員の犠牲を美化してはならないのである。なぜ、職員が犠牲になったのかをここでは問い直し、しっかり教訓を引きだす必要がある。それは、庁舎などの職場環境の問題でもあるし、応急対応の行動マニュアルの問題でもあるし、災害後の職員のストレスケアの問題でもある。庁舎の安全性の問題は様々な形で指摘されているのでここで触れることはしない。

ここで、自治体職員の行動基準や装備の問題に言及しておきたい。多数の犠牲を出した消防団員もそうであるが、自治体の職員は最後まで住民の避難誘導をしていて命を落としている。これは、避難誘導などの危険を伴う行動の基準が、安全管理の視点から正しく策定されていなかったことによる。それに加えて、救助や誘導にあたる職員に救命胴衣や安全靴といった装備が与えられていなかったこと、危急を知らせる無線などの連絡システムも十分でなかったことも、問題点として指摘できる。私は、こうした装備の問題の延長線上に、自治体職員の住宅の安全性の問題があると考えている。職員の住宅が簡単に破壊されてしまっては、夜間だと職員の命に関わるし、夜間でなくても家族が怪我をしたりして、救護や復旧の作業に支障が生じる。これは一般の市民も同じかもしれないが、とりわけ自治体職員については、その自らの住宅の耐震化を率先的に図るよう促さなければならない。そのための職員向けの耐震化手当の支給があってもよい。

さて、職員のケアの問題にも触れておこう。家族を失ったという心の傷を抱えながらも、自治体職員ということで涙を流すことも気を休めることもできない。徹夜を繰り返していた職員がやっと休暇をとれたということで、避難所の家族のもとに帰っても、そこでも働くことを余儀なくされてしまう。被災者のためにならないと思うような不本意な仕事を強制され、行政と被災者の板挟みになってしまう。こうした状況で、自治体職員としての働く気力も体力も失ったとしても、何ら不思議ではない。被災者に背を向けていると職員を責める前に、心身共に疲労がたまっている職員のケアを図らなければならないのである。職員のストレスケアや職員相互の支えあうシステムの構築が望まれる所以である。

復旧復興と自治体

自治体と自治体職員の責任は、復興の段階でより厳しく問われている。いつまで経っても復興が少しも進まないのは、究極的には財源等の権限を持つ国や県などの責任である。とはいえ、自治体や復興に関わる技術者に責任が全くないとは言えない。私は、以下の三つの点で、自治体側にも大きな責任があると考えている。その第一は、被災者に寄り添う視点の欠落である。自治体の基本責務は、何よりもまず住民の命とくらしを守ること、さらには住民の地域社会に対する思いや期待に応えること、さらには豊かな地域の暮らしを生み出して後世に伝えることにある。

そのためには、住民の暮らしに寄り添い、住民との会話に努めなければならないが、災害後それが十分にできているとは、とても言い難い。その最大の理由は、職員が膨大な復興の雑務に追われて、住民と対話する暇がないことにある。それゆえ、自治体の職員だけを責めることはできない。しかし、忙しいと言って住民の声を吸い上げる努力を忘れては、本末転倒である。アンケートをして住民の意見を聞いたと言われるが、果たしてアンケートでどこまで被災者の声が聴けるというのであろうか。一人ひとりと話しこんでこそ、真意が摑めるのである。奥尻島の復興がスムースに行った最大の理由は、当初の高台への全面移転案を部分移転案に切り替えたことにある。その部分移転案への切り替えは、自治体職員が毎日仮設住宅を一軒一軒訪問して被災者と話し合う中で生まれた。そのことにより、被災者の思いを復興計画の中に盛り込むことができ、復興がスムースに進んだのである。この奥尻での自治体と被災者の関係性に、もっと学んでほしいと思う。

第二は、途方もなく大きな復興事業を展望もないままに作成したことである。予算が全額国負担になるということで、巨大な事業を土地や業者の目途を十分に立てないままに決定している。例えば女川町では、阪神・淡路大震災時の神戸市の区画整理をはるかにしのぐ巨大な事業を決定してしまっている。その他の自治体も大同小異である。その結果、事業を実施するに必要な職員が足りない状況が生まれ、それが事業実施の著しい遅れにもつながっている。自治体負担なしで作ってもらえるのであれば、巨大な堤防でも何でもありという風潮を生んでいるようにも見える。その大規模な事業や堤防が、自治体にとっても被災者にとっても本当に良いことかの検討が、お金につられてできなかったのである。

第三は、被災地をよく知らない外部の専門家に丸投げしたことである。今回の復興では、防災まちづくりの経験がないにも関わらず、無数のコンサルや専門家が潤沢な復興予算に群がるように、自治体の周りにやってきた。その押し売り的な集団に翻弄されている自治体が少なくないのである。その専門家集団が、防災のことも地域の実情も解らないままに復興の設計図を描くものだから、とんでもない計画ができて取り返しのつかない混乱が生まれている。

ここでは、週に一回も被災地に入ることもせず、内外の復興の事例を学ぶこともせず、一人ひとりの被災者の生の声を聞くこともせず、粗雑な復興計画の作成に携わった専門家集団の責任が、何よりもまず厳しく問われる。それに加えて、こうした外部の専門家集団を正しく指導しチェックできない自治体の側にも問題があろう。定員削減を図りつつ何でも外注してきた悪いツケが表に出たということかもしれない。専門性を持った技術系職員がきわめて少ないという自治体の限界が表に出たということでもある。合併の弊害だけでなく外注の弊害もある、ということである。外注を図るにしても、それは自治体の主導性を確保したうえのものでなければならない。

3　巨大災害への備えと連携協働

東日本大震災は、巨大災害にどう向き合うか、広域災害にどう備えるかを、自治体に問いかけた。この巨大災害や広域災害あるいは想定外災害に対しては、減災という考え方による備えや連携という考え方による構えが欠かせないことを、大震災から私たちは学んだ。

そこでここでは、減災や連携という大震災からの教訓を踏まえて、自治体の防災行政における連携あるいは協働のあり方を考えてみたい。

連携の基礎としての「つながり」

減災や復興における連携協働や支援受援のあり方を考える前に、その基礎になる関係性としての「つながり」の概念について言及しておきたい。さて、様々な要素が相互に関与し合いながら複雑に絡み合ったシステムを「複雑系」と呼ぶ。私たちを取り巻く環境も私たちが生きている社会も複雑系である。災害の起きるメカニズムも防災対策の体系も複雑系だということができる。この複雑系では、個々の要素以上に要素間の関係性や相互作用が問題となる。この関係性や相互作用が、つながりなのである。相互作用ということでは、連鎖し連動するつながりもあるし、協調し補完する関係もある。逆に、排除し反発する関係もある。この関係性を減災という視点で見ると、マイナスや被害を生むつながりを断ち、プラスや安全を生むつながりを育むことが欠かせないということになる。

減災や復興に関わってつながりを考える時に、忘れてならない重要なキーワードが三つある。それは、共同、共生、共創の三つである。この三つのキーワードにこだわって、つながりを意識し構築することが、減災や復興の原点だと言えよう。ところで、最初の共同というのは、運命や利害を共有する者が一心同体の形でつながっていることと、コミュニティの構成員が共通の目標に向かって相互に結ばれていることをいう。この共同とほぼ同義のものとして、協同という言葉が使われることもある。まちづくりや復興の中で求められるコミュニティの自治や自律は、この共同的な関係の熟度によって左右される。共同体の自治が基本だと言われる所以である。

二番目の共生というのは、質の異なるものが互いの違いを乗り越えて、補完的あるいは依存的な関係にあることをいう。共存という言葉が使われることもある。ここでは、互いの違いを認め合う、あるいはその違いを活かし合うという関係性が求められる。多文化の共生、人間と自然との共生といった形で、立場を超えて共生することの大切さが意図されている。共同は立場を同じくするものの関係、共生は立場を異にするものの関係を示している。

最後の共創は、連携や協働の中で新しい価値が生まれる関係性をいう。一＋一が二ではなく三になるような関係をいう。一緒に暮らすという共同の連帯的な関係や違いを認め合うという共生の依存的な関係でなく、創造的な関係としてつながりを捉えようとするものである。

この共生や共創というポジティブなつながりに対して、連鎖や波及というパッシブなつながりもある。ポジティブなつながりはプラスの効果を生みだすのが常であるが、パッシブのつながりは往々にしてマイナスの効果をもたらすことがある。負の連鎖といわれるものである。その場合は、災害の連鎖や被害の波及という形でつながりが機能するのである。この時は、この負の連鎖やマイナスのつながりをいかに断ち切るかが、問われることになる。自治体に関わる広域レベルでの防災の現実を見ると、プラスは自治体間の連携に見ることができ、マイナスは自治体間の合併に見ることができる。自治体間の合併の弊害については後で詳しく触れることとし、ここでは自治体間の連携について中心に論じることにする。

減災の体系と連携協働

減災の概念や考え方については他の執筆者が触れられる予定であるが、連携協働と密接に関わる考え方なので、私流にその考え方を説明しておきたい。減災というのは、被害をゼロにすることはできないにしても、少しでもゼロに近づけようと努力をすることである。その具体化は、被害の引き算を対策の足し算で図ることにより達成されながりが大きな意味を持つ。様々な対策をつなぎ合わせて、被害の引き算を図るのである。ここでは、対策の融合あるいは統合としてのつながりが大きな意味を持つ。

この対策のつながりでは、時間的なつながりと空間的なつながりがまず問題となる。時間的なつながりでは、予防的な事前の対策、応急的な最中の対策、復興的な事後の対策を効果的につなぎ合わせることが、課題となる。日常的なものでないと非常時には役立たないとよく言われるが、時間的なつながりの大切さを教えるものである。ところで、わが国の防災の取り組みを見ていると、バケツリレーや救助ロボットに代表されるように、応急対応に重点が置かれすぎている。災害が起きてから頑張ればよいという悪しき習慣が根付いている。

ということで、予防対策にも復興対策にも力を入れなければならないが、予防か復興かという二者択一的な捉え方をしてはいけない。住宅の地震対策で、事後の住宅再建支援を強化すると、結果として事前の耐震補強が疎かになるので、再建支援をすべきでないという意見があるが、これは間違っている。予防医学と外科治療が両立しているように、事前の耐震補強と事後の再建支援を両立させなければならない。例えば、事前に補強をしていた人が被災した場合には、補強していない人よりも事後の支援が手厚く受けられるように制度設計しておく。となると、再建支援を受けるためにも耐震補強しておこうということになる。このように、事前と事後を関連付けて減災を図ることが欠かせない。

空間的なつながりについても簡単に触れておこう。空間的なつながりでは、幹線道路のような大きな公共と路地裏のような小さな公共とを足し合わせるのである。行政主導の公共事業だけでなく、住民主体のまちづくりが欠かせないということである。夕方になると家の前の道に打ち水をする、天水桶のような消火バケツを町なかにおいておく、防犯パトロール隊が子供の通学を見守るという、小さな空間レベルの取り組みが大切なのである。広域的な避難場所を整備するという大きな空間の取り組みに、リヤカーでお年寄りを誘導するという小さな空間の取り組みがつながってこそ、避難の安全性は確保される。

減災の対策のつながりでは、手段のつながりや担い手のつながりも忘れてはならない。手段のつながりでは、ハードウェアにソフトウェアさらにはヒューマンウェアを重ねることが求められる。ヒューマンウェアは、人間自身を災害に強くすることをいう。防災に関わる意識啓発の取り組みを、もっと重視しなければならないということである。対策のシステムを構築する時に多重性や冗長性が必要だと言われる。この冗長性を確保するうえでは、質の違う対策を並列的に組み合わせることが欠かせない。手段のつながりを考えるということは、まさにこの並列システムを考えることに他ならない。

担い手のつながりは、それ以上に大切である。減災のために、人と人がつながる、組織と組織がつながるのである。行政と住民がつながるだけではなく、そこに事業者やボランティアがつながる。さらには、メディアや専門家がつながることが欠かせない。むろん、自治体と自治体のつながりも欠かせない。多様な人々や組織相互による協働が欠かせないということである。これに関して私は、市民社会を協働の正四面体として構成することを提唱している。行政とコミュニティと企業と中間組織が等距離でつながる新しい社会のシステムである。中間組織には、ボランティア、生活協同組合、青年会議所など様々な組織体が含まれる。

支援と受援のつながり

担い手のつながりということでは、災害時の相互支援の問題がある。この支援のつながりが、東日本大震災では大きな問題となった。壊滅的な被害を受け自力で立ち上がれない人や組織あるいは地域を、いかなるつながりで支援するかという問題である。「助ける、助けられる」というつながりを、どう構築するかという問題でもある。

互助と共助という言葉がある。互助というのは、利害を共にする仲間内の助け合いをいい、友愛にあたる。顔の見える関係の助け合いで、コミュニティケアといってもよい。共助というのは、利害や日常の関係性を超えて助け合うことで、博愛にあたる。顔の見えない関係の助け合いで、ボランティアケアということができる。日本の社会では、長くコミュニティケアを主体に、災害時の助け合いを展開してきた。今回の震災でも、「結い」とか「もやい」といったコミュニティケアが見直されている。ところが、職住分離や高齢化によりコミュニティの衰退が進む中で、コミュニティケアに加えてボランティアケアが必要となってきている。互助と共助の融合という、新しい助け合いのつながりが模索されているといってよい。

東日本大震災では、市町村といった基礎自治体が壊滅するという想定外の事態の中で、自治体間の相互応援あるいは支援連携のあり方が大きな問題になった。この地域あるいは組織が壊滅した時の支援としては、垂直連携と水平連携がある。垂直連携は、組織としての垂直的な関係性を使って、上位にある組織が下位の組織の機能や責任を肩代わりする形で支援するもので、本社が支社を支援するとか元請けが下請けを支援するといったことがこれにあたる。自治体でいうと、国や県が市や町を支援する関係がこれにあたる。東日本大震災では、県の権限を軸に組み立てられた災害救助法と市町村の責務を中心に組み立てられた災害対策基本法とのミスマッチもあって、県が市町を支援するという垂直連携は十分に機能しなかった。国のリーダーシップも、青葉マークの取れない経験不足の政府ということで、これまた十分でなかった。

この垂直連携の不十分さを補ったのが、対等の関係にある組織や仲間が応援するという水平連携であった。この水平連携は、自治体間でも組織間でも多様な形で積極的に展開されている。ボランティアや企業が行政を支援するというのは立場を超えた水平連携であり、自治体が自治体を支援するというのは立場を同じくする水平連携である。このどちらもが、活発に展開されている。今回の震災での評価すべき重要な教訓の一つとして、この水平連携の拡がりがあると、私は考えている。以下、自治体間のつながりに絞って、その教訓を明らかにしておこう。

日本の社会はコミュニティケアが得意だと述べたが、顔の見える信頼関係の構築がないと、支援と受援の良好な関係が成り立ちにくい。今回の震災でも災害時相互応援協定を結んでいた自治体間、あるいは友好都市や姉妹都市の関係のあった自治体間で、素早く相互支援が展開されている。杉並区が南相馬市の支援にいち早く取り組んだ例などが、その好例である。近隣の市町が共に被災する中で、近隣自治体間の応援協定は必ずしも有効ではなく、近くの親戚より遠くの知人ということで、遠隔地の自治体間のつながりが大いに役立っている。都市と農村の交流といったような形で、日常的に顔の見える関係を自治体間で構築しておくことの必要性を、ここでは確認しておきたい。

さて、この自治体間の水平連携で評価される二つの先駆的な試みが今回の震災でみられた。その一つは「スクラム支援」であり、他の一つは「対口支援」である。スクラム支援は、複数の自治体がスクラムを組む形で一体となって被災自治体を支援するのをいう。前述の杉並区が、日頃から協力関係にあった新潟県の小千谷市や北海道の名寄市などと「自治体スクラム支援会議」を結成して共同の支援活動を展開している。兵庫県の西宮市や宝塚市が宮城県の登米市や栗原市と協定を結んで女川町や南三陸町を支援したのも、このスクラム支援の一例である。

もう一つの「対口支援」は、カウンターパート方式ともいわれるもので、支援する自治体と支援される自治体とのペアリングを行って支援を展開するのをいう。関西広域連合が、中国の四川大震災での支援の方式を真似て実施したもので、大阪府は岩手県、京都府は福島県といったように、地域の割り振りを行ったうえでの支援を展開している。責任を持って持続的に支援をする、また支援の空白をなくすという点で、この対口支援方式は大きな成果をあげている。事後であってもカウンターパートという形で顔の見える関係をつくって支援を図るもので、広域災害には欠かせない方式として、今後は全国レベルで具体化されることを期待したい。

自治体間の連携の課題

首都直下地震や東海地震・南海地震の発生が危惧される中、今回の震災の教訓を生かして、早急に自治体間支援のシステムを構築することが求められる。そのための課題を以下に提示しておこう。

⑴重層的で日常的な自治体連携

日常的な顔の見える関係が非常時にも役立つという連携の原則が、自治体間でも成り立つ。ということで、姉妹都市や友好都市の関係を構築し、日常的に都市間あるいは市町村間の連携に努めることが求められる。連携や交流の相手先は、できるだけ日本全体に広がっていることが望ましい。特定の地域に偏在していると、その地域が被災した場合に、支援が追い付かないからである。そのうえで、姉妹都市関係あるいは友好都市関係にある都市と、災害相互応援協定を結んでおくことが推奨される。

この日常的な交流では、都市と農村との交流あるいは沿岸部と山間部の交流は、互いに足らざるところを補完しあえる関係として大切である。また自治体レベルの交流だけでなく、住民レベルの交流も大切である。この住民レベルのしかも都市と農村連携の例として、一部で始まっている「震災疎開保険」という取り組みがある。震災時に都市部の被災した住民を疎開先として農村部で引きうける代わりに、農村部で生産される農作物を日常的に都市部の住民に購入してもらうというものである。日常的な交流関係を災害時の支援関係に発展させるものとして、注目される。

(2)特定課題別の自治体連携

以上みてきた地域割型の支援が縦割りとすると、テーマ型の横割りの支援も考えておく必要がある。今回の震災で、石油コンビナート等で火災被害が多発したことを受けて、コンビナートのある六六の自治体が、災害時の消火や資材供給で相互に助け合うための協定を結んだことが、その代表例である。この特定課題別では、漁港のある自治体が協定を結んで、漁船の修理や提供で助け合うといったことも考えられよう。

(3)カウンターパート方式の定着化

今回のカウンターパート方式の支援は、関西の府県レベルの枠から大きく抜け出せなかった。全国知事会等でも試みたが、必ずしも有効に機能しなかった。全国的な展開を図ること、市町村レベルにまで広げることが、このカウンターパート方式の定着化には欠かせない。A市とB市がC市を支援するという関係を、東海地震や南海地震の被害想定をベースにして、あらかじめ検討しておくのである。これには、全国知事会や全国市長会などのリーダーシップが欠かせない。ところで、この被害想定等でカウンターパートを決める際には、支援側の調整だけでなく受援側の調整も必要である。被災側においても都道府県の枠を超えた広域連合的なものを作って、受援調整を図るのである。そのための広域受援計画を、あらかじめ作っておくことも必要である。

このカウンターパート方式の関係に従って、その構成員である団体や企業あるいは学校などが、自治体とセットになってパートナーとなる自治体や被災者を支援するのがよい。支援先と受援先が、自治会単位、小学校単位で結びつくのである。この関係が、先に述べた日常的な交流関係につなぐことができれば、とも思う。

(4)要請主義から率先主義への転換

今までの自治体間応援は、被災地の自治体からの要請あるいは全国的な上部団体からの要請があってから始まるのが常であった。しかし、今回のように被災自治体が崩壊してしまう事態にあっては、要請を待っていては遅い。結果として不要であっても無駄であっても、押しかけ的に支援に駆けつけるという率先的な形に変えることが望まれる。「空振りは許されても、見逃しは許されない」という関係に転換するのである。ただ、このスピード感のある応援態勢の構築には、支援にかかる費用の負担を支援側がするかあるいは特別交付税などで国が肩代わりするかのルールを作っておくことなど、法制度上の整備も必要となってこよう。

(5)自治体の災害業務や装備の標準化

自治体応援の課題として、自治体間で一般事務のシステムが違うとスムースに応援できないという問題がある。少なくとも災害支援に関わるツールやソフトあるいはシステムについては標準化や共通化を行って、相互支援がスムースに行えるようにする必要もある。

4　広域災害の構えと減災自治

災害が広範囲に及ぶと、災害はボーダーレスなのだから行政もボーダーレスにという声が大きくなる。その結果として、防災行政や消防行政の広域化が叫ばれたり、市町村の合併や国への権限集中が叫ばれたりする。広域的に防災対応を図るべきことは言うまでもないことである。しかし、公助あるいは共助と自助の関係と同じで、「自立なき連携」や「密着なき包摂」はあり得ない。ということで、住民の命を守る「自治体防災」の原点に立ち戻って、広域災害への対応のあり方を考えてみたい。

防災の原点としての自治

防災の本質あるいは原点ともいうべき自治や自立について言及しておきたい。これについては、本書において別の論者が自治の専門家の立場から詳しく論じられるので、私は実践を通して感じた自説を披露するにとどめたい。

さて、わが国における防災に関する根幹の法律である「災害対策基本法」は、地域及び住民の生命・身体・財産を災害から守るために計画を作成しそれを実施する責務を、市町村に課している。そこでは、避難指示など現場に即した第一次的な対策の責任が、市町村にあることが示されている。また、消防活動に関わる消防組織法でも同様に、その区域における消防を十分に果たす責任を、市町村に課している。こうした法律を引き合いに出すまでもなく、防災は基礎自治体に課せられた重要な責務の一つである。

それではなぜ、防災は地域密着でなければならないのか、防災で自治が原則とされるのか。それは、自律性、即応性、即地性という三つのキーワードで説明することができる。自律性というのは、防災の基本が身の回りの管理や保守にあるからである。防災で自助が強調されるのも、地域の安全を自律的に確保する基本的責務が、個人にありコミュニティにあり基礎自治体にあるからである。自助も、まさに自己責任というか自己規律が求められるがゆえに、求められるのである。

即応性というのは、医療などと同様に防災では、クイックレスポンスと言われるように、限られた時間内に資源を投入し、求められる防御や救命を図る必要がある。そのためには、地域に密着した形で細やかに公的機関や資源が配備されている必要がある。消防の世界で、「三分以内に救急者が駆けつける、五分以内に消防者が駆けつける」といったことが要求されるのは、即応性が求められるからである。ここでは、人口比だけで施設や資源の配備を決めるのではなく、面積比も勘案して定められた時間内にサービスが行き届くようになっていなければならない。広域化や市町村合併では、防災機関の集中化や資源配置の効率化が優先される傾向にあり、人口の多い地域には機関や資源が十分に配分されても、少ない地域には十分には配分されないという状況が生まれてしまう。病院が遠くて不便である、消防がすぐに来ない、救援物資が届かないといったことが、人口の少ない縁辺地域で起きてしまう。

迅速で細やかなサービスをするためには、行政が身近になければならない。

即地性ということでは、現場を優先させるという考え方にも通じるが、減災や復興においては、地域の実情や実態に即して対応することが欠かせない。東日本大震災で、国や県の対応が被災者のニーズとかけ離れたものになったことに、この即地性の大切さをうかがい知ることができる。地域をよく知ったものでしかできない対応が少なからずあるからである。この即地性では、住民と自治体あるいは被災地と指揮本部との距離感が問題になるが、ここでは物理的な距離だけでなく心理的な距離も問題になる。被災地や被災者に寄り添う姿勢が自治体に求められ、住民自治の具現化としての自治体のあり方が問われることになる。

今回の大震災で、基礎自治体が機能マヒに陥った厳しい状況を受けて、自治体のあり方を根本から問い直す動きがにわかに活性化している。非常時の権限を国に移管すべきという治安維持的な発想から、広域化に対応できるシステムに再編すべきという道州制論的な提言まで様々である。しかし、今回の部分的に自治機能が果たせなかったという結果だけを捉えて、基礎自治体は役立たずと決めつけてしまい、今まで貫かれてきた地方自治の原則をそう簡単に捨ててしまってよいのかと思う。

自治を補完する連携

防災は自治が原則という話の前に、自治体間の連携や協働の話をしてしまった。ここで改めて「自立連携」の原則を確認しておきたい。個々の組織の自立や自治があって初めて、対等の関係による組織間の連携や協働が成り立つ、ということである。地域密着や住民自治を疎かにしての広域合併や広域連携はあってはならない、ということである。

といって、広域化や連協協働に消極的であってはならない。災害の広域化に対しては、防災も広域化することが欠かせない。危険物質の拡散制御や圏外避難者の受け入れなど、行政区域を超えて拡大する災害事象に、個々の自治体のレベルでは対処しきれない。また、防災の高度化に対しても、防災の広域化が欠かせない。高度な予防行政とそれを支える防災教育の実施、高度な災害情報システムとその活用などにおいては、集中化や広域化によってそのメリットが生かされる。消防行政で、消防に関する研究や教育が国や県レベルで進められているのは、専門性の高い分野では広域化のメリットがあるからである。

となると、防災自治あるいは自立連携の原則を堅持しつつ、巨大災害や広域ニーズに対応することが必要となる。減災に欠かせない密着性や自律性は自治を堅持することで、専門性や広域化には連携を追求することで、協働型の広域減災システムの構築をはかるのである。

5　地域の安全を損なう自治体合併

以上、基礎自治体と防災あるいは減災との関わりを、自治のあるべき姿に照らして考察してきた。「地域密着なくして安全なし、住民自治なくして減災なし」ということを、大震災の事態からそして減災の原理論から明らかにしたつもりである。この住民の安全に欠かせない、地域密着あるいは住民自治さらには地方分権という視点からみると、この間の経済性の効率の向上を大義名分として行われた自治体の広域合併は、地域の防災力の低下につながっていると断罪せざるを得ない。

そこでここでは、今までの考察をまとめる形で、自治体合併の防災面の問題点を整理しておきたい。この自治体合併がもたらす防災面の問題は、次の三点に要約される。第一は、救急や救護などの減災のための公的なサービスの低下である。第二は、被害軽減に立ち向かう地域の連帯力の低下である。第三は、地域風土のなかで育まれた減災の文化力の低下である。

公的減災サービスの低下

安全のサービスは、被災者に寄り添った細やかなサービスが提供されるかという質的な問題、必要な時間内に必要な資源が提供されるかという量的な問題に分けてみることができる。前者は、行政と住民との社会的あるいは心理的距離で測ることができる。後者は、シーズとニーズとの時間的あるいは空間的距離で測ることができる。ここではまず、後者の空間的距離からみることにしよう。空間的距離は、マンパワーを含む資源と住民との位置関係から決まる。合併により消防署が集約され、今まで五分で救急車が来てくれたのに、合併後には七分かかるようになったというのが、サービス低下の例である。この量的なサービス低下は、合併に伴う効率化と粗密化の両方からもたらされる。効率化というのは、効率を名目にした防災資源の縮小が、防災サービスの低下につながるということである。効率化が必要であっても、防災だけは命に関わることなので、他の業務と同列に扱ってはならない。防災サービスの水準が低下しないように、慎重に検討しなければならない。にもかかわらず、効率化の大義名分のもとに防災資源が安易にカットされてしまっている。その結果、職員数を含む防災資源の削減に伴うサービス低下が生じている。

粗密化は、地域人口に比例する形あるいは中心地に集約する形で資源が配置されるため、その分布は中心部は高密度に周辺部は低密度になりがちで、切捨て的に周辺部のサービスの低下が生じている。この粗密化に関わって、「駆けつけ時間」あるいは「レスポンスタイム」の問題がある。応急対応では、一定の時間内に手当をしなければ手遅れになってしまうので、一定密度で資源の配置や配備を図らなければならない。人口が少ないから病院や消防ポンプ車はいらない、ということにはならない。ということで、資源の配置や配分では、人口分布だけでなく管轄面積を考えなければならないのである。となると、人口比で効率化を考える合併は、防災のサービスの維持や強化とは相容れなくなる。合併で広大な面積を抱え込めば、それだけ広域に資源を一定密度以上に配備しなければならないが、それが出来ていない。

さて、この空間距離の増大によるサービスの低下は、日常時なら限られた資源をやりくりして、何とかカバーすることができる。ところが、この効率的ではあるが余裕やゆとりのない態勢は、非常時のニーズの同時多発には、決定的に弱い。消火活動でいうと、平常時には同時に火災が発生したとしても、すべての消防車両を運用すれば制御することができる。しかし、地震時には何十件という火災が同時に発生する。となると、限られた消防車両ではどうにもならなくなる。資源の効率化のツケは、大規模災害時により大きくなって顕在化するのである。

この場合、目の前のニーズに限られた資源が優先的に投入されるために、空間的距離がある周辺部には資源が投入されず無防備状態になってしまう。東日本大震災で、同じ市町であっても周辺部や疎散地には、医師が来ない、消防が来ない、ボランティアが来ない、物資が来ないという、資源供給の「空白」や「見限り」が生まれたのは、合併による弊害の問題としてみることができる。

もう一つの、社会的距離の問題を見てみよう。阪神・淡路大震災での震災直後の行政対応を見ると、小さな都市の方が大きな都市よりも被災者に寄り添った対応ができている。例えば、仮設住宅への入居では、神戸市は被災者の顔を見ることなく年齢などの統計データから機械的に判断をしたのに対し、北淡町は被災者の顔を思い浮かべながら従前の人間関係を考慮して心情的に判断をしている。同じ都市部であっても、自治体の規模が行政職員と住民の距離を左右すること、さらにはその距離が近ければ被災者に寄り添った対応ができることを、こうした事例は教えてくれている。

規模が大きくなると、管轄する範囲が広くなり、その結果として密着性というか地域や住民との関係性が薄まる。人名を聞いても顔を思い出せない、地名を聞いても地域の状況が思い浮かばない。例えば、要援護者の問題も、行政区域がコンパクトであれば、どこに誰がどのような状態であるかは、すぐにわかる。行政は、住民の一人ひとりに心を通わせることができる。その安全性には欠かせない関係性が、合併によっていとも簡単に壊されてしまう。震災後の復興で、石巻市の雄勝地区のように、周辺部の地域が見捨てられる状況が生まれている。それは、復興のかじ取りをする中枢部の職員の大多数は中心部の出身者であり、よく知らない周辺部の復興を我がことと感じることができないからである。

地域の紐帯性と文化性の低下

地域のコミュニティやそこでの人のつながりは、共助や互助の重要性が叫ばれるように、減災にとってとても大切である。みんなで助け合うという連帯性、側にいる人が手を差し伸べるという即応性、地域を皆で管理するという自律性などは、防災や減災に欠かせないものであるが、それらは地域の人々の日常生活をベースにしたつながりや絆から生み出される。地域としてのまとまりが求められる所以である。

ところで、その地域としてのまとまりは、合併や広域化により崩壊してしまうことが多い。狭域のミクロな関係性が広域のマクロな関係性にとって替わられるからである。講や結いといった社会構造と経済構造が一体となった地域システムが壊れてしまう。地域の自治や住民の自治に綻びをもたらす。その結果として、人のつながりが壊れてしまう。さらに合併は、人口の流動も引き起こす。周辺部から中心部への流出が起きる。この人口の流出も、コミュニティを弱める。

今回の東日本大震災で、広域合併をした自治体ほど、周辺部から中心部への人口流出が激しい。コミュニティの分断や崩壊も顕著である。地域コミュニティの紐帯性が希薄化していたからである。コミュニティがしっかりしていなければ、合意形成もままならず、復興がうまくゆかない。東日本大震災の復興の混乱は、地域における人と人との絆の大切さを教えているが、その絆は地域に密着したガバナンスから生まれる。それを地域性を考慮しない合併が破壊していることを、見逃してはならない。

さて、三番目の減災文化の低下にも触れておこう。紐帯性の低下は人と人の関係の崩壊によりもたらされるが、文化性の低下は人と風土の関係の崩壊によりもたらされる。地域に密着して育まれてきた神社などの祭礼は、一方で収穫のお祭りであるが他方で防災の訓練である、という性格を持っている。その祭礼を通じて、非常時に必要なチームワークを醸成し、減災に必要なロープワークなどの技能を磨くのである。ところで、災害文化という言葉がしばしば使われる。それは、災害の防止と被害の軽減につながる、暮らしの知恵や慣習あるいは儀式や様式をいう。風の強い日には高所に見張りを立てる、お年寄りの誕生日には村ぐるみで集まって祝う、わら葺屋根の葺き替えは地域の共同作業として行う、といった慣習が地域の防災力を維持してきたのであるが、それが広域化で壊れてしまう。

東日本大震災が、自治体の行政あるいは自治体の防災に投げかけた問題を、減災や危機管理という視点から考察した。そこで明らかになったことは、自治体の体質が行政改革の中で脆弱になっていた、効率優先の市町村合併が減災力を低下させていた、ということである。ここから学ぶべきことは、経済の効率よりも住民の安全を優先して自治体の体質改善を図らねばならない、ということである。強靭化を図らねばならないのは、国土の前に基礎自治体であることを強調しておきたい。

参考文献

室崎益輝「被災地と被災者の支援の課題」『地方議会人』二〇一一年六月号。

室崎益輝「自治体間の災害時応援態勢」『自治体法務研究』二〇一一年秋号。

室崎益輝「今後の危機管理のあり方」『都市問題研究』二〇一二年春号。

室崎益輝「東日本大震災からの復興をめぐる諸問題」『法律のひろば』二〇一二年三月号。

室崎益輝「巨大災害に立ち向かう消防機関の連携について」『地方議会人』二〇一二年七月号。

室崎益輝「東日本大震災からの復興についてのメモ」『地震ジャーナル』二〇一二年一二月号。

室崎益輝「東日本大震災から見えてきた「減災行政」の課題」『年報行政研究』四八号。

第7章　地域・自治概念の再検討

内山　節

1　小さな地域行政と住民自治

フランスには三万五〇〇〇を超えるコミューン（市町村）が存在している。人口は日本の半分強だから、日本なら六、七万ものコミューンがあることになる。コミューンのなかにはパリやマルセイユのような巨大なものもあるが、田舎に行くとその規模は驚くほど小さい。私は川釣りをするからよく田舎に行くのだけれど、そういうところでは一〇〇人から二〇〇人くらいのコミューンが多い。

この小さなコミューンでも役場もあるし、「村長」や議会も存在している。といっても役場に行くと、たいていは職員が一人ポツンと机に座っているだけで、これで地域行政ができるのかという気持ちになる。

コミューンの基本方針は「村長」や議会によって決定される。だが役場の職員がそれを実行に移しているわけではない。実行しているのは住民自身である。住民がNPO組織をつくって、役場の仕事を請け負っていく。だから人口一五〇人のコミューンに二〇ものNPO組織があったりする。このNPO組織の中心をなしているのは六〇歳代の人々で、一日中動ける若い年金世代がときにいくつものNPOを掛け持ちしながら活動している。定年前の人たちも参加はしているけれど、ウイークデーの昼間は動けないのである。

そこで展開しているのは、人々の暮らしに寄り添うような地域行政である。一人ひとりの健康状態や暮らし方を念頭に置いた行政が、住民自身の手で実行されている。一つのコミューンだけでは実行できないような課題に対しては、課題ごとに広域連合が組まれる。例えばゴミ処理や観光の推進、道路行政などがあるが、それらはコミューンの広域連合であるとともに、ＮＰＯの広域連合でもある。

このような状況をみていると、小さな市町村でも行政は成り立つのだということがわかってくる。とともに住民による直接的な自治が成り立ちえるのだということも。もちろんこのかたちは住民にとっては、一面では大変なことである。ボランティアで行政の仕事をしなければならない。しかしそのことに対する不満は、私が釣り先で出会った村人から聞くことはできなかった。むしろ人々は、そこに人間的な生き方のできる時空があると語ってくれた。

二〇世紀におけるフランスの農山村の歴史は、急激な過疎化の歴史だった。大雑把に言って一九七〇年頃の農山村の人口は、二〇世紀初頭の五分の一から一〇分の一位になっている。ところが一九七〇年代頃に変化が現れた。都市から農山村に移り住む人々が登場したのである。はじめはエコロジストや平和主義者多かったが、一九八〇年代に入ると田舎の暮らしを求めて、都市から農山村への人口移動が広がっていった。この頃からどの農山村地域でも、人口増加が一般的になっていった。こうして二一世紀に入った頃になると、農山村地域のコミューン人口の少なくとも半分、多いところでは八割が都市出身者になっていった。おおよそ三分の二くらいが都市からの移住者だと思えば、今日のフランスの農山村はだいたい間違わない。

この都市からの移住者に「なぜ村にきたのか」という質問をすると、誰もが同じ答えをする。「人間的な生き方を求めて」である。では「人間的な生き方とはどういう生き方か」という質問をすると、また同じ答えが返ってくる。その一つは「自然とともに生きるのが人間的な生き方だ」というもので、農山村に移住する人々なのだから、このような答えが返ってくるのも当然であろう。もう一つの答えは「一人一人に価値があるような生き方ができなければ、人間的な生き方はできない」というもので、そういう生き方を可能にしているのが農山村のコミューンだと移住者たちは語る。

あるとき会った人は、以前はフランスの工業都市であるリールで暮らしていた。大きな企業で働いていた。そのとき感じていたのは「交換可能な自分」だった。リールのような都市には、地域社会のなかに「かけがえのない自分」は存在していなかった。地域社会に「かけがえのない役割をもった自分」は存在していなかったのである。それは企業のなかの自己も同じだった。そういう生き方がいやになって村に引っ越してきた。そしてここでは誰もが「かけがえのない人間」として暮らすことができることを知った。誰もが役割をもつ人間として生きる。そこにコミュニティの意味があり、コミュニティと一体となった地域の意味がある。

2　関係の網としての地域

地域や地域行政の問題を、行政のあり方からのみ論じてはいけないのである。それは人の暮らす場所であり、人々がどんな生き方ができるのかを論じるための場所でもある。地域のあり方、コミュニティのあり方、行政のあり方は一体的に語られなければならないだろう。平成の合併のように、行政だけの都合で、それも行政の経営問題だけの都合での地域行政を合併させたりすれば、それは大きな禍根を残すことになる。

ところで、地域とは何なのだろうか。それは行政によって区分された空間のことではないだろう。例えば私は、この四〇年余り東京と群馬県の山村、上野村との二重生活をしている。この二つの場所を行ったり来たりしながら暮らしていると思ってもらえばいい。そういう生活をしていると、上野村では私は地域を感じている。しかし東京では居住場所があるだけで、そこに地域を感じることもない。この違いは一体どこからくるのだろうか。

上野村では、私は村の関係のなかで暮らしている。まずは集落での関係があり、さらに村の関係がある。村人が訪れてきて、村での活動も様々である。この原稿を私は上野村で書いているのだけれど、年末には我が家で盛大な餅つきがあった。集落の人たちが高齢化し、我が家で集落中の餅をつくのが恒例になっているのである。友人たちが応援にきて、毎年六〇から七〇臼程度の餅がつかれる。元旦の朝は子どもたちの声で起こされる。元旦の朝に「初絵売り」をするのがこの村の子どもたちのならわしで、これも村の伝統行事の一つである。三が日は新年の挨拶回りに忙しい。私も二、三〇軒の家を訪ねるし、私の家にも村人が来る。一月二日の午前中は山にヌルデの木を切りに行く日で、これも村のならわしである。いまは日程が変わったけれど、以前は一月一日の昼頃に一年の最初の集落の寄り合いがあった。私にとって地域とはこのような関係のなかに存在しているのである。

ところが東京では、ほんのささやかな関係しか地域のなかに形成されていない。地域とは行政のつくる区分などではなく、関係の網として形成されているのである。この関係の網が上野村にはあり、しかし東京には成立していない。上野村では私はこの村がつくりだした関係の網の一員であり、それゆえに地域の人間である。とすると地域を成立させる関係にはどんなものがあるのであろうか。この問いに対する答えは決して普遍的なものではなく、むしろローカルなものである。

例えば前記したフランスを含むヨーロッパ的世界では、地域をつくり出す関係は生きている人間同士の関係である。ヨーロッパの社会概念は、社会とは生きている人間によって形成されているものであり、近代以前の社会ではそれに神との関係が付け加えられていた。ところが日本の伝統的な社会概念はそれとは違う。日本では社会の構成メンバーのなかに自然が加わっている。社会とは自然と人間の社会である。しかもその人間も生きている人間だけではない。伝統的な社会観では、死者もまた社会の構成メンバーなのである。すなわち日本の伝統的な社会観や地域観では、それは自然と生者と死者によって構成されているものなのである。地域は関係の網によって形成されているという点ではその原理は普遍であるが、関係の網の内容はつねにローカルな原理として成立している。

ところでこの地域を風土という視点から読み直してみるなら、かつて和辻哲郎が『風土』（岩波文庫）のなかで述べていた次のようなことは受け継いでもよいだろう。それは風土とは人間たちが自分たちの存在に自己諒解を与える装置だという指摘である。あらかじめ述べておけば、私は、和辻が東アジアモンスーン地帯に共通する風土があると考えていたことに対しては同意していない。その点では和辻の『風土』とほぼ同時代に、地理学の視点から風土論を書いていた三澤勝衛の風土のとらえ方の方が私には同意できる。三澤は、風土はもっと狭い時空のなかにしか成立しえぬものと捉えていた（『三澤勝衛著作集』農山漁村文化協会）。それは人間たちが身体性で捉えうるような自然と人間の世界のなかに形成されているものであった。それに対して和辻は、自然と人間の様式として風土をとらえ、それゆえに共通する様式を東アジアモンスーン地帯に求め、またそれゆえに大東亜共栄圏と重なり合う共通の風土をみていたことが戦時中のまずい対応を招いてしまうのだが、このような問題点はあっても、風土と人間の関係を、人間の存在の自己諒解の装置として捉えた視点は、今日なお受け継いでおいてもよい。

和辻が述べたように風土が存在の自己諒解の装置としてあるのだとするなら、それを可能にしているのは関係の世界である。ヨーロッパ的世界では人間同士がつくりだす関係が自分の存在に諒解を与える。それはいまも受け継がれていて、前項で述べた現在のフランスでも、それぞれが役割をもち、それゆえにお互いに尊重できる関係が、そこに暮らす人々に存在の自己諒解を与えている。それに対して伝統的な日本では、人間たちの関係だけでなく、自然との関係や死者との関係が人間の存在の自己諒解にとっては不可欠の要素であった。

とともに存在の自己諒解としての装置は、本来寄り添うような関係として成立しているはずのものである。つまり寄り添うようなところに人間たちの関係があり、さらに日本では自然や死者たちとの関係がある。いわば身体性で把握しうるようなところに関係の世界があるとき、それは人々に存在の自己諒解を与える装置として機能するのであり、その点では風土を様式のなかに捉えた和辻の視点は自己矛盾をきたしていた。

さて、もう一度地域とは何かに戻ってみよう。風土論を踏まえて地域とは何かを語るなら、地域もまた人間たちに存在の自己諒解を与える装置として成立しているはずである。そこに暮らすことによって自分の存在に諒解できる、納得できる装置としてである。そしてその装置としての役割を果たしているものが自己を包み込む関係の網である。その関係のなかにいると自分の生きていることに納得できる、諒解できるというようなあり方、それをつくりだしているものが地域という関係の網である。フランスではそれが小さな自治体とともに保存されてきた。そしてそれゆえに、存在の自己諒解をもたらさない都市から農山村への人口移動が大きな流れを形成するようになった。それは身体性で認識し合える世界がここにはあったのである。ところが日本では「行政の効率化」を求めて地域行政の合併が繰り返され、行政単位としての地域のなかでは存在の自己諒解の希薄化が進んでしまった。行政単位としての地域は、人々に存在の自己諒解を与える装置ではなくなってしまったのである。

3　地域における自治の概念

ところで地域の自治とは何かを考えるなら、それもまたローカル性に基づいて考察されなければいけない対象であるように思われる。なぜなら自治とは関係の自治であり、しかし関係のあり方は前記したようにローカル性とともに成立しているからである。

ヨーロッパでは地域を構成する関係が、人間と人間の関係によって形成されている。近代以前では神との関係も重要であったが、神は近代以降の社会理論からは遠ざけられている。近代になると信仰は個人の課題として位置づけられ、社会理論の対象にはならなくなった。その意味では「神は死んだ」のである。こうして人間と人間の関係だけが重視され、それが人間中心主義の時代を強固に展開させていくことにもなった。

とするとこの社会における自治とは何なのだろうか。それは人間と人間の関係の自治である。つまり人間たちがつくりだす社会を自分たちで治めていけばそれでよい。だから自治の原理も簡単で、人々がよく話し合って自分たちの関係を治めるルールをつくり、それを実行していけばよいということになる。もちろん現実にはそれはそう簡単なことではなく、意見の違いを乗り越えてどう合意をつくっていくのかはつねに困難が伴われる。だから民主主義のルールづくりが課題になり、社会理論としては合意形成論がたえず議論されてきた。合意形成論はこのヨーロッパ的、あるいは欧米的風土のなかで必要不可欠のものだったのであり、それもまた一つのローカル理論であることを忘れたとき、非欧米的世界では土台のない合意形成論として浮遊するほかなかった。それは欧米的なローカルなものを普遍のものとみなす近代の誤りの延長線上の議論でしかない。

とすると、伝統的な日本における自治とはどのようなものだったのであろうか。それはヨーロッパが生んだ自治概念よりはるかに複雑なものであった。

すでに述べたように、日本の社会、地域を構成する関係は、生きている人間同士の関係だけではできていない。

社会を構成する関係のなかには生者同士の関係も存在するが、同時に自然との関係や死者との関係も成立しているのである。かつて柳田国男が述べ、広く支持されている説に従うなら、日本では死者の霊は生きていた世界のなかにとどまると考えられていた。生きていた世界といっても近くの森の中にむかい、その森の中で次第に自然と一体化していく。そうやって自然と一体化した死者の霊は自然と同じように神となり、祖霊、あるいは「ご先祖様」として子孫たちを守っていくことになる。このご先祖様のなかには我が家のご先祖様も含まれるが、元々は地域のご先祖様であった。地域の死者たちは地域の守り神になっていった。

この捉え方は、ほとんどの人たちにとって地域が存在していない今日ではもはや通用しない認識のようにも思われるが、一面では必ずしもそうでもない。というのはいまでもなお、多くの人々は近親者が亡くなったりすると、霊の存在は信用していなくても、亡くなった人と自分との関係がなおも継続していると感じているからである。だから仏壇、あるいはその役割を果たす場所が欲しくなる。そこに朝にはお茶などをあげ、ときには声をかけたりする。霊が存在しないのならそれは無用のことのはずなのに、それでもなお死者との関係を絶つことなく自分が生きていることを感じているのである。それは死者との関係を大事にしたいという思いといってもよいのかもしれないが、いまでも多くの人たちにとっては、近親の死者はなおも家族の一員であったりコミュニティの一員であったりする。

この感覚は自然に対してもいえる。伝統的には日本の社会は自然と人間（生者と死者）の社会であった。しかし現在では自然とともにこの社会をつくっていると感じられるような仕事や暮らしをしている人はそう多くない。多数派にとって自然は遠い存在になった。だが、にもかかわらず、自然が支えているからこそこの社会も成立していると感じる。自然の破壊はこの社会の破壊であり、人間の論理だけを振りかざすことに対する批判の視点を私たちはどこかにもっている。このような感覚のなかでは、自然はやはりこの社会の構成メンバーなのである。

自然へのまなざしにしても、死者への視点にしても、長い時間とともに受け継がれてきてこの社会の基層的な精神は、そう簡単には消え去らない。それらは精神の表面からは姿を消しても、精神の奥には残りつづける。

ところで伝統的な日本の社会が自然と生者と死者を構成メンバーとして成立していたなら、ここでの自治とはどのようなものだったのであろうか。というのは自治のメンバーのなかに自然と死者が含まれているのである。だから生者の論理だけでものごとを決めたのでは、自治にはならない。だがいうまでもなく、自然や死者は会議に出てきて意見を言うことはないのである。ここから日本の伝統的な自治は、実に複雑なかたちをとることになった。

第一にいえることは生者の論理だけでものごとを決めてはいけないということである。自然の考え方も、死者の考え方も、意思決定のなかに含まなければいけない。ところが自然や死者は意思表明をしないのだから、最終的には生者が意思決定をしなければならない。つまり今日的な言い方をするなら、自然や死者の代理人的役割も生者が果たさなければいけないのである。だが意思表明をしないものたちの代理人的役割などどうすればできるのだろうか。

ここで重要になってくるのが地域の信仰であり、そこから生まれてくる祭りや行事である。さらにもう一つ地域で受け継がれてきた物語も重要になる。地域で信仰されてきた神々として大事なものに、産土神《うぶすながみ》がある。それは土地神様とか地主様とかいわれることもあるけれど、その地域の自然を生みだした神様でもあり、さらには人間をも含めてその地域のすべての生命を生みだした神様でもある。ちなみに空海も最澄も高野山や比叡山を開くにあたっては、その土地の産土神を祀る神社を建立するところから、寺院建設を行っている。

伝統的な地域社会には必ずといってよいほど産土神が祀られ、さらには産土神の森におけるかたちといってもよい山の神が祀られ、水源には水神が祀られていた。田には田の神が祀られ、山の神、水神、田の神は同じ神が姿を変えたものともいわれている。さらには大木や大岩も、温泉や山それ自身も、オオカミやときに蛇も神として祀られてきた。私の暮らす上野村には蛇神様もいるし、熊は神様の使いとしてあがめられてもきた。日本の土着的な信仰は、突き詰めれば自然に対する信仰にいきつく。

このような信仰やそれに伴う祭り、年中行事などをたえず行いながら、そのことをとおして地域における自然と人間の関係を再認識していく。とともに地域の物語を語り継ぐことによって、自分たちの地域のあり方をたえず学び直す。このかたちは死者との関係でも同じで、お盆、お彼岸をはじめとする様々な行事や先祖の物語を受け継ぐことによって死者の役割を再認識しつづけてきたのが、伝統的な地域社会であった。すなわちこのようなことをたえず繰り返すことによって、日本の社会は自然や死者の論理を取り込んだ意思決定をめざしてきたのである。

伝統的な日本の社会では、祭りや年中行事、物語の役割は単なる地域文化や地域の慣習ではなく、自治の仕組みの中に組み込まれた重要な要素でもあった。人々はこのようなことをとおして、地域の自治を行おうとしてきたのである。だから今日の過疎化が進んだ社会でも、祭りや年中行事などが維持されている地域では地域維持の可能性が残されているが、それらが継続できなくなった地域では危機が深刻化するというような現実が生まれるし、逆に新興住宅地などで地域形成をめざす動きが生まれるとまずは祭りをつくろうという話が出てくる。

4　地域の多層性

二〇一一年に起きた東日本大震災とその後の復興をめざす動きのなかでも、このことの意味は大きかった。真っ先に復興への歩みを開始した漁師たちが感じていたのは、津波によってもこの社会は完全には壊れていないという確信だった。津波が終われば海は無事だったのである。ということは自分たちの社会は、少なくとも半分は壊れていないということになる。そのことが復興へとむかう勇気を与えた。

津波によって家族や友人、知人を失った人たちにとっては、死者との関係を諒解可能なものにすることが必要だった。死者とともに生きる道筋をみつけだす、そのことがなければ復興へといってもそこに向かおうとする力が出てこない。地域の復興をめざそうとするなら、その地域のなかに自然や死者が生者とともに存在していたのである。

すでに述べたように、地域は関係の網としてつくられている。しかしその関係のあり方はローカルな世界で成立し、自然との関係も、死者との関係も、もちろん生者との関係も、さらに深くみればよりローカルにかたちでつくりだされている。それぞれの地域に、それぞれのローカルな関係が形成されているのである。それが人々の暮らす地域というものである。

とともにそのような関係の網のなかにいるとき、人々はそこに寄り添う社会を感じることができるだろう。その寄り添いのなかに自分の生きる世界があることを、その意味で存在の自己諒解があることをつかみ取ることができるだろう。人間たちにとって必要なのはそのようなことを可能にする地域である。

とするとこのような地域と地域行政はどのような関係にあればよいのか。少なくともそれは、地域行政の経営の都合で決めるべきことではないはずなのである。

ところですでに述べてきたように、地域を成立させている関係には様々なものがある。生者の関係、死者との関係、自然との関係、しかもそれらもまた一様ではない。例えば漁師における自然との関係と農民にとっての自然との関係は同じではないし、自然の神々との関係も様々である。そしてその様々な関係の集積のなかに地域はあるといってもよい。

地域とは一つの関係によって成り立っている時空ではない。様々な関係が積み上がり、それゆえに様々な自己諒解が可能になる時空が地域である。仮にその一つ一つの関係によって成り立っている時空をコミュニティと呼ぶなら、地域とは様々なコミュニティの集積の上に成立する。その意味では地域は平面ではなく、立体構造として展開する。そしてそうであるかにこそ、地域はときに地域の外部の人たちとの結びつきによって強化されうるのである。なぜなら関係の共有によってつくられるコミュニティは、その関係のなかに外部の人たちが加わることによってより強固な結びつきをもつことがあるからである。

東日本大震災からの復興過程でも、このようなかたちは至る所で生まれていた。支援に行ったボランティアの人たちがある地域の人たちと継続的に活動を続け、いつの間にか内部と外部の人たちからなるコミュニティが生まれていく、そしてそれが復興への、あるいは地域再生への足がかりをつくっていく、そんな光景を私たちは何度となく見てきた。そしてそれは決して新しいかたちのものではなかった。以前から、例えば寺を軸にしたコミュニティは本山との結びつきをもつことによって強化されてきたし、毎年訪れる仲買の存在が地域の営みを支え、仲買をも含めた一つのコミュニティを成立させてもきたのである。地域の基礎にある様々なコミュニティは、あるものは地域の内部の構成メンバーによってつくられ、またあるものは地域の外の人をも含めて形成される。そのような多層性とともに展開したのが地域である。

5　地域と経済

平成の大合併が推進されたとき、私はこの動きに批判的だった。幸いにして私の村、群馬県上野村では合併を考えようという人は私の知るかぎり発生せず、ほとんど村民の満場一致の意見としていかなる合併もしないという決定がなされている。上野村は人口一四〇〇人弱の村だから、いろいろな課題を抱えている。にもかかわらず合併推進者がいなかったのは、村という行政のあり方と村という地域のあり方、さらに村を構成する多層的なコミュニティのあり方が一体的になっていて、そこに我が村があることを村人たちが知っていたからである。

現在各地を歩いてみると、合併した市町村の人々のなかから、合併してよかったという声は全くといってよいほど聞こえてこない。圧倒的なものは地域の衰弱を嘆く声であり、市町村の経営状況さえよければこんな合併はしなかったのにという嘆きである。しかも東日本大震災で大きな被害を受けた地域では、広域合併が震災直後の態勢づくりや復興へのプロセスの足を引っ張っているという意見が、どれほど多くなっていることか。平成の大合併は、ほとんどの地域において愚挙でしかなかった。

だがそう結論づける前に考えておかなければいけないことがある。というのは日本では地域とは何かという思想的な考察が、全くといってよいほどこれまで行われてこなかったということが、この愚かな合併の背後にはあるからである。

明治以降の日本は、行政の都合による市町村合併を繰り返してきた。そして地域行政にとっては、行政のつくりだした区分が地域であるかのごとき振る舞いが横行してきた。他方で都市の市民たちの間でも、漫然と地域という言葉が使われてきただけで、一つの思想として地域概念をつくりだそうとする努力はほとんど行われてこなかった。一番の問題はこの思想的欠落である。だから上からの市町村合併が提唱されたときにも、目先の利益でしか対応できない市町村が続出し、他方で市民たちが使う地域という言葉も、地域という実態が見いだせぬままに言葉だけが使われていくという問題点を超えることはできなかった。

しかも地域とは何かという考察は、欧米の理論の模倣では役割を果たせない。地域は関係の網であるという点では同じでも、その関係のあり方は欧米のものとは違うからである。とするなら私たちの課題は、日本における地域とは何かを思想的に明らかにする作業であり、その上でこれからの地域や地域行政のあり方をみつけだす努力でなければならないだろう。

最後に述べておけば、日本では地域を支える要素の一つに、個々人の利益を超越した地域の労働のあり方があった。それは今日の言葉を使えばソーシャルビジネスに近いものであるが、地域の継続性とともにある労働、地域のためにある労働、ともに生きる仕事のかたちとでもいうようなものであった。稲作地帯ではコミュニティが農業用水を管理し、道をなおし、橋を付け替えていた。職人や商人たちはお互いの仕事を支え合い、いわばともに生きる経済とそれぞれの経済の折り合いを付けながら、自分たちのコミュニティを守り、地域を守ってきたのである。

そしてこのこともまた東日本大震災以降の社会のなかで試されている。なぜなら復興の過程で模索されているものの一つは、ともに生きる経済とともに生きるコミュニティ、ともに生きる地域を一体的につくりだそうとする試みでもあるからである。

このことは地域を成立させるためには、市場経済だけに支配されない「ともに生きる経済」がそこに根付いている必要があることを教えている。

地域とは何か。それがわからないかぎり、地域行政のかたちだけを論じても十分なものにはならない。ともに地域とは何かが共有されないかぎり地域自治のあり方も明確にはできないのである。平成の大合併を私が愚挙だと断じるのは、そういう考察がないままに行政の経営問題としてそれが強行されたこと、それ自身のなかにその理由がある。

　地域は寄り添う社会としてつくりだされていなければならない。それはいかなる関係とともに人々が暮らしていけるのかという課題でもある。

第8章　原発災害市町村はどのように行動したか

今井　照

1　社会的脆弱性としての震災

約一五万人の原発災害避難者

東日本大震災は、地震、津波、原発の複合災害であった。本章では、主として原発災害に見舞われた市町村が発災直後からどのように行動したかを検証することを通じて、基礎的自治体とは市民にとってどのような存在か、基礎的自治体が本来の機能を果たすためにはどのような条件が必要か、これに対して市町村合併はどのようなインパクトを与えているかを考えていきたい。

原発災害避難者は東日本大震災全体の避難者の半数を占め、事故から二年以上経過した二〇一三年五月時点でも、福島県内はもとより、全国各地に約一五万人が避難生活をおくっている。このうち、自治体全域の住民が避難したのは九町村にのぼり、いずれも役場自体が他の自治体に避難し、そこで事務所を開設している（表8-1）。この九町村は平成の市町村合併では非合併を選択した町村ばかりであり、なかには葛尾村や川内村のように、明治期から非合併を貫いてきた自治体も含まれている。

一方、旧都路村と旧小高町においても、旧町村域の大部分の住民が避難しているが、平成の市町村合併で自治体そのものがなくなってしまったため、田村市や南相馬市の「一部」として避難行動が行われている。したがって、原発災害以前に役場が消滅していたため、役場ごと避難した他の自治体とは異なった避難や復旧の様相を示してい

表 8－1　原発災害避難市町村の概要

			当初避難対象人口（推計）	役場避難等の経緯	2013年6月時点の避難区域対象人口（概数）		
					避難指示解除準備	居住制限	帰還困難
避難指示等	全域避難	広野町	5,418	2011/3/15 小野町→4/15 いわき市→2012/3/1 元の役場に帰還	0	0	0
		楢葉町	7,700	2011/3/12 いわき市→3/25 会津美里町→2012/1/17 いわき市	7,600	0	0
		富岡町	16,001	2011/3/12 川内村→3/16 郡山市→12/20 郡山市大槻町	1,470	9,800	4,650
		川内村	2,820	2011/3/16 郡山市→2012/4/1 元の役場に帰還	300	60	0
		大熊町	11,515	2011/3/12 田村市→4/3 会津若松市	20	370	10,560
		双葉町	6,932	2011/3/12 川俣町→3/19 さいたま市→3/31 加須市→2013/6/17 いわき市	250	0	6,270
		浪江町	20,905	2011/3/12 津島支所→3/15 二本松市（東和支所）→5/23 二本松市（共生センター）→2012/10/1 二本松市（平石高田）	8,050	8,420	3,400
		葛尾村	1,531	2011/3/15 会津坂下町→7/1 三春町（三春の里）→2013/4/30 三春町（貝山）	1,320	70	120
		飯舘村	6,209	2011/6/22 福島市	800	5,260	280
	一部避難	田村市（旧・都路村）	3,337	役場の避難はなし	380	0	0
		南相馬市（旧・小高町）	13,274		12,740	510	2
		川俣町（山木屋）	1,066		未定		
	特定避難勧奨地点（伊達市，南相馬市等）			2011年6月から指定，2012年12月から順次解除（川内村を除いて役場の避難はなし）	0	0	0
小計			96,708		32,930	24,490	25,282
自発的避難	福島県内から（推計）		58,802				
	福島県外から（推計不可能）						
合計（福島県民のみ）			155,510				

＊当初避難対象人口と避難区域対象人口は2010年国勢調査（一部2005年国勢調査），2011年11月時点の復興庁資料，政府の原子力災害現地対策本部資料等から推計。

る。

この他に、避難指示等が出ていない福島市や郡山市からも、放射線リスクを判断して、多くの人たちが県内外に避難している。さらに、隣県の茨城県や栃木県はもとより、首都圏から西日本に避難している人たちもいる。これらの人たちは自主的避難者と呼ばれているが、その避難生活は一部の支援者によってのみ支えられており、そもそも避難指示を出していない避難元の自治体ではあまり実態をつかめていない。

自治の原点としての「移動する村」

本章での結論をあらかじめ書いておくと、少なくとも福島県内の事例からみれば、一般に喧伝されているように、自治体の行政機能が崩壊したという事実はなく、むしろ、緊急時であればこそ、住民の生命を維持するために、自治体の果たしてきた役割は大きかったということである。しかも、それは小規模市町村で顕著にみられる。

ただし、それは小規模だからという理由からではない。潜在的に自治の原点が機能していたからである。つまり、そこには、単に地域割りの行政機関としての役場が存在していたというだけではなく、選挙によって選出された首長や議員が存在し、自分たちのことを自分たちで決めるという政府としての機能が多少なりとも備わっていたゆえのことと思われる。たとえば、後述するように、関係市町村のほとんどは、政府の避難指示にしたがってではなく、自治体としての独自の判断で住民に対して避難指示を出し、それに応じた避難誘導を行っている。

いまもなお、役場ごと避難した九町村では、全国各地に拡散して避難している多くの住民が、避難元の役場やその地域社会とネットワークをつくりながら避難生活をおくっている。一部には、「避難先に住民票を移して、戻れるようになったらまた元に戻せばよい」とか「そもそもそこまでして元の自治体を維持する必要があるのか」といった意見もある。しかし、このような意見は、明治以降、国土を分割するという発想で地方自治制度を構築してきた「中央」目線の延長上にある。たしかに、既に住民票を移した住民もいるが、大部分は依然として元の自治体の住民のまま避難生活を維持している。それは、不充分ながらも、元の地域の自治体やその地域社会によって避難生活が支えられている証しでもある。これこそが自治体の政府としての力である。

荒木田岳によれば、江戸時代以前には、「地辷りや洪水、津波、干ばつ、疫病等の災害の際には村が移動することもあった」という。(1) それは、土地の区画があって村があったのではなく、元来、人間の集団があってそれを村と称していたからであり、だからこそ、人が動けば村が動き、地名まで動いたからである。このようなことから考えると、九町村は、非常時に際し、まさに「移動する村」として、本来の自治体の原点を体現しているといえよう。逆に言えば、非合併を選択してきたのも偶然ではないような気がする。本章で紹介するいくつかの事例によって、これらのことが立証できるだろう。

合併による地域社会の脆弱化

震災の被害は社会的な脆弱性の存在を示す。地震や津波という自然現象は社会的脆弱性を突くことによって大規模な災害に転化する。一方、原発災害は自然現象以前に、政策の結果としての原発立地があってこそ起きる人為的災害であり、社会的脆弱性そのものである。社会的脆弱性の一つに、平成の大合併による地域社会の脆弱化という要素が含まれている。

「中央」では、今回の震災で市町村の行政機能が崩壊したという前提のもとに「東日本大震災を踏まえた基礎自治体の担うべき役割や行政体制のあり方」が議論されようとしている（第三〇次地方制度調査会諮問事項）。震災を契機に一層の市町村合併と道州制を考える識者は、「打撃を受けた市町村を合併させ、強い財政基盤を持つ自治体を作れば、日本社会を中央集権から分権型にするチャンスになる」と書いている。(2)

しかし、本章で詳述するように、震災直後から福島の市町村がどのように行動していたかを調べた実感からみると、ここには大きな誤認がある。どうしてこのような誤認が生じるのか。それは被災地と国や県との間に深刻な情報の切断があったからである。情報が切断されているので、国や県は被災地の行政機能が崩壊したと考える。だが、それを被災地の視線からみるとまったく逆のことがいえる。国や県との情報が切断されているということは、国や県の機能が崩壊していたと考えられるからである。

それは国や県の記録を読んでもわかる。震災からかなりの時間が経過してから、突然、孤立した病院の存在が県の対策本部に認知されるということもあった。例えば福島県においては、大熊町にある双葉病院に患者や施設入所者、二〇〇人以上が取り残された。この情報が県の災害対策本部に入ったのは震災から二日後の二〇一一年三月一三日であり、その後も混乱が続く中、最後の患者の搬送が開始されたのは、ようやく一六日の〇時三五分ごろだった(3)。国や県は被災地の機能が崩壊したと考えているが、孤立した病院の立場に立ってみれば、崩壊しているのは国や県の機能である。

発災直後の被災地において機能していたのは基礎的自治体の行政機能や病院などの社会的インフラ、さらに地域における人々の互助力であり、国や県の行政機能は機能していなかった。「中央」の認識は全く逆と言わざるをえない。むしろ被災地からみれば、道州制や市町村合併の動きはますます社会的脆弱性を増進させる無謀な主張のようにみえる。なぜなら、実質的に行政機能が崩壊して、緊急期の支援活動に支障が生じているのは、広域合併をして周縁部になった孤立地域の方だからである。

2　地震・津波から原発災害へ

非合併自治体の三月一一日

地震が起きた二〇一一年三月一一日は、どこの自治体の庁舎も確定申告期限を間近にして、多くの市民が訪れていた。福島県国見町役場では地震と同時にほとんどのフロアの天井と空調機が落下した。地震の衝撃で消火栓からホースが飛び出し、そのために火災報知機が作動したため、階段に通じる防火扉が自動的に閉まってしまった。市民と職員は床に散乱し、積み重なったロッカーや書類などの上をはいずりながら、庁舎前の駐車場に避難した。

駐車場はあちらこちらで陥没し、自動車がはまりこんでいた。庁舎の周囲は液状化で地下から水が噴き出し、池のようになっていた。駐車場に避難したあと、即座に男性職員全員を集め、チームを作って町内の被害状況を調べることにした。合併をしなかった小さな町なので、一時間程度で調べ終えた。多くの家屋が被災していたが、けが人は少なかった。

国見町は、平成の大合併期に合併しなかった（合併できなかった）町である。伊達郡全体が合併して伊達市をつくる構想が進められ、国見町も積極的に参加していた。合併の協議がほとんど整ったところで町長選挙があった。合併を進めていた当時の現職町長は町民全体から一目を置かれるカリスマ的な人物であり、これまでも絶対的な支持を得ていたので、そのときも無投票での当選が予想されていた。ところが公示直前、合併反対を掲げた共産党籍の町議が立候補を表明する。誰もが無謀な立候補と考えていた対抗馬が、合併反対の一点で町民の支持を得て当選してしまう。そこで伊達市構想から国見町は抜けることになったのである。もし合併をしていたら、国見町の職員が一時間程度で町内の被災状況を調べ、市民の安全を確認することはできなかったであろう。

津波からの避難誘導

その頃、福島県で浜通りと呼ばれる太平洋側の市町村では、地震から三分後の一四時四九分に発表された大津波警報への対応に追われていた。防災無線での呼びかけばかりではなく、消防団や防災課の職員が広報車などに乗り込み、避難誘導のために沿岸部へ向かった。楢葉町では職員が手分けして戸別に避難の声掛けもしていた。ただし、道路の損壊が激しく、いずれの声掛けも難航した。

浜通りのすべての市町村では津波のハザードマップが作成されていた。福島県楢葉町では地区ごとの住民参加によってハザードマップが作られた。このように、津波に対しては日頃から準備ができていたので、職員も住民もほとんど戸惑うことなく、自分の役割を果たしていた。津波の大きさに比べて犠牲者は少なかったのはそのためだろう。

地震によってけがをしたという通報が相次いで、多くの役所から救急車が出動していた。だが相馬市の救急隊員が国道六号を越えたあたりで目にしたのは押し寄せる津波だった。このことは即座に無線で役所に連絡された。しかし役所の誰もが信じなかった。見間違えであろうと思った。役所の誰かが沿岸部の集落の知り合いに電話をかけたが通じなかった。避難してくれたと祈るしかなかった。

南相馬市では水門を閉めに行った職員が戻ってこなかった。相馬市では住民の避難誘導に向かった消防団員が戻ってこなかった。楢葉町でも取り残された高齢者を救出に向かった消防団員が戻ってこなかった。

役所における震災情報のほとんどはテレビからだった。ほとんどの市民は停電でテレビも見られなかったが、役所には非常用電源があり、一台だけテレビをつけていた。電話回線は不通であったり、たとえ回線が生きていたとしても混雑していて、県庁やその出先機関には通じなかった。たとえ通じたとしても、先方が混乱していて適切な情報は得られなかった。もちろん、国とは連絡がつかなかった。それぞれの市町村では避難所に職員を向かわせ、避難者名簿の作成などに取りかかっていた。

テレビを見ることができる避難所はほとんどなかった。携帯電話のワンセグやカーラジオ、たまに通じる携帯電話にかかってくる遠方の知り合いや親戚などからの情報が、避難者にとっての貴重な情報源になっていた。

原発災害の始まり

こうして避難者が不安な夜を迎えようとしていた一九時三分、政府は「原子力非常事態宣言」を発した。ただでさえ尋常ではない地震、津波に加えて、これが福島県特有の災害となる原発災害のスタートだった。

二一時二三分、政府は原子力災害対策特別措置法第一五条第三項の規定に基づいて、福島第一原発から半径三キロ以内の住民の避難指示、三キロから一〇キロの住民の屋内退避指示を出している。あまり理解されていないことだが、避難指示を出す権限は市町村長にある（同法第二八条第二項の読み替えで適用される災害対策基本法第六〇条第一項）。つまり正確にいうと、政府がしているのは、市町村長が住民に避難指示を出すように市町村長に指示しているのである。

したがって当然のことながら、このことは政府が市町村長に伝えなければ始まらない。だが、これまで私が関係者に聞く限り、政府の指示が市町村長に届いた形跡はない。唯一、一二日朝、大熊町長に当時の細野首相補佐官から電話があったという記録があるだけである。おそらく当時の通信環境からみて、それもやむを得なかったかもしれない。ただ、少なくとも言えることは、通信環境が正常であることを前提としてシステムができあがっているということである。

実はこの三三分前、二〇時五〇分に福島県庁から半径二キロ以内の避難指示が出ている。推測では、原発事態の進行に際して、県庁が国の対応以前に（あるいは国の対応に焦れて）避難指示を出したものと思われる。ただし、この指示は「法令に基づくものではなく、あくまでも事実上の措置」とされる。(4)

いずれにしてもこれらの避難指示で浜通りの市町村は大混乱に陥る。地震と津波までは準備ができていたし、実際にそれなりに対応していた。しかし原発災害は別である。震災翌日にかけて避難指示は、一〇キロ、二〇キロと拡大していく。前述のように、市町村全体として原発災害に対応する避難計画などそもそも考えられていない。にもかかわらず、いとも簡単に避難指示範囲が拡大していく事態に市町村は直面することになる。混乱しない方がおかしい。そのなかでも関係市町村は、できる限りの最善の対処方法で市民の安全を確保しようとしていた。

3　隣接自治体の原発災害避難

役場の決断

福島県浪江町役場は福島第一原発から一〇キロ弱のところにあるが、早くも一二日には原発から三〇キロ離れた津島支所に役所機能を移転し、住民もその周辺の学校や公民館へ避難誘導することを決め、即座に行動に移している。こうして一二日の数時間のうちに、人口二万九〇八人（二〇一〇年国勢調査）のうち、約八〇〇〇人が津島支所周辺の公共施設に避難した。その他の住民は自家用車等でさらに遠方へ避難していったと思われる。

浪江町役場の情報源は、非常用電源で動いていたテレビだけだった。国からも県からも何の連絡もなかった。原発立地自治体ではないので自衛隊も来ていない。警察や消防が見回りに来る程度だった。わずかな情報だけで数千人の市民を守らなくてはならなかった。このことが後日、大問題になる。浪江町役場が役所機能とともに住民を避難させた津島地区は、その後、明らかにされたスピーディと呼ばれる放射性物質の拡散予測図では、高濃度の汚染が想定され、後に、現実にそのような汚染が広がっていたことが分かっている。まさに、国から何の情報もなかったということが傍証される。

一四日一一時一分、福島第一原発の三号機が水素爆発した。三号機は、さらにリスクの高いプルサーマルをしている原子炉である。そこで浪江町役場はさらに遠方への避難を決断する。通信環境がよくないなか、町長は二本松市長に電話して、避難先の提供を求めた。二本松市では即座に受け入れを決定し、合併によって町役場から支所になった東和支所（旧東和町役場）と、その周辺の学校等を浪江町役場とその市民の避難所として用意することにした。この間、県庁にも避難先の斡旋を依頼したが、芳しい結果は得られなかった。頼りになったのは市町村同士の関係だった。

隣町の町長からの要請

福島県川内村は人口二八二〇人（二〇一〇年国勢調査）の小さな村だが、その割に面積は一九七・三八平方キロと広く、森林が大部分を占めている典型的な中山間地域である。地震は、議会の最終日、ちょうど新年度予算などが可決され、閉会になった直後に起きた。まだ議場に残って議員たちとあいさつなどを交わしていた村長は、その場にいた幹部職員や議員たちとともに、議場の机の下にもぐった。議場は築後四〇年以上も経っている庁舎の二階にあり、激しく揺れた。

ただちに地震に対する対策本部を設置し、職員に手分けをさせて村内の被災状況を調べさせた。地震による建物の破損などがなかったわけではないが、二〇棟程度のことで、大きな人的被害はなく、その日は職員も家に帰ることができた。地震直後に津波警報も出ていたが、川内村に海はなく、むしろ標高四〇〇〜四五〇メートル程度のところに町の中心部があり、津波に対する対応も必要なかった。

ところがその日の夜から事態が一変する。川内村役場は福島第一原発から二〇キロほどにあり、福島第二原発からはもう少し近い距離にある。地域防災計画上は重点地域にも含まれていないにもかかわらず、原発災害の推移が村民と村役場の運命を変えることになる。

震災翌日の早朝七時ころ、隣接する福島県富岡町長から川内村役場に電話が入った。原発の事態が悪化しているため、町民の避難を川内村で受け入れてほしいというものだった。富岡町は二〇一〇年国勢調査によれば人口一万六〇〇一人で、前回の国勢調査よりも人口が増加している数少ない自治体の一つだ。

富岡町のほとんどは、一一日の夜に避難指示が出されていた福島第一原発から半径一〇キロの圏内に含まれる地域ではない。一二日朝七時四五分に福島第二原発の半径三キロにも避難指示が出るが、それでも町域の二割とか三割程度のことであり、さらにその避難指示もまだ町長からの電話の時点では出ていない。つまり富岡町は独自に収集した情報で誰からも指示されないうちに避難を決断したことになる。

川内村は即座に受け入れを決定し、小中学校など一七カ所の避難所を開設する。しかし、電話がかかってきたころには、既に富岡町から続々と避難者がやってきつつある状態だった。富岡町の中心部から川内村の中心部までは道のりで二〇キロ弱程度である。通常であれば、車で三〇分程度のところだが、そのときは避難による渋滞で、四時間から五時間程度、なかには七時間もかかったという住民もいたらしい。

三〇〇〇人に満たない川内村に富岡町から六〇〇〇人程度の避難者がやってきた。当然ながら毛布やストーブなどの救援物資は不足した。一二日は村の人に呼び掛け、それぞれの家にある米を拠出してもらい、炊き出しを行った。このときはまだ川内村役場と住民は避難者の受入側に立っていたのである。富岡町の残りの住民はさらに田村市や小野町など、県内外の遠方に避難したらしい。

村長はこの時点ではまだ日本の技術力を持ってすれば二、三日程度でなんとかなるだろうと思っていたという。

だが事態は悪化することはあっても沈静化の方向には動かなかった。地震翌日の一二日までは固定電話が使えたが、一三日になって使えなくなった。役所には衛星電話が一つだけあり、県との連絡手段はそれしかなかった。一四日になってプルサーマルをしている三号機の建屋が水素爆発を起こしてから、ただごとではないという認識に変わっていった。その危惧は、一五日に、検査で止まっているはずの四号機の建屋が爆発するに及んで確信に変化した。使用済み核燃料があんなところに貯蔵されているとは思ってもみなかったという。

村の中にも原発で働いている人が三〇〇から三五〇人程度いるとのことだった。家族を含めれば三〇〇〇人弱の村民のうちの相当数が原発と縁があるということになる。村役場の職員にはそういう人たちから「逃げるのなら今のうちだ」という情報が伝えられる。

避難の受入側から避難者へ

一四日の夜には、村民を避難させる必要性について考え始めた。国の保安院と連絡を取ったところ、いまは屋内退避で十分という返答が返ってきた。実際、一五日になって政府は福島第一原発から二〇～三〇キロ圏に対して屋内退避指示を出した。これで川内村役場を含めた町の中心地が屋内退避指示の対象地域になった。

村長には二つの選択肢があった。国の指示のとおり、屋内退避のまま村に残るか、あるいは村民に対して避難指示を出して、他の町に避難するか、である。村長は後者の選択をした。前述のように、これは国の指示内容を超えた決定であるが、そもそも避難指示の権限は市町村長にあり、それを行使したものである。

判断の根拠は三つあった。第一に、原発災害は長期化すると見込んだため、屋内退避では村内での生活に支障が生じると考えたからである。現に、同じように地域内の一部に屋内退避指示が出されたにもかかわらず、残ることを選択した南相馬市では、食料品や生活物資が町に入ってこず、結局、その時点では人口のほとんどが散発的に市外に自主避難するという事態を引き起こしている。このことが南相馬市役所やその市民の現在の苦境をもたらす要因の一つともなっている。

第二に、町の警察が川俣町に本部を移すことを決めたり、地震直後はたくさんいたマスコミの記者たちがいつの間にかいなくなったりするなど、情報を持っているはずの人たちの動きにあった。

第三に、村にある唯一の診療所の医師が、避難してきた富岡町の人たちを含め、地震以降の三日間で六〇〇人もの診察に追われ、疲労のため一六日以降は閉鎖したいという申し出があったためである。

村長は一五日中に避難指示の決断を固め、一六日朝、富岡町長と協議をし、午前七時、避難指示を出した。まずは避難してきている富岡町の人たちに周知し、午前九時から防災無線を利用して、村民全体に避難を呼びかけた。もし自分の車などで自ら避難できない場合は正午に集会所に集まるようにした。

村には二五人乗りのマイクロバスが八台あった。富岡町には大型バスもあった。いずれもガソリンがなかったので、村内のガソリンスタンドに無理を言って、いわき市からドラム缶一つ分のガソリンを調達してもらい、それをそれぞれのバスに給油した。

村民をバスに乗り込ませてから避難先を探した。バスの中から郡山市にある県の展示施設であるビックパレットふくしまの館長に電話して受け入れを了解してもらった。ところがその直後、県庁から電話があり、ビッグパレットも被災しているので会津まで避難してもらえないかといわれる。それを強行突破してビッグパレットふくしまにバスを乗り入れた。このとき、福島県庁の記録によれば、富岡町民一三〇〇、川内村民七〇〇がビッグパレットふくしまに入っている。

4　国とは異なる避難指示

同心円ではなく地域単位の避難指示

楢葉町は太平洋岸にあり、福島第二原発の立地自治体である。福島第二原発は楢葉町と富岡町にまたがって立地している。人口は二〇一〇年国勢調査で七七〇〇人となっている。

地震に続く大津波警報の発令により、沿岸の四行政区に避難指示を出し、防災無線で広報を実施した。職員や消防が広報車を出して高台への避難を呼びかけたが、その最中に津波がきている。前述のように、津波ハザードマップは行政区単位の市民参加で二〇一〇年に策定済みであり、最初の避難所は各行政区の指定場所になっていた。一部、指定場所に避難せず、別の施設に避難したところもあるが、おおむね、津波に対する避難はうまくいったといえるだろう。その後、町で持っているバスを動員して、各行政区の指定場所から、四つの公共施設、すなわち保健福祉会館、コミュニティセンター、南小、Jヴィレッジに避難者を移送した。それが完了したのは一八時から一九時頃だった。

ところがその日の夜、国は原子力非常事態宣言を発して、事態は一変する。続いて翌朝、三月一二日七時四五分には福島第二原発から半径三キロに避難指示、半径一〇キロに屋内退避指示を出す。この時点で楢葉町の一部（波倉、営団、下繁岡）が避難区域に含まれることになる。

しかし楢葉町長は、前述の川内村長と同様に、国の避難指示を超えて、午前八時には楢葉町全域に対して避難指示を出す。ここでも国の避難指示に対して市町村の独自判断が行われている。しかも、他の市町村と比較しても早い段階での決定である。このことによって、高齢者や障害者、あるいは病院等からの避難の手段が確保できたという。

国は二つの原発のそれぞれを中心点として、コンパスで円を描くように、三キロ、一〇キロ、二〇キロ、三〇キロといった具合に避難に関する地域区分をしていく。ところがそれを受け止める市町村はそのような処理をせずに、地域単位で対応している。双葉郡八町村はいずれもそうしている。田村市のように、合併して広域化し、その一部に該当区域が含まれ、かつ市役所本体は機能移転する必要もないところでは、市域を分割して避難指示を出しているが、この場合でも合併前の旧都路村という行政単位全体にエリアを決定している。後日、別の環境によって避難せざるを得なくなった川俣町も、昭和の大合併以前の旧村単位で避難指示を出している。唯一の例外は南相馬市だけであり、ここだけは地域単位ではなく、同心円を基本として区域を設定している。

楢葉町では自家用車等で自主的に避難することができない住民に対しては町がスクールバスや民間バスを総動員して、ピストン輸送で運ぶことにした。楢葉町長からいわき市長に電話をし、いわき市の中央台南小学校とその周辺八カ所に避難所を設置した。道のりで三〇キロ程度の距離になる。一二日の午後四時に行き先が定まり、ただちに移動した。地震後二五時間というスピードである。町の記録では、避難者は五三六六人（最大時の一四日には五七六八人）とあるから、町民の大多数が一緒に行動したことになる。その日の一八時二五分に福島第一原発から二〇キロの避難指示が国から出るが、そのときにはすでにほとんどの住民が移動を完了していた。

平時からの自治体間連携

一四日、楢葉町は姉妹都市で災害時相互支援協定を結んでいた会津美里町に電話で救援物資等の依頼をする。特にガソリンと避難所の灯油が不足していた。そもそも被災地に限らず、東北全域でガソリンと灯油が供給されなくなっていたが、避難所では一層の困難を強いられていた。楢葉町と会津美里町は直線距離で一〇〇キロ程度だが、会津美里町では要請に応じてガソリンと灯油をかき集め、当時はまだ高速道が使用できなかったため、一般道を何時間もかけていわき市内の避難先に運び込んだ。会津美里町の職員はストーブに灯油を給油しながら避難所を巡回した。そこで、避難所がどんな状態か、その目で直接確認することになる。

その頃、三号機の建屋が水素爆発している。楢葉町はもう一段の避難を決断する。行き先は姉妹都市の会津美里町である。一五日、楢葉町議会議長と教育総務課長が会津美里町に出向き、直接、依頼をすることになった。会津美里町でも、依頼がある前から避難所の開設を準備していた。いずれ受け入れることを想定していたのである。

一六日から会津美里町への移動が始まった。第一陣は一七九人、以後合計七回にわたって約一〇〇〇人がいわき市から会津美里町に移った。ただし、いわき市の避難所に残った町民も一三一人ほどいた。その他の町民は、それぞれ、自分の親族や知人の伝手を頼ったり、県外に開設された避難所に移動したりした。県内と県外の比率は半々になる。会津美里町では町民による炊き出しが四月六日まで続いた。

楢葉町と会津美里町が姉妹都市と災害時相互応援協定書を結んだのは二〇〇六年二月二一日のことだった。ただし、それは会津美里町に合併した新鶴村との協定を引き継ぐものだった。新鶴村と楢葉町との協定は一九九六年八月三〇日に締結されている。ここから数えると、約一五年間という交流期間になる。

その背景は太平洋側と日本海側を結ぶ磐越自動車道が全通したことにある。さらに当時の楢葉町長と新鶴村長とがたまたま一九三一年生まれの同い年ということも、両者の縁になっていた。楢葉町の産業文化祭に新鶴村のそば名人が参加し、特産の高麗人参のてんぷらとともにふるまったり、そのお返しに、楢葉町から新鶴村の全世帯に特産の新巻鮭が送られたりした。こうして中学生から高齢者まで、町民同士の交流機会が増えていった。

震災直前にも、新年度の交流事業をどうするかという打ち合わせが役所の課長同士で行われていた。したがって役所の職員同士も顔見知りである。このことが町民や役所の避難に際しても活かされていた。

もちろん、災害時の相互支援協定は消防団の派遣や救援物資等の支援ということが主な柱になっており、避難所の開設までが盛り込まれているわけではない。そもそも原発災害が想定されない状況では、遠隔地の避難所開設ということは考えられないからそれも当然であろう。実際には協定内容を超えて会津美里町の支援が実施されたということになるが、もちろん、これもこれまでの交流の成果があったからこそのことである。

旧小高町民の後悔

福島県小高町は人口一万三二七四人（二〇〇五年国勢調査）の町だったが、二〇〇六年一月一日に、原町市、鹿島町と合併して南相馬市になった。小高町は、その後全国に広がっていくデマンドタクシーの先駆者としても知られ、特徴あるまちづくりを進めてきた先進的な地域だった。南相馬市では、合併当初、合併特例法に基づく地域自治区を設けるなど、クラスター型合併を標榜していた。例えば、地域自治区には一定の基金が配分され、その基金の使途は旧町におかれた地域協議会がイニシアティブを発揮するなど、他の合併と比較しても旧自治体単位の地域自治がそれなりに重視をされてきた。

ところがそのように配慮された地域自治区でさえも、いつのまにか区長が、単に市長によって任命され、人事異動で派遣される市役所職員に変わり、地域協議会での議論も低迷した。どのように議論しても南相馬市役所の一部であることが鮮明になってきたためである。こうして二〇〇九年度末には「地域自治区制度の形骸化が生じ始めている」と評価されるに至っている(5)。震災の頃には、小高町はすっかり南相馬市の「一部」となっていたのである。

二〇一二年四月、原発災害によって設定された避難指示区域の見直しによって、旧小高町に立ち入ることが可能になった。道路のがれきは片づけられ、野生化した牛も捕獲されたが、個々の住宅や商店などは去年の三月一一日のまま、傾いたり倒壊したりしている。国道近くのガードレールには、津波で流された車が折り重なって、まさに突き刺さっている。浜辺の農地は地盤沈下で海とつながっているし、ところどころに津波で流されてきた住宅の二階部分だけが鎮座している。ここでは時計の針が震災から一年余りも止まったままなのである。

本来であれば、二〇一一年の春から初夏にかけての各地の被災地のように、ダンプカーが砂ぼこりを上げてがれきを運び、ボランティアが家財道具を片づけているという風景があってもよいのだが、一年遅れになったためにそういう一種の熱気もない。もちろん自衛隊もいない。言い過ぎかもしれないが、地域そのものが遺棄されているかのようにみえる。

もし合併せずに小高町という自治体が残っていたら、双葉郡の町村のように町長や町役場を中心にまとまって行動していたにちがいない。もちろん、そのことが結果的によかったかどうかはわからない。むしろ合併したがゆえに南相馬市の一部として支援の手が差し伸べられたという考え方もある。現に「鹿島や原町の仮設住宅に住めるのは誰のおかげだ」と言われ、肩身の狭い思いをすることがあると報道されている(6)。

逆に、同じ南相馬市でありながら、原発災害による旧小高町からの避難者には東電等からの補償が手厚く、旧原町市や旧鹿島町に住む市民には手当されないことに不満をもつ人たちもいる。市役所としても、全体のバランスに配慮しなくてはならず、旧小高町の市民に特別の対応をするわけにはいかない。このことがさらに旧小高町民の不満を高める。二〇一二年五月四日、旧小高町の元町長らが中心となって結成された「小高の再生を訴える会」が国に対して直接の申し入れを行っている。合併前の旧自治体単位でこのような取り組みがあるのは珍しい。

5　実存する「仮の町」

水力発電所のある村

福島県葛尾村は人口一五三一人（二〇一〇年国勢調査）の村である。葛尾村は明治の大合併期に四村の合併によって誕生し、その後、組合村などを経ているが、明治以降現在までほぼそのまま維持されてきた。東日本大震災による地震の被害は、周辺自治体からみれば軽微であり、目立った被害は屋根瓦が落下した家屋が四七棟で、死傷者はなかった。

ところが、同時に発生した福島第一原発による災害によって、村の人々の生活は一変する。葛尾村の一部は福島第一原発から二〇キロ圏内にあった。震災直後から村役場を核とした「村ごと避難」が繰り返され、現在は三春町の山間部にある一〇カ所の仮設住宅に大部分の住民が避難生活をおくっている。明治以降、広域化という選択をしなかった葛尾村が今回の震災と原発災害に対してどのような行動をとったのか、そこから何が学べるかを整理しておくこととする。(7)

地震発生直後の三月一一日一五時、村は対策本部を設置する。福島県内の市町村はもとより、強い地震を感知した全国の市町村はほぼすべてこの時間帯に対策本部を設置している。ただちに消防団が招集され、村内の被災状況の確認が行われた。その結果、死傷者につながるような被害は確認されなかった。もし合併によって広域化していたら、これだけのことも短時間にはできなかっただろう。

村では余震などに対応するため、ひとり暮らしや遠距離通勤などによって家族の帰宅が深夜になるような家庭に向けて、みどり荘に避難所を設置した。みどり荘とは、葛尾村の社会福祉協議会が運営している社会福祉センターで、デイサービス等の事業を行っている施設である。みどり荘に避難所を設置したことは防災無線と村内のＩＰ電話で村民に伝えられた。

葛尾村は地域情報化の先進的な施策でも知られていた。村内の各世帯にはＩＰ電話が設置され、震災時でもＩＰ電話は機能していた。しかし、一般の固定電話や携帯電話は地震から時が経つにつれて通話が不可能になっていた。つまり、電話だけでみると、村外との連絡は断絶していたが、村内の電話網は生きていたことになる。

福島県や国からの連絡は途絶えていたが、葛尾村は停電にはならなかった。小規模ながら村内に東北電力の水力発電施設が二カ所あったためといわれている（一九四〇年使用開始の「古道川」「高瀬川」）。たまたま村内の送電網が生きていたのである。したがって村内ではテレビを視聴することができ、そこから情報を入手することができた。

一九時三分の原子力緊急事態宣言から住民も役場も緊張を強いられるようになる。ただし、政府の抑制的な発表のため、いずれ避難指示区域が広がるとは必ずしも理解されていなかった。原発立地自治体はともかく、葛尾村のように、そこに隣接する自治体まで避難することになると考えていた人は、一一日夜の時点ではほとんどいなかったと思われる。

しかし原発の状況は刻一刻と悪化した。葛尾村は浪江町、双葉町、大熊町などからの避難の経路の一部にもなっており、徐々に緊迫感が伝わるようになった。クチコミレベルでは「東電関係者の話」として原発の事態悪化が伝わっていたといわれている。

一二日一五時三六分には福島第一原発一号機で水素爆発が起きた。一六時三〇分、葛尾村議会全員協議会が緊急招集された。そこで役場は村内の被災状況を説明するとともに、緊急時の予算執行に関する専決処分について内諾を得、さらに原発災害の悪化に伴う避難パターンについて数通りのシミュレーションを説明した。

一八時二五分、首相の避難指示は福島第一原発から半径二〇キロ圏に拡大した。葛尾村における半径二〇キロ圏内には二七世帯九六人の住民が暮らしていた。葛尾村は役場の近くにある健康増進センターを避難所とした。健康増進センターはバレーコート二面がとれるほどの体育館と柔剣道場からなっている。そこに四〇人が避難した。避難指示区域に住んでいるその他の住民は既に自分たちで避難したか、親戚知人のところに身を寄せていたと思われる。

テレビ報道によれば、注水やベント等が始まり、原発の状況は一進一退を繰り返していたようにみえたが、一三日午前中、前日の村議会全員協議会での報告に基づき、葛尾村役場の管理職たちは具体的な避難計画を立案した。住民避難の際には四班編成とすること、ひとり暮らしの住民への配慮、バスなどの移動手段と運転手の確保などを決めるとともに、役場機能の移転準備も進め、重要書類や住民情報が入ったコンピュータのサーバーなどの持ち出しも考えている。役場の職員に対しては、しばらくの間、家族と連絡が取れないことを想定して、いまのうちに家族と避難先等を話し合っておくように文書で指示を出している。

このころ、村役場ではIP電話を使用して全世帯の安否確認を行っている。あわせて万一のために避難準備を呼びかけ、自力では集合場所に来ることができない要介護者をリストアップした。このような避難計画は既存の地域防災計画にはない。そもそも原発災害において全村避難の可能性など考慮していなかったのだから当然である。

村役場の管理職たちは、避難は時間の問題と考えるようになっていたが、村長はまだそこまでの決断には至っていなかった。政府の避難指示が二〇キロを超えていないことや県の災害対策本部に連絡を取っても、政府の避難指示を根拠に、自治体独自の避難に対して否定的だったからだ。しかし、村役場の管理職たちは着々と避難の準備を行い、役割分担表まで作成していた。

一四日一一時一分、福島第一原発の三号機が水素爆発を起こした。駐在所の警官が役場に駆け込んできて、原発が爆発したので屋内退避をするように叫んだが、村長は冷静に周辺の情報収集に努めていた。一九時三〇分に県から衛星電話が届けられ、不安定だった電話回線に頼らずに情報収集が可能になった。その夜、役場の管理職たちは避難は今夜と想定し、前日に作成した避難の役割分担表を職員に配布した。

政府指示を超える全村避難の決断

二一時五分、双葉地方の広域消防署の職員が役場に来て「政府の原子力災害現地対策本部（オフサイトセンター）

の職員が退避した」という情報をもたらした。オフサイトセンターは一九九九年の東海村ＪＣＯ臨界事故の教訓を受けて、原子力災害時に関係者が一堂に会して応急措置を取るための前線基地となっている。福島のオフサイトセンターは、二〇〇二年、大熊町に開設された。しかし今回の事故に際しては、そもそも参集すべき職員が参集せず、また施設的にも地震によって非常用電源設備が損傷したため電源を失った。通信回線も多くは使用できず、さらに食料、水、燃料等もただちに不足した。放射性物質を遮断できる空気浄化フィルターも存在せず、オフサイトセンター内の線量も上がるといったような事態になっていた。

民間事故調の報告書によれば、オフサイトセンターは「一四日二二時頃、県庁への移転に備え、先遣隊を派遣した」とある(8)。先遣隊とあるが、実質的にはこの時点で大熊町のオフサイトセンターは閉じられ、以後は遠く離れた県庁内に「現地対策本部」が移されることになる。双葉町広域消防署の職員によって葛尾村役場にもたらされた情報は、民間事故調の報告書よりも一時間ほど早いが、おそらくこのときのことであろうと推測される。

村長はオフサイトセンターの撤退という情報を受けて、全村避難を決断する。あらためていうまでもなく、政府の避難指示は二〇キロ圏内であり、このことは後の避難地域の再編まで変わっていない。政府の避難指示の範囲を超えて、村長は村民に対して避難を指示したのである。この決断が住民を守るためにいかに重要な決断であったかは後の経過をみれば一目瞭然となる。政府の判断とは独自に重い責任を果たしたといえるだろう。

双葉郡広域消防署職員の通報からわずか一〇分後の二一時一五分、防災無線やＩＰ電話を利用して、住民に避難指示が伝えられた。避難先は、用意された避難計画に基づいて福島市内のあづま総合運動公園とされた。避難手段を持たない住民は村役場前に集合するように伝えられた。二一時二五分には二回目の放送が行われている。

二二時一五分には避難者が役場前に集合した。あらかじめＩＰ電話や直接の訪問によって住民の所在確認が行われ、また要介護者のリストアップも終わっていたため、集合は的確に行われた。集合しなかった住民の大部分は既に自力で避難している。順次、用意されたバスが発車し、最後の五台目のバスが出たのは二二時四五分だった。この短時間に全村避難が実現できたのは、あらかじめ村役場の管理職たちが立案していた避難計画の賜物だった。二三時五〇分には、一部他市町村の住民を含む六一二人があづま総合運動公園に到着した。

福島市西部にあるあづま総合運動公園の体育館は、国体開催のために県が建設した施設であり、双葉郡や南相馬市などから五月雨式に避難してくる住民に対して開設されていた。避難者の収容人員は一四〇〇人と想定されていたが、県庁資料によれば、翌日の三月一五日一六時には収容人員の倍近い二四〇〇人が避難していた。当時は郡山市にあるビックパレットふくしまという大規模コンベンション施設の避難所が開設されていなかったため、県内最大規模の避難所であった。しかも、ビックパレットふくしまが、富岡町や川内村の自治体丸ごと避難であるのに対して、あづま総合運動公園のほうは、各地から避難してきた個人や世帯の集合体であるため、避難所の秩序や整理の面で、圧倒的に劣悪な環境だった。

県は葛尾村の全村避難をあづま総合運動公園の体育館に受け入れることを事前に了解していなかった。前述のように、もともと県は二〇キロ圏外の避難を認めていない。そこで葛尾村役場とともに避難してきた葛尾村の住民たちには、駐車場のバスの中で一夜を明かすことも考えていたが、実際には体育館の中に入って毛布にくるまることができた。

だが、役場の管理職たちだけは、その夜、庁有車のワゴンに集まり、次の行動について議論を行い、さらに一〇〇キロ圏外への避難を目指すことにした。山形県方面を目指すか、会津地方を目指すかが議論され、会津地方を目指すことが決められる。そこで会津若松市の災害対策本部に問い合わせたところ、会津坂下町を紹介される。会津坂下町には役場職員の知人が勤務しており、会津坂下町への避難を決断することになった。

一五日の朝、体育館のあちらこちらに散らばっている村民の一人ひとりに声をかけて歩き、再度の避難について説明をした。一三時三〇分、一部の住民を除いて、会津坂下町に向けて出発をする。今回は福島交通のバスも借り上げた。会津坂下町では町長を先頭に受け入れ準備を整えていてくれた。川西公民館に二七〇人、会津自然の家に八六人が入り、仮役場を川西公民館に立ち上げた。

このときの避難の手際よさに会津坂下町役場職員たちは感服したといわれる。庁有車の中から住民情報の入ったサーバーが持ち出されて仮役場に設置され、まもなく一定程度の事務が可能になった。

福島第一原発では、一五日六時一〇分頃、四号機で水素爆発とみられる爆発音があり、建屋が損傷した。その当時は原因不明だったが、現在は三号機で発生した水素が四号機に流入したとみられている。

ここで重要なことは、福島県内をはじめ、周辺地域に大量の放射性物質が拡散したのはこのときの一五日午後から一六日にかけてとみられているが、その時点で葛尾村では既に全村避難が実施され、住民が福島市や会津坂下町をはじめとした地域に避難を完了していたことである。このことを可能にしたのは政府の指示を上回る村長の決断やそれを支えた役場職員の力であり、それは一五〇〇人余りの人口規模という葛尾村の条件があってこそのことだったといえる。

集まって避難生活をおくる

三月一八日、会津坂下町への避難からわずか三日後に、川西公民館で葛尾村役場の窓口業務が開始された。葛尾村役場のシステムは、北海道ニセコ町のシステム開発をしたＩＴ業者が管理していたが、避難後、連絡を取ったところ、北海道からただちに駆けつけ、機器類を設置し、稼働まで準備をしてくれた。

葛尾村の人口一五〇〇人余りのうち、会津坂下町まで役所とともに避難をしてきたのは四分の一の四〇〇人弱だった。これらの人たちは自家用車などの自力の交通手段をもたないか、あるいは高齢等のために自分では遠距離の運転が難しいなど、一般的にいって、避難に際して弱い立場の人たちが多い。役場がコアになって避難したからこそ、当面の避難ができたのである。

四月に入ると、県の斡旋により、県内の旅館やホテルなどへの二次避難が始まった。葛尾村からの避難者も大部屋の避難所から順次、旅館やホテルに移っていった。しかし葛尾村役場はその先を考えていた。二次避難の次にくるのは仮設住宅の建設だった。仮設住宅の建設そのものは県の事業だったが、葛尾村として県への要望をまとめておかなくてはならない。

そこで葛尾村役場では、放射線量も少なく、歴史的にもつながりの深い三春町に焦点を定める。希望する住民が三春町の仮設住宅に一括して入居できるように、役場では県や三春町にいち早く働きかけるとともに、三春町の中での適地探しも始めた。この時期にこのような行動をとれたことこそが、その後の避難生活の質を他市町村よりも高めることにつながったのである。

五月一七日、臨時広報「ひろがる和」の第一号が発行され、県内外に避難している葛尾村の人々に配布された。以降、翌年の五月に広報紙が再開されるまで「ひろがる和」が月二回のペースで刊行される。その第一号で、村役場は今後の中心的な避難先として三春町を選定し、仮設住宅の建設も始めていることを明らかにする。この周知によって、仮設住宅希望者はもちろんのこと、二次避難の旅館・ホテルから「みなし仮設」の借り上げ住宅に移行する人も、できる限り三春町の近くに生活拠点を置くように考えることとなった。

葛尾村は一一の行政区に分かれていた。仮設住宅は行政区ごとの入居を目指していたが、最終的には一〇カ所の団地で四四〇戸の仮設住宅が確保されることになった。それぞれの敷地等に制約があり、また集落規模や入居希望者も一律ではないため、完全に振り分けることはできなかったが、それでも八地区が同一団地に入居することができ、二団地に分かれる地区は三つにとどまった。

現在、葛尾村で暮らしていた一五〇〇人のうち約九〇〇人の人たちが三春町にある仮設住宅に暮らしている。その他の人たちもほとんどがクルマで三〇分内の郡山市、三春町、田村市の借り上げ住宅（みなし仮設）で暮らしている。他の市町村では全国各地に避難が拡散し、仮設住宅でさえも五〇キロから一〇〇キロも離れているのと比べると、葛尾村の住民の集約率は驚異的である。当然ながら避難生活は厳しいが、他の町村の仮設住宅群とは異なった落ち着きが感じられる。仮設住宅団地の中には、村内にあった商店や食堂が仮設営業しているところもある。しかしこれらは決して偶然によってもたらされたものではない。明らかに葛尾村役場とその職員の能力の高さを示している。

一般に仮設住宅は、希望数を満たすべく建設に追われるために、完成したところから順次入居することになる。

その場合に入居が優先されるのは、高齢者や子どものいる家庭など、避難所や二次避難所では暮らしにくい人たちとなる。これらの人たちが多い場合には抽選とせざるをえない。したがって、阪神・淡路大震災の経験から仮設住宅においても地域単位の入居が望ましいと理屈ではわかっていても、地域ごとの入居はむずかしく、また入居者の多様性を失うこととなる。

しかし葛尾村の場合は、あらかじめ三春町の中に仮設住宅入居希望の戸数を確保したため、それ以上、広域に建設する必要がなくなっていた。また建設もほぼ一括して進められたため、抽選等による優先順位をつける必要がなかった。これらはあらかじめ村役場が次の次を想定して行動してきたためであり、三春町役場の協力をとりつけ、県庁との交渉を精力的に進めてきた成果である。

以上のように葛尾村の原発災害への避難対応を調べてくると、明治以来、合併せず、自治の原点を維持し続けてきた小規模自治体だからこそできたと考えられるが、同時に「小規模ならできる」ということでもないことに気づかされる。一〇〇年以上も鍛えられ続けてきた市民と政治・行政との緊張関係が、一方に信頼関係を生み出して、この緊急時中の緊急時である原発災害避難を成功させたのである。国や県の稚拙な対応にもかかわらず、市民の生命を守り、いささかでも質の高い避難生活を維持してきたのは、紛れもなく、市民に鍛えられてきた役場とその職員のポテンシャルの高さにほかならない。

そもそもこの緊張関係に耐えられなくなった市町村は、それ以前にどこかと合併してしまっているに違いない。行政学者の金井利之は、東日本大震災の事例を踏まえつつ、平成の大合併は「敵前逃亡の形で、住民を放置したまま為政者だけが避難した。住民の中には、『無駄』な首長・議員・職員をリストラできたと当初は溜飲をさげた者もいただろうが、直ちに自分たちが棄民となったことを知ったのである」と厳しく批判している(9)。

6　原発災害避難自治体のこれから

帰還困難区域の指定から

原発災害から約一年後の二〇一二年四月から東京電力福島第一原発の周辺における避難区域の再編が始まっている。市町村ごとに合意できたところから順次進められており、このうち年間五〇ミリシーベルト以上で、五年以上は生活が困難とされる「帰還困難区域」は、七市町村に設定され、そこに居住していた人たちは約二万五〇〇〇人といわれている（前掲、表8-1）。特に大熊町や双葉町では人口の多数を占め、町民のほとんどが帰還の見込みの立たない状況に置かれている。自治体の存立をめぐるせめぎあいは、まさに時間との勝負になってきた。

一般的な自然災害であれば、仮設住宅や借り上げ住宅（みなし仮設）の次の段階は、災害公営住宅団地の建設と入居ということになるが、帰還困難区域を抱える市町村では、帰還するまでの一定期間の新たな避難形態を考えなくてはならない。この新たな避難形態のことが、マスコミで取り上げられている「仮の町」と称されるものである。確かに、ニュータウンのように、住宅、学校、病院等のインフラ整備をイメージしているものもあるが、必ずしもそのようなものが必要とされているわけではない。帰還するまでの生活をどのように設計するかということを、自治体として考えたときのビジョンなのである。

こうした広義の「仮の町」は帰還困難区域に限られたものではない。原発災害においては特に「避難する権利」が自主的避難者にも幅広く保障されなくてはならない。例えば、茨城県から首都圏に避難している自主的避難者にとっては、茨城県の市町村が「仮の町」の対象になる。この「仮の町」をめぐる議論を通じて、ポスト「平成の市町村合併」期の自治体のあり方に関するヒントを得たいと思う。

「住民」とは何かを問い直す

まず、「仮の町」には何が必要なのだろうか。全国に拡散する原発災害避難者の生活を調べていくと、第一に「戻る」「戻らない」の選択を強要するようなものではないこと、第二に「生きる力」を回復するために元の町とつながっている実感が得られること、第三に避難先で周囲に悟られないように息をひそめて暮らしている避難生活の質を高めること、の三点がポイントになる。整理すれば、どちらかひとつではなく、避難先でも避難元でも、同じように市民として生活をすることを通じて、生きる力を回復していくことである。

これらのことから、「村」としての自治の原点を踏まえつつ、現在のように自立した個々人を前提とする都市型社会における自治体のあり方についても学ぶことができる。広義の「仮の町」とは、住民概念の輻輳性や分散性を示すことにつながるからである。

斎藤誠は、地域共同体や地域社会を根拠としない自治・分権を構想するのに際して、「地方選挙権のクーポン制という発想（つながりのあるところへの任意の選択投票を認める―勤務地で一票、居住地で四票……）」に言及している。[10]これは「なぜ、個人の居住地においてのみ自己決定権を招来しなければならないのか」「地方自治というシステムを、様々な、カッコつきの『主体』ないしネットワーク――住民だけから構成されるのではないNPO等を含む――の結節点として維持することが可能かどうか」という自問が重ねられた上での言及である。

飯島淳子も、原発災害自治体とその住民について考察する中で「当該自治体の区域内における居住・生活の事実のみによって当然に与えられる地位としての『住民』概念が、そのままでは通用しなくなる可能性は、現実化している」と書いている。[11]そもそも自治体とは何か、住民とは何かが問われているのである。

市民権の多重性

政治学にはシティズンシップ（市民権・市民性）の多重性という議論がある。[12]シティズンシップとは、市民として活動する法的、政治的、社会経済的な権利と義務と考えられる。歴史的には市民共和主義的なシティズンシップと自由主義的なシティズンシップがあり、どちらかといえば前者は地域社会への貢献や義務を強調し、後者は個々の市民の権利を強調して福祉国家に向かう。前者に傾けば「市民性」という訳語になり、後者に傾けば「市民権」という訳語になるため、わざわざシティズンシップという原語で紹介されることがある。

現在のところ、シティズンシップは国民国家によって個々人に保障されている。つまり「国民」として保障される。ところが経済活動が広域化し、人の移動が激しくなれば、現実の地域には「国民」と「国民ではないもの」が共存しながら活動することになる。そこで提起されているのが、国民国家という単一の主体ではフォローできない部分を、複数のシティズンシップによって補完するというシティズンシップの多重性（多重市民権）という考え方である。

複数のシティズンシップには並列型と階層型があり、たとえば並列型とは、ある個人が二つ（以上）の異なる国家からシティズンシップを保障されている状態であり、階層型とは、国家以外に、自治体のような国家内組織やEUのような超国家的存在からシティズンシップが保障されることを指す。並列型と階層型はクロスして、シティズンシップのマトリックスを構成する。

空間を超える自治体の可能性

この発想を原発災害避難者に適用するとすれば、避難元と避難先とのいずれの自治体にも住民登録を可能とし、いずれの市民としても活動できるということになる。法的な権利と義務という点でいえば、住民として享受できる権利と義務が保障されるということ、たとえば子どもを学校に通わせたり、地域内の活動に参加したりすることなどである。政治的には、地域のまちづくりに参加する権利と義務、具体的には参政や納税の権利や義務が生じる。社会経済的には、例えば、医療、介護、福祉などの社会保障やその他の経済活動に市民として参加する権利や義務になる。二重の住民登録によって、これらの権利や義務が、避難先の自治体でも避難元の自治体でもシームレスに確保される。

二重の住民登録は、もうひとつの大きな課題を抱えている。それは空間を超える自治体、すなわちバーチャル自治体を創造できるかどうかということである。たとえば避難先の住所が居住実態に基づくものだとしたら、避難元の住所は人と人とのつながりという非物理的な要素に基づくものになる。特に、当面の間、大部分が帰還困難区域に指定される市町村では、土地とは直接リンクしないネットワークのような自治体になる。

バーチャル自治体という発想は大きな想像力を必要とする。私たちの頭の中には、自治体といえば、区域、住民、自治権（法人格）という三要素が必要という観念が染みついている。これは国家の三要素が領域、人民、主権とされていることから類推されているものである。だが、たしかに自治体は国家の要素であるが、必ずしも国家と相似形の存立構造を有さなければならないというものではない。

実は、現在の法制度でもバーチャル自治体という発想を前提にしたような制度がある。たとえば、今回の震災支援でも多用されたふるさと納税制度である。これは、自分とは縁のない自治体であっても、その地域や自治体の取り組みに共感を覚えれば寄付ができ、それが実質的に税の分割納入になるという制度になっている。こうして人はバーチャルなネットワーク上の市民になることができる。

現在、約一五万人の原発災害避難者が「戻る」「戻らない」の揺れ動く心情を抱えながら日々を過ごさなくてはならないのは、単に地域共同体的な郷愁からではない。まさに法的、政治的、社会経済的課題であり、シティズンシップの問題なのである。

合併を可能にしてきた地方自治制度

そもそもシティズンシップ（市民性・市民権）の重層性という概念が広く社会に獲得されていたら、市町村合併が論拠としたような単一的、平面的な自治体概念（変質した「総合行政主体論」）が通用するはずがない。企業セクター、市民セクター、政府セクターの複合性や分節化の中で、地域社会と市民生活が維持されていくことが自明のはずだからである。

もちろん、現実の自治体の政治・行政は、多くの市民にとって必ずしも満足がいくものではない。しかし、その要因がどこにあるのかは精査する必要がある。もしそこで、市町村合併によって、地域社会や市民生活から見えないところに自治体を放逐すれば、今回の震災で顕著になったように、地域社会そのものが遺棄されることにつながりかねない。

日本では、明治以降、幾度となく自治体再編が繰り返されてきた。藩政村からの転換過程で、そのようなことを可能にする地方自治制度に設計されたためである[13]。一方、自治体基本条例制定運動のように、市民は再び三度、自治への希求を形にしようとしてきた。国家統治を至上命題とする人たちは、そのような動きを恐れ、できる限り、自治体を広域化、大規模化することに心血を注いできている。「国土強靭化」を掲げながら、この流れは結果的に地域社会の脆弱化につながっていく。いまなお繰り返される道州制論議も、そのような道のひとつであるにちがいない。そろそろこのような不毛な歴史に終止符をうちたい。

注

（1）荒木田岳「福島原発震災およびその行政対応の歴史的背景・試論」『同時代史研究』第三号（二〇一二年）。
（2）竹中平蔵・船橋洋一「大災害と複合連鎖危機」同編著『日本大災害の教訓』東洋経済新報社、二〇一一年。
（3）東京電力福島原子力発電所における事故調査・検証委員会（政府事故調）『政府事故調中間・最終報告書』メディアランド、二〇一二年、参照。
（4）前掲、東京電力福島原子力発電所における事故調査・検証委員会、参照。
（5）大宅宏幸（二〇一〇）「地域自治組織の実証研究――その課題と展望」（宇都宮大学大学院国際学研究科修士論文）。
（6）『河北新報』二〇一二年五月二四日。
（7）以下、葛尾村の対応については、筆者による聞き取り調査によるものの他、三春町にある市民組織「平成正道館」の伊藤寛氏、森澤茂氏による調査に基づく。

（8）オフサイトセンターの状況については、福島原発事故独立検証委員会『調査・検証報告書』日本再建イニシアティブ、二〇一二年、による。
（9）金井利之「自治体制度（行政体制）の一〇年」『ガバナンス』二〇一一年四月号。
（10）斎藤誠『現代地方自治の法的基層』有斐閣、二〇一二年。
（11）飯島淳子「国と自治体の役割分担――『連携』の可能性」『ジュリスト』二〇一一年八月一日・一五日合併号。
（12）例えば、デレック・ヒーター『市民権とは何か』岩波書店、二〇一二年。
（13）今井照「平成の大合併と地方自治」『年報　村落社会研究』第四九集（近刊）。

参考文献

今井照「被災自治体に対して何ができるか」『ガバナンス』二〇一一年四月号。

今井照「ビルドからメンテナンスへの政策転換――東日本大震災から何を学ぶか」『月刊自治研』二〇一一年五月号。

今井照「自治体再生のために――新しい自治体観の提起に向けて」『地方自治職員研修』二〇一一年五月号。

今井照「『仮の町』が開く可能性――住所はふたつあってもよい」『世界』第八四二号（二〇一三年四月号）。
＊文中で触れたものを除く。また、本章の一部には既発表論文と重複するところが含まれている。

第9章　平成大合併と地域コミュニティのゆくえ

小原隆治

1　平成大合併と市町村の現在

半ば強制された合併

自治事務次官から都道府県知事に宛てて合併推進指針の通知が出され、それをもって政府が「市町村合併に関するルビコン川をわた」ったのは一九九九年八月のことである（山﨑二〇〇三：二九頁）。同年三月末現在で三二三二であった市町村数（特別区を除く。以下、断りのない限り同じ）は、市町村の合併の特例等に関する法律（新合併特例法）が期限切れを迎える二〇一〇年三月末現在で一七二七、二〇一三年一月一日現在で一七一九と半数近くにまで縮減した。

平成の大合併は、市町村にとっては「半ば強制」されるかたちで進められた。「強制」というのは、一面では合併推進策として個々の市町村に対し、合併に伴う地方交付税収入の大幅減を緩和する算定替え措置や、とりわけ市町村の合併の特例に関する法律（旧合併特例法）が効力を持った二〇〇五年三月末までは、総事業費のおよそ三分の一の地元負担で大型公共事業が可能になる合併特例債といった潤沢なアメが用意された。同時にその半面では、二〇〇一年度から二〇〇七年度にかけて市町村への交付税配分額が累計で約三兆円削減され、それがアメの効果とあいまってとくに小規模町村を合併に向かわせる強力なムチとして働いたからである。冒頭に触れた合併推進指針の通知をはじめとして、政府―都道府県系列で市町村合併を避けて通れない道だとするキャンペインが精力的に展開されたことも、「強制」の側面を示すものといっていいだろう。

その一方「半ば」というのは、なにより手続き上、国が法制措置で市町村に合併を強要することはなく、関係市町村の議会が議決してはじめて合併にいたる従来からのしくみは維持されたからである。そのため平成大合併は、地域により異なる取り組み姿勢を反映してまだら模様で進むことになった。

合併の進展状況

平成大合併の全国的な進展状況は図9-1に示したとおりである。一九九九年三月末から二〇一三年一月一日にかけて、市町村総数の減少率は四六・八％となっている。そのなかで概していえば、合併の進捗具合が西日本では順調なのに東日本では低調である西高東低、農山村部では好調なのに都市部では不調である農高都低の傾向が観察できる。

二〇一一年三月一一日の東日本大震災で激甚災害を被った東北三県の状況を見ると、市町村数の減少率は北から順に岩手県が四四・一％、宮城県が五〇・七％、福島県が三四・四％で、宮城県だけが全国値を上回っている。全国値をかなり下回る福島県で合併しなかった市町村のなかには、合併ブームの渦中にあっていちはやく「合併しない宣言」を表明した矢祭町、原子力発電所の立地自治体で相対的には安定した財政力基盤を持つ双葉町、大熊町、富岡町、楢葉町、かねてから進める「までい」な村づくりの路線に沿って非合併を選択したものの、福島第一原子力発電所の激甚事故によって前途に大きな困難を強いられた飯舘村などが含まれる。

政府としては新合併特例法の期限切れをもって、平成大合併の推進に一区切りをつけたと一応表明している。ただ、いま「一応」と留保をつけたのは、とりわけ昨今の道州制導入論議との関連で、合併ブームが再燃する可能性がまったくないとは言い切れないからである。

市町村合併と道州制導入論議との間には、かねてから切っても切り離せない関係がある。市町村合併によって基礎自治体の規模・能力が充実すれば、改めて広域自治体である都道府県の規模・能力や果たすべき役割が問われ、

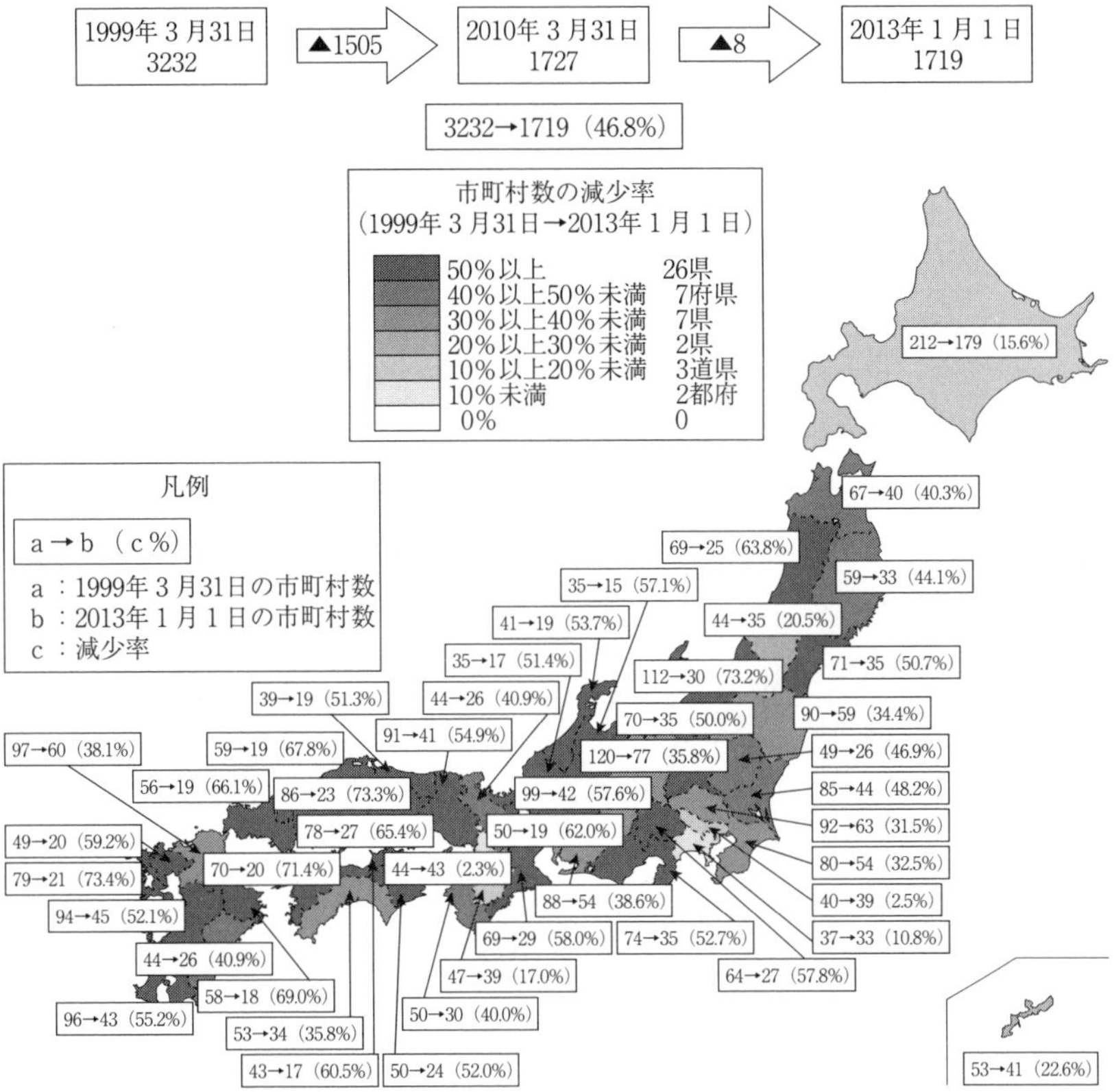

図9-1　平成大合併の進展状況

出所：第30次地方制度調査会（2013：16頁）による。若干の加工と表現調整をしている。

都道府県を大括りに再編して道州制を導入すべしとする議論が生まれやすくなる。いわば合併玉突き道州導入論である。その逆の機制も働く。道州制を導入するならその前提として、市町村にある程度まで自立していけるだけの規模・能力を備えさせるために合併を進めるべしとする議論が成り立つ。いわば道州吸い上げ合併推進論である。

平成大合併ブームに関しては、そのあとを追うかたちで政府レベルでも道州制導入論議がしばらく盛んになった。それが合併ブームの一応の終息に歩調を合わせ、いったんはやや沈静化したように見られたものの、近時はふたたび議論が熱を帯びる様相を示している。そのきっかけの一つになったのが東日本大震災の発生である。東日本大震災では、東北三県を中心とする広大な区域にわたって激甚災害が生じた。それに一元的に対応し、復旧・復興を進める行政体制を整えるためには道州制を導入する必要がある。そうした理屈立てに沿った意見が、発災直後から財界や自民党によって表明されている(1)。

さらに二〇一二年一二月の総選挙で自民党が大勝を収め、民主党に代わって自民・公明両党が政権の座に復帰した。自民党は、その三カ月前の九月に「道州制基本法案（骨子案）」を公表し、総選挙にあたって発表した政権公約「重点政策二〇一二　自民党」では道州制基本法の早期成立と、同法制定後五年以内の道州制導入を目指すとうたっていた。公明党の総選挙向けマニフェストにも、それとほとんどまったく同じ目標が掲げられている。おそらく自公両党で事前に擦り合わせをした結果である。

自民党の政権公約は道州制導入に関連して、それが実現するまでの間「住民に一番身近な基礎自治体（市町村）の機能強化を図」るとしている。常識的に考えれば「機能強化」の方法として、まず市町村合併が想定されていると見るのが自然だろう。だとすれば今後、道州吸い上げ合併推進論の文脈から市町村合併をもう一段進めるべしとする声が、政治の舞台で強まる可能性があると予測できる。

平成大合併をどう見るか

二〇〇八年に、平成大合併がもたらした結果の成否を当事者の立場から総括する文書が相次いで公表された。総務省筋の市町村の合併に関する研究会（二〇〇八）と、全国町村会（二〇〇八）がそれである。出どころからある程度まで推測できるとおり、総務省筋の文書は、合併が市町村の行財政運営面でも住民サービス面でも見るべき成果を挙げたと評価する。それに対して全国町村会の文書は、合併がその進め方の面でも成果の面でも禍根を残したと指摘する。

その後、総務省は二〇〇九年九月の民主党政権誕生から約半年経過した時点で、合併の成果に関して賛否両論を併記し、軌道修正を試みたかたちの総括文書をあらためて公表している（総務省二〇一〇）。だが、その基本姿勢は市町村を住民に最も身近な総合的行政主体と位置づけ、今後とも引き続き市町村の行財政基盤を強化していく必要があると繰り返し説く点で、市町村の合併に関する研究会（二〇〇八）の基本姿勢と大きく異なるところがない。

一方、研究者の立場からは、今井（二〇〇八）が平成大合併の進行過程を丹念に追いかけ、結果の成否を検証している。そして端的にこう述べる。「平成の大合併はどこからどうみても失敗であったと言わざるをえない」（今井二〇〇八：二六七頁）。

平成大合併をどう見るか。いま取り上げた文献に即し、結論を先取りしていえば、全国町村会（二〇〇八）や今井（二〇〇八）が下した評価により説得力があると考える。その理由は大別して二つある。

まず一つの理由は、平成大合併の推進手法に関わる。かつて小原（二〇〇三）で、政府が用意した合併推進策なかでも合併特例債が市町村関係者の近視眼的な損得勘定意識を煽り立て、財政規律を弛緩させる危険性が高いと指摘した。その点に関して、今井（二〇〇八）が次のような分析を示している。

つまり、まず市町村を①合併した自治体、②法定協議会に参加したが合併しなかった自治体、③法定協議会に参加せず合併しなかった自治体に区分したうえで、地方債現在高、積立金現在高等の指標値がそれらの自治体でどう経年変化したかを比較する。その結果として、③が②より、②が①より健全な財政パフォーマンスを示し、この数年で見ると合併自治体が財政事情を最も悪化させたことをあきらかにする。しかもその主要因は、合併前の旧市町村が起債や積立金取り崩しによって新庁舎建設などの不要な駆け込み事業を進めたことにあり、合併自治体はそうした放漫経営のツケがたたって、合併特例債のうま味にあずかることも困難になっているという（今井二〇〇八：五六～八七頁）。

次にもう一つの理由は、平成大合併の推進目的に関わる。自治体にはそもそもデモクラシー実現の場となる政治体と、限られた資源で効率的に行政サービスを提供する行政体という二つの側面がある（小原二〇一二）。市町村合併はそのうち政治体としての側面を後退させてでも、行政体としての側面を強化する改革手法である。だとすれば、合併後に遠くなった役所・役場や議会に対して住民の声が届きにくくなり、とりわけ周辺地域から議員など政治代表を送り込むことが困難になるのは、最初から予期された事態であった。問われるのは、行政体としての側面が目的どおり強化されたといえるかどうかである。

確かにある程度までは職員専門能力や広域的な行政対応機能の向上、そして留保条件をより厳しくする必要があるものの、行財政の効率化は図れたといえるのかもしれない。しかし、その一方でいくつかの見逃せない問題点が生じていることを指摘したい。

第一に、合併後の周辺地域ではその政治代表が急減したことも作用して、旧町村単位に置かれた役所・役場の支所が次々に廃止・統合されるなど、行政サービスの切り捨てが進んでいる（島田二〇一三：二八～二九頁）。関連して述べると、周辺地域に行財政資源を投入しても効率が低いから中心地域に自治体機能を集約するのは当然だとし、その主張に「コンパクトシティ」の美名を冠して語る言説が最近しばしば見られる。しかし、コンパクトシティは元来、郊外型大規模店舗の乱立で空洞化した中心市街地を再生し、弱者にも暮らしやすい持続可能なまちづくりをしようと考えるなかから生み出された言葉であって、語法をすり替えたそうした言説には強い違和感を覚える。

第二に、市町村の仕事は福祉や教育をはじめとして、きめ細かな対応を必要とする対人サービスが大半を占める。合併に伴う規模の利益でそうしたサービスの行財政効率は高まりうるが、その半面、きめ細かさは低減する規模の不利益が生じる。

第三に、合併推進政策と密接に結びつき、そのあとを追って政府が地方自治法第二五二条の一七の五にいう「技術的な助言」により、二〇〇五年度から進めた集中改革プランの影響である。総務省の取りまとめによると、市町村（政令指定都市を除き、特別区を含む）はそのもとで二〇〇九年度までの五年間に職員定員数の九・九％、実数にして一〇万人余りを削減した。その結果、市町村の現場から慢性的な人員不足と過重勤務を嘆く声が聞かれるようになった。別の言い方をすると、市町村の行財政効率が合併による規模の利益効果だけで自動的に高まったと考えるのは適切でない。合併後の周辺地域切り捨てや、こうした定員削減によって効率を無理にでも高めた側面があるのを見落としてはならないだろう。

これらの問題点は、東日本大震災が発生して間もなくの自治体の対応や、その後の復旧・復興活動にも少なからず否定的な影響を及ぼしているといっていい(2)。

2　災害・合併・コミュニティ

コミュニティブーム

ここしばらくの間、コミュニティブームと呼ぶべき現象が続いている。学界ではソーシャルキャピタルとしてのコミュニティが盛んに語られる。政府レベルでもコミュニティを称揚する議論が高まり、各省庁からそれに関連した多くの報告書類が公表されている。その代表例として、総務省筋の災害対応能力の維持向上のための地域コミュニティのあり方に関する検討会（二〇〇九）と、新しいコミュニティのあり方に関する研究会（二〇〇九）の二点を挙げておこう。

政府の報告書類におおむね共通する内容を整理するとこうなる。第一に、コミュニティを地域社会を構成する集合的な人間関係のあり方と定義し、それと現に存在するコミュニティ組織とを区別して扱っていることである。どのようなコミュニティ組織であれ、それがいまあるからという理由だけで、ただちにコミュニティそのものと一体視し、正当化する論じ方を避けるためである。第二に、コミュニティ組織にはエリア型・包括機能型組織とテーマ型・個別機能型組織の二つのタイプがあるとしていることである。具体的にいえば、町内会などの旧来からの地縁団体と、NPO（特定非営利活動法人）などの市民活動団体の二タイプである[3]。第三に、この二タイプの組織が相互に交流・連携するとともに、自治体行政にも接続して公民協働を進めるためには、その受け皿となるプラットフォーム型の組織体が必要としていることである。それによって二タイプの組織が相乗作用的に機能を発揮する場が確保され、コミュニティの再生につながると見立てるシナリオである。

福祉国家の変容とコミュニティ

なぜいまコミュニティブームなのだろうか。まず、それが新自由主義的な理念にもとづく福祉国家再編成の動きと密接に関連していることは疑いない。名和田（二〇〇四）は近年の公民協働という考え方を取り上げ、それこそ新自由主義改革のなかで切り捨てられた人びとをなお社会秩序の枠内にとどめるセーフティネットづくりのための構想であり、新自由主義改革の必然的補完物だと論じている（名和田二〇〇四：一三三～一三四頁）。この公民協働の構想に関する指摘がそのまま、最近のコミュニティをめぐる議論や構想についても当てはまるといっていいだろう。

加えていえば、かつて日本の場合、政府が社会保障支出よりも公共事業支出に政策の軸足を置き、同時に業界では企業がいわゆる会社主義の経営を行なうことによって、雇用が福祉の一部を代替する独特な生活保障体制が築かれてきた。しかし、一九九〇年代後半以降に政府主導で構造改革が進められた結果、いまその体制は大きく揺らいでいる（宮本二〇〇八）。他方また、会社主義の重要な一環をなす従来主として企業別に組織されてきた労働組合に関し、厚生労働省調べによりその推定組織率を見ると、一九八三年に三〇％、二〇〇三年に二〇％を割り、二〇一二年現在では一七・九％まで落ち込んでいる。そこからすれば最近のコミュニティ論議には、福祉ばかりか雇用の後退、会社主義の後退が見られる現状にあって、コミュニティにそうした後退を補うセーフティネットの役割を期待する考え方が色濃く含まれていると理解できる。

その一方、少子高齢化が急速に進むにつれて福祉を中心とした公共政策、とくに地域密着型で展開すべき公共政策に対する需要はますます増大する傾向にある。広井（二〇〇九）はその基本要因に関連して、一五歳未満の子どもと六五歳以上の高齢者をいずれも地域に根づいた年齢層と見なし、日本の総人口に占めるそれら年齢層を合算した人口の割合が二〇〇〇年前後で底を打って以後、一貫して上昇し続けることを指摘している（広井二〇〇九：一九〜二〇頁）。

地域密着型政策需要の内容を具体的に示せば、高齢者に対する介護予防、介護福祉や医療、高齢化に伴いコミュニティの維持が困難になった農山村部での「限界集落」、都市部での「限界団地」や、それとも関連して発生する孤立死への対応、子どものいる家庭に対する保育など乳幼児期からの子育て支援、地域住民が学校運営に参加するコミュニティスクール、家庭内での高齢者・児童・女性に対する虐待の防止、さらに廃棄物のリサイクルや、防犯、防災などである。政府による新自由主義的な改革と同時並行して進んだこうした政策需要の増大もまた、とりわけ誰が政策を担うのかという問題関心からコミュニティに目を向かわせる重要な要因になっている。

災害・合併とコミュニティ

さらに今回のコミュニティブームだけでなく、過去に見られたコミュニティブームも並べて観察すると、そこに共通して日本独特ともいえるより直接的な要因が働いていることがわかる。大規模自然災害と市町村合併である。いったん大規模自然災害が発生すれば、住民に最も身近な政府である市町村も機能不全に陥り、住民の目の前に無政府状態が現実のものとして立ち現れる。また、市町村合併が進むと、住民に最も身近なはずの市町村が物理的にも精神的にも遠い存在になり、とりわけ周辺地域住民にとっては役所・役場や議会までの距離が広がるうえ、そこに地元政治代表を送り込むチャンスが低減する。そこでいずれの場合も、そうした事態に対応するためにコミュニティ単位で近隣自治組織を備えるべしとする理屈が生まれる。

戦後の歴史でいうと、コミュニティブームは一九五〇〜六〇年代と、一九九〇年代後半から今日にかけて二度訪れたと考えられる。そしてそのどちらの場合も、大規模自然災害と市町村合併が大きな契機になっている。

まず自然災害というのは、一九五〇～六〇年代の例では一九五九年の伊勢湾台風（高木一九六一：八一、八七頁）、一九九〇年代後半から今日までの例では一九九五年の阪神・淡路大震災と、今回二〇一一年の東日本大震災のことを指している。その被害の規模は、死者・行方不明者数が東日本大震災で二万九六〇人、阪神・淡路大震災で六四三七人、伊勢湾台風で五〇九八人にのぼり、自然災害としては戦後一～三番目の犠牲者を生んだ（総務省消防庁二〇一二：二二五、三二八頁）。

阪神・淡路大震災では、瞬時に全壊した家屋の下で生き埋めになり、自力で脱出できなかった人が三・五万人、そのうち消防・警察・自衛隊によって救出されたのが七九〇〇人（二二・六％）であるのに対して、近所の住民らによって救出されたのが二万七一〇〇人（七七・四％）であったと推測されている（河田一九九七：七～八頁）。さきに触れた政府報告書類でも、例示した文献などが河田（一九九七）を引照し、近隣住民の活躍に着目していることに注意したい（災害対応能力の維持向上のための地域コミュニティのあり方に関する検討会二〇〇九：一頁）。また、阪神・淡路大震災の経験から、避難所や仮設住宅での暮らしを円滑にし、孤立死などの二次被害を防ぐためにもコミュニティの力が重要だと認識され、東日本大震災後の対応ではそれを教訓として活かすことになった。

伊勢湾台風、阪神・淡路大震災と災害対策基本法との関係についても指摘しておく必要がある。災害対策基本法は、伊勢湾台風を直接のきっかけとして一九六一年一一月に制定され、その第五条第二項で「住民の隣保協同の精神に基づく自発的な防災組織の充実を図」ることが市町村と市町村長の責務であるとうたった。また、同法は阪神・淡路大震災後の一九九五年一二月に改正され、第五条第二項中にそうした防災組織を「自主防災組織」と言い換える規定を置くとともに、第八条第二項第一三号により「自主防災組織の育成」を国や自治体がとくに実施に努めなければならない事項の一つに追加した。(4) この自主防災組織の組織率は年々上昇し続け、二〇〇六年四月一日現在で全国市町村数（特別区を含む）を母数にして八七・八％、世帯数を母数にして六六・九％に及んでいるが、組織のしかたという点に着目すると、町内会単位で自主防災組織を置いている例が全体の九三・〇％を占めると報告されている（総務省消防庁二〇〇二：一〇～一一頁／二〇〇七：九～一一、一五、一五六～一五七頁）。

次に市町村合併というのは、町村合併促進法等のもとで一九五三年から一〇年近くにわたって進められた昭和の大合併と、近年の平成の大合併のことを指している。昭和の大合併の結果、全国の市町村数は一九五三年一〇月の九八六八から一九六一年六月の三四七二へと三分の一近くにまで縮減した。平成大合併の結果はすでに見たとおりである。

昭和の大合併の例では、それにやや先行して町内会ブームが起きていた。一九五二年四月に対日平和条約が発効してから約半年後、戦後占領改革下で町内会の禁止を定めた一九四七年政令第一五号が失効すると、とりわけ都市部の大規模自治体では町内会を行政運営に活用できるようにするために、町内会に対してなんらか法令上の措置を講ずべしとする要望が高まった。さらに昭和の大合併が始まると、そうした要望は農山村部の自治体にも広がっていった。しかし、当時の政府当局は、法令上の措置によって町内会を復活させる意図がないことを表明し、また、市町村が条例や規則で町内会を制度化するのは地方自治法第一五五条第一項に照らして違法だとする立場を取った。そこで市町村は、それぞれの運用努力によって町内会整備を進めることになった（高木二〇〇五：五五七〜七六九頁）。

平成の大合併の例では、二〇〇四年五月の地方自治法、旧合併特例法の改正と新合併特例法の制定によって、市町村の区域内に地域自治組織を置く制度が設けられた。制度創設の主たる目的は、合併後の自治体で周辺化するのを恐れる小規模町村の不安の声に応えるところにあったが、それと同時に、都市部の自治体で弱まっているコミュニティ単位での「小さな自治」を再生することにも、ねらいの一つが置かれていた。用意されたメニューは、(1)合併市町村を対象として期間は五年以内に限定するものの、法人格を認める合併特例区、(2)同じく合併市町村を対象として期間は市町村の協議にゆだね、法人格は認めない地域自治区、(3)すべての市町村を対象として期間は無限定であるものの、法人格を認めない地域自治区の三タイプである。その活用状況は二〇〇七年一〇月一日現在で(1)タイプが六市町村一六合併特例区、(2)タイプが三八市町村一〇四地域自治区、(3)タイプが一七市町村一二三地域自治区となっている（総務省二〇一〇：二二一頁）。

このように国法上の地域自治組織の活用は全体として低調にとどまっているが、おそらくそのおもな原因は、制度が自治体とくに小規模町村の要望に沿わず、利用しにくいことにある。他方、さきに触れた政府報告書類が伝えるところでは、近年、市町村限りの自助努力で条例等により近隣自治組織を設ける例が全国的に増加傾向にあるという。その大きなきっかけになったのは平成大合併であったと考えられる。

3　地域住民の連帯と「場所」

自治体とコミュニティ

国民国家が領土、国民、主権の三要素から成り立つように、自治体は区域、住民、権力という三つの要素から構成される。コミュニティについてはどうであろうか。

なかでも地縁型のコミュニティ組織である日本の町内会は、全国可住地のほぼすべてを網羅し、しかも単位となる一つの区域に一つの町内会だけが存在する地域独占の性格を持つ点で、自治体と相似形の組織体だということができる。自治体三要素のうち町内会に欠けているのは、法制度によって政治的正統性を付与された権力だけである。別の言い方をすると、自治体とコミュニティとくに地縁型コミュニティは、ともに境界線を引くことを基本的な特質としている。つまり、地理的な区域を確定するために線引きをし、また、その区域内に住む者であるかどうかを基準に会員資格の線引きをする特質である。

境界線を引くことによって、一方では、その枠内にいる者同士が連帯する基盤ができる。しかし他方では、枠内にあって多数派に同調しない者や枠外のよそ者を排除する傾向が生まれる。自治体であれコミュニティであれ、そこにこうした相反する二つの機制が備わっていることをまず確認しておく必要がある。

自治体と区域

市町村の区域に関する制度は次のような沿革をたどってきている。

まず戦前地方自治制度の原型をかたちづくった一八七八年制定の郡区町村編制法は、その第二条で「郡町村ノ区域名称ハ総テ旧ニ依ル」とした。ついで一八八八年制定の市制町村制（形式上は一本の法律）は、市制、町村制のそれぞれ第三条ですべて市町村は「従来ノ区域ヲ存シテ之ヲ変更セス」としながら、続けて「但将来其変更ヲ要スルコトアルトキハ此法律ニ準拠ス可シ」と定め、合併をはじめとする廃置分合関係の規定を第四条に置いた。一九一一年改正の市制、町村制では、区域に関する条文をそれぞれ第一条に移して、市町村は「従来ノ区域ニ依ル」とし、廃置分合関係の規定を第三条に置いた。

戦後の地方自治法は、市制、町村制や府県制などを統合するかたちで一九四七年に制定された。地方自治法は、その第五条第一項で都道府県および市町村の「区域は、従来の区域による」こと、第二項で「都道府県は、市町村を包括する」ことを定める。また、廃置分合関係の規定は、都道府県については第六条、市町村については第七条に置いている。

このように市制町村制以来、市町村の区域は「従来ノ区域」によることを制度の大原則としながら、しかし実際の区域は、市制町村制施行までの一年間で強行した明治の大合併や、昭和の大合併、平成の大合併などによって拡張し続けてきた。なぜ繰り返し合併を進めたのかといえば、すべての市町村に行政体として一律に担うべき具体的な仕事とそれに見合うだけの規模・能力を政府が期待し、その期待値がこれまで一路増え続けてきたからである。またその際、「従来ノ区域」の制度原則に照らして法解釈上の問題が生じなかったのは、合併すればそのあとの区域が「従来ノ区域」だとする現状追認の解釈論を政府が取り続けてきたからである。

明治の大合併では戸籍、徴税、徴兵、義務教育、昭和の大合併では新制中学、福祉、公衆衛生、国民健康保険（北山二〇一一：六四〜六五頁）といった仕事を担うことが合併後の市町村に求められた。これを区域の面からいうと、明治の大合併後は一つの小学校区が一つの自治体の区域、昭和の大合併後は一つの中学校区が一つの自治体の区域に一致することになったと考えて大過ない（高木二〇〇五：八七九頁、名和田二〇〇七：五〇〜五三頁）。

一方、平成大合併の場合、それらの仕事に相当する具体例を見出すのは難しいが、これまで政府筋の言説では、合併後の市町村のあるべき姿を指して「総合行政主体」という言葉が盛んに語られている。

コミュニティと地縁

コミュニティに焦点を置く言説には、まず枕言葉としてコミュニティ概念がいかに多義的であるかを説くことから始める例が少なくない。さきに見たエリア型・包括機能型とテーマ型・個別機能型の組織区分もコミュニティ概念の多義性を前提とし、そこから出発して編み出された考え方である。

コミュニティ概念の定義に関して、研究者がしばしば依拠するのがヒラリー（Hillery 1955）である。しかしその依拠のしかたを見ると、誤読や恣意的引用がほとんどといっていいようにさえ思える。ヒラリーは、実際にはどのようなことを指摘しているのだろうか。それをここで簡潔にまとめておきたい。

同論文は、まず手始めに二～三の既知の定義を出発点としてその著作者の参照文献にあたり、さらにそのまた参照文献にあたるなどして九四の定義を採集したことを述べる。次にそこから重要な一六の概念を抽出し、その概念が表明される二二の組み合わせパターンを整理する。それを丹念に検証して結論的にはこういう。(1)採集した九四の定義には、人間（people）が関わるという一点を除いて完全な一致点がない。(2)社会学でいうエコロジスト学派に属する著作者で、際立って例外的な定義をしている例が三つある。(3)その三例を除けば、コミュニティ概念の構成要素に区域（geographic area）、共通の絆（common ties）、社会的相互行為（social interaction）の概念を含めてよいことにすべての著作者が同意している。

さきに誤読や恣意的引用といったのは、ヒラリーを典拠としてコミュニティ概念には九四もの定義があると述べたり、人間以外に定義の一致点がないと強調する指摘が見られるからである。九四の定義というのは、採集した標本数が結果的に九四になったことを意味するに過ぎない。加えていうと、ヒラリーはそれが標本にできるすべての定義を網羅した数ではないと断り書きまでつけている（Hillery 1955 : p. 112/ 訳書：三〇五頁）。他方、採集した大多数の著作者の定義に人間以外の重要な一致点があるのは、いま確認したとおりである。(5)

だとすれば、ことさらに概念の多義性を語り、議論を複雑にする必要はまったくないだろう。コミュニティにとって不可欠ではないまでも、最も重要な要素の一つといえるのが区域である。一定区画の同じ地域に暮らすことが取り持つ縁つまり地縁を土台として、住民相互に織りなす生活空間がコミュニティの基軸をなす意味内容だと考えていい。別の言い方をすれば、境界線で括られた区域と、そこを暮らしの「場所」とする住民なしにコミュニティは成立しがたい。その二つの要素が欠かせないのは自治体も同じである。

4　地域コミュニティのゆくえ

コミュニティの担い手と区域

平成大合併後の自治体とくにその周辺地域で、住民にとっていざというとき頼りになるのは「遠くの市町村より近くのコミュニティ」だと考えざるを得ない状況が色濃く現れつつある。合併自治体を分割して市町村をもう一度近くに取り戻すことはできないのだろうか。法制度上はそれが可能であるし、実際、伝えられるところでは平成大合併後に滋賀県近江八幡市、熊本県菊池市などで旧自治体の分離独立運動が起きているものの、しかしこれまで成功にいたった例は一件もないという(6)。分離独立するためには、合併後の自治体で議会がその旨の議決をする難関を通り抜けなくてはならないからである。あと戻りのできないこうした現実を前提に、近くのコミュニティをどう設計するかをあらためて考えてみる必要があるだろう。

コミュニティには連帯と同時に排除の機制が備わっている。その排除の機制をできるだけ抑え、同時にコミュニティの問題解決能力を高めるために、まず担い手に関して、自然人レベルでは地域に定住する住民と、加えて在勤・在学・在活動者を考えたい（小原二〇〇五a：一四四～一四九頁）。また、団体レベルでは町内会、市民活動団体や、それらが交流・連携する場となる組織体を考えたい。この考え方をひと言でいえば、コミュニティミックスの構想である。

東日本大震災に例を取ると、石巻市では地元社会福祉協議会が運営するボランティアセンターと、外部の市民活動団体から構成される石巻災害復興支援協議会が緊密に連携し、さらに石巻市災害対策本部と協力して復旧にあたる「石巻モデル」が大きな成果を挙げたといわれる（中原二〇一一）[7]。コミュニティミックスは、その連携モデルのコミュニティ版だとイメージすればいい。

次に活動単位となる区域に関して、かつて一九七〇年代に自治省主導でモデル・コミュニティ事業を展開した際、その事業単位は「おおむね小学校の通学区域程度の規模を基準」にすることとされ（地方自治制度研究会一九七三：二四二頁）、今日でも多くの自治体がコミュニティ施策を進める単位として小学校区を採用している。モデル・コミュニティ事業で小学校区が単位になったのは、それが昭和の大合併前の旧町村の区域とほぼ一致し、また、そこにコミュニティと呼びうる社会的な実態が伴っていたからである。現在、多くの連合町内会が小学校区を単位としているのも、そうした事情と深く関係している。

このように小学校区という単位が昭和の大合併前の旧町村や現在の連合町内会との関連でリアリティを持っているにしても、コミュニティミックスの観点からすると、それが狭小に過ぎることはないか、市民活動団体がカバーする活動範囲との関係はどうかが問われることになるだろう。この点に関して、森岡（二〇〇八）は中学校区の戦略的重要性に着目し、その区域になってこそ「狭い町内を超え相当の拡がりをもつボランティア活動等の市民活動との協働を初めて具体的に論じうる」と指摘している（森岡二〇〇八：二九一頁）。この指摘にならえばコミュニティミックスに適した単位として、いくつかの小学校区からなる中学校区によりリアリティがあると考えることができる。

ここで小・中学校区に関心を向ける重要な理由の一つは、小・中学校数の経年的な変化が市町村数のそれに比べてはるかに小さいこと、したがってまた、かつて高度成長期に見られた都市部での学校急増や、今日進行する農山村部、都心部での学校統廃合などの考慮に入れるべき要因はあるものの、概していえば小・中学校の区域が市町村の区域より安定した規模を維持していることにある。文部科学省が毎年実施している学校基本調査の結果によれば、一九四八年度の公立小学校数が二万五〇五〇、公立中学校数が一万五三二六であったのに対して、二〇一二年度の公立小学校数は二万一一六六、公立中学校数は九八六〇である。総務省統計局が公表している二〇一二年五月一日現在の推計総人口を二〇一二度の学校数で割り戻して人口規模を見ると、おおむね一つの小学校区につき六〇〇〇人、一つの中学校区につき一万三〇〇〇人という数値が得られる。

一方、累次の合併に伴う市町村数の減少を最大の要因として市町村の区域と小・中学校の区域との関係は大きく変化し、昭和の大合併により一小学校区一自治体を再編して生まれた一中学校区一自治体の市町村は、平成大合併を経て少数派になっている。文部科学省が二〇〇八年六月に公表した調査結果によれば、全国市町村（特別区と学校組合を含む）のうち一中学校区一自治体の市町村が占める比率は二〇〇四年一一月一日現在で五二・五％であったが、それが二〇〇六年五月一日現在では二九・〇％と大きく減少している。つまり今日、七割を超える市町村がその区域内に二つ以上の中学校区を置く規模を持つにいたっている。

学校選択制とコミュニティスクール

コミュニティの区域設定と関連し、近年政府が進めてきた二つの重要な教育政策を取り上げて検討したい。公立小・中学校の学校選択制とコミュニティスクールがそれである。

学校選択制は、一九九六年一二月に行政改革委員会が提出した「規制緩和の推進に関する意見（第2次）」を受けて、翌九七年一月に文部省が発出した通知「通学区域制度の弾力的運用について」により導入の糸口が開かれ、その後、学校教育法施行規則の二〇〇三年三月改正や、二〇〇六年三月改正によって制度整備が進められた。この間、最も初期に学校選択制を採り入れ、その後も維持している自治体として、二〇〇〇年度から実施している東京都品川区の例が著名である。一方、コミュニティスクールは、一九九八年九月に中央教育審議会が答申した「今後の地方教育行政の在り方について」を受けて、二〇〇〇年一月に学校教育法施行規則が改正され、同年四月からまず学校評議員制度を導入した。ついで二〇〇〇年一二月に教育改革国民会議が提出した「報告」や、二〇〇四年三月に中央教育審議会が答申した「今後の学校の管理運営の在り方について」を受けて、二〇〇四年六月に地方教育行政の組織及び運営に関する法律が改正され、同年九月からコミュニティスクールのより本格的なしくみといっていい学校運営協議会制度を導入した（勝野二〇〇九）。

文部科学省が二〇〇八年六月に公表した調査結果により、全国市町村（特別区と学校組合を含む）のうち区域内に二校以上の小・中学校を置く市町村を母数として学校選択制を実施している比率を見ると、二〇〇四年一一月一日現在では小学校が八・八％、中学校が一一・一％であるのに対して、二〇〇六年五月一日現在では小学校が一四・二％、中学校が一三・九％となっている。また、内閣府が二〇〇九年六月に公表した調査結果により、全国の市と特別区を母数として学校選択制を実施している比率を見ると、二〇〇六年度は小学校が一四・九％、中学校が一五・六％、二〇〇七年度は小学校が一四・二％、中学校が一六・六％、二〇〇八年度は小学校が一二・九％、中学校が一四・二％となっている。つまり総じていうと、学校選択制を実施する基礎自治体は一時期順調に増加したものの、近年は頭打ちか目減りする傾向にある。この目減り傾向に関連して、最近、前橋市や長崎市、複数の特別区などで、制度の廃止や廃止予定、見直しを決めたことが伝えられている(8)。

一方、学校運営協議会制度を採り入れ、区域内の公立学校をコミュニティスクールに指定する自治体の状況は表9-1に示したとおりである。見られるとおり、制度の導入当初から実施する自治体数も指定校数も順調に増加し、とくにこの一～二年は急増といっていい傾向にある。実施自治体の大半を占めるのは、区域内の公立小・中学校をコミュニティスクールに指定する基礎自治体である。

学校選択制とコミュニティスクールは、基本的には互いに正面から矛盾・対立する性格を持った政策である。これをハーシュマン（Hirschman 1970）の言葉を使って説明すれば、学校選択制は地域住民を教育サービスの消費者と位置づけ、地元の学校が選好に合わない場合はそこから他地域の学校へと離脱（exit）するよう勧める政策だといえるだろう。それに対してコミュニティスクールは地域住民を学校をつくる主権者と位置づけ、離脱ではなくまず発言（voice）によって地元の学校の水準を高めるよう勧める政策だと考えていい（Hirschman 1970, Labaree 2000, 小

表9－1　コミュニティスクール指定状況の推移

調査年（基準日は4月1日）	指定校数	増加数（前年比）	学校設置者数	都道府県数
2005年	17	—	6市区	4
2006年	53	36	1県15市区町	13
2007年	197	144	1県41市区町村	25
2008年	341	144	2県63市区町村	29
2009年	475	134	2県72市区町村	30
2010年	629	154	2県82市区町村	31
2011年	789	160	2県99市区町村	32
2012年	1,183	394	3県122市区町村	38

注：1）指定対象となる学校の校種には，小・中学校のほか，幼稚園，高等学校，特別支援学校が含まれる。
2）学校設置者数にある3県（千葉県，三重県，高知県）は県立高等学校を指定している。
3）激甚被災地の東北3県では，岩手県岩泉町，宮城県柴田町が2007年度，福島県三春町が2005年度途中，大玉村が2011年度から制度を実施している。
出所：文部科学省調べによる。若干の表現調整をしている。

原二〇一二：二二五〜二二九頁）。文部省／文部科学省は一九九〇年代後半から一〇年以上にわたり、こうした相互に矛盾・対立する政策をほぼ同時並行して推進してきたことになる。

しかし最近の発言から観察すると、文部科学省は政策選択の舵を切り、軸足をコミュニティスクールに据える判断をしたように思える。例えば省内に置かれた研究会の報告書を通じてであるものの、今後のコミュニティスクール政策に関して五つの推進目標を掲げ、その一番目に「今後五年間で、コミュニティ・スクールの数を全公立小中学校の一割に拡大」とうたっているのが一つの有力な証拠になる（学校運営の改善の在り方等に関する調査研究協力者会議二〇一一：二二頁）[9]。

政策転換を促す要因として、いくつかの事情が複合的に働いたのだろうと推測できる。例えば学校選択制実施状況の近年の低迷ぶりや、二〇〇九年九月の政権交代がそれである。だが、ここではとくに次の要因に注意を集めたい。つまり、東日本大震災の経験が誘発した学校と地域の関係の再発見である。

地域防災拠点としての学校

震災経験を通じて再発見したものはなんであったのだろうか。それを大きく三点に整理して述べることにする。

第一に、学校がいざというときには地域住民の避難場所としても大切だということである。警察庁調べをもとに内閣府がまとめたところによると、全国の避難所生活者数は二〇一一年三月一一日に発災して一週間後の三八・七万人から二週間後の二四・六万人、三週間後の一六・八万人へと急減し、以後は漸減して三カ月後に八・八万人になった。また、全国の避難所数は発災して一週間後の二一八二カ所から二週間後の一九三五カ所、三週間後の二二一四カ所へと変動し、二カ月後から急減して三カ月後に一四五九カ所になった。

避難所のうち学校施設がどれほど利用されたかを見ると、三月一七日時点では都道府県別に岩手県六四校、宮城県三一〇校、福島県一四九校、茨城県七五校、その他二四校の合計六二二校で、近似値を得るためにこの合計数と右に見た一週間後の避難所数を対応させて計算すると、学校は避難所の二八・五%を占めていたことになる。避難所となった学校六二二校のうち小学校は三三六校で構成比五四・〇%、中学校は一六八校で構成比二七・〇%である。また、六月一日時点では都道府県別に岩手県三七校、宮城県七六校、福島県一九校の合計一三二校で、この合計数と右に見た三カ月後の避難所数を対応させて計算すると、学校は避難所の九・〇%を占めていたことになる。避難所となった学校一三二校のうち小学校は七五校で構成比五六・八%、中学校は四三校で構成比三二・六%である（東日本大震災の被害を踏まえた学校施設の整備に関する検討会二〇一一：三〇頁）。

ここから、とりわけ被災後間もなくの混乱期にあっては、小・中学校の学校施設が避難所として重要な役割を果たしていたことがわかる。また、その点に着目し、救命避難期から学校機能再開期まで避難所運営の各段階で生じる必要に応じた設計により、小・中学校で避難経路、バリアフリー、備蓄倉庫・物資、トイレ、情報通信設備、ガス設備などの整備を進めるべきだとする提言もなされている（東日本大震災の被害を踏まえた学校施設の整備に関する検討会二〇一一：一九頁）。

第二に、避難所として学校を運営するうえでも、学校と地域が日頃からどれほど連携しているかが問われるということである。この点については、文部科学省が二〇一一年度に実施した委託調査研究の結果の一部を表9-2に示した。同調査では、岩手・宮城・福島三県の小・中学校二〇〇校に対し、①町内会と日頃から連携していたかどうか、②地域防災組織（町内会、消防団等）と定期的な顔合わせをしていたかどうか、③地域防災組織と合同避難訓練を実施していたかどうかと、④避難所自治組織の確立がうまくいったかどうかをアンケート形式で尋ねている。回答をクロス集計した結果は表9-2に見られるとおりで、①〜③の有無と、④の正否との間に正の相関関係があることを確認できる（ベネッセコーポレーション二〇一二：八〜九、三五〜三八頁）。

表9-2　学校と地域の平時の連携と避難所運営

		町内会との日頃の連携	
		していた	していなかった
避難所自治組織の確立	うまくいった	48校(86%)	14校(70%)
	うまくいかなかった	8校(14%)	6校(30%)
合計（割合）		56校(100%)	20校(100%)

		地域防災組織との定期的な顔合わせ	
		していた	していなかった
避難所自治組織の確立	うまくいった	10校(100%)	45校(76%)
	うまくいかなかった	0校(0%)	14校(24%)
合計（割合）		10校(100%)	59校(100%)

		地域防災組織との合同避難訓練の実施	
		していた	していなかった
避難所自治組織の確立	うまくいった	10校(91%)	44校(77%)
	うまくいかなかった	1校(9%)	13校(23%)
合計（割合）		11校(100%)	57校(100%)

出所：ベネッセコーポレーション（2012：36頁）による。若干の表現調整と単純な誤記の訂正をしている。

第三に、学校には地域防災教育拠点としての機能も欠かせないということである。避けられない自然災害を減災するためには、防災教育の充実が必要だとかねてから指摘されてきた（河田二〇一〇：一七二〜一七六頁）。しかも震災経験が教えるとおり、自然災害は地域によって異なる現れ方をするために、それに応じて防災対策も地域特性を備えた内容にならざるをえない。そこで、そうした防災対策を伝える地域拠点として学校が果たす役割にいっそう多くの関心が向けられることになった。

二〇一二年六月改正の災害対策基本法には、このような関心の高まりが一部反映されている。つまり、同法に第四七条の二を新設し、第一項で都道府県知事、市町村長などの災害予防責任者が「防災教育の実施に努めなければならない」ことを定めるとともに、第二項では災害予防責任者が防災教育を行うとき「教育機関」その他の団体に協力を求めることができるとした[10]。

最後に、次の警句を借りて議論をまとめたい。「学校に地域をつくる」である（尾木二〇〇〇：二二一頁）。地域が衰退し、だからこそ地域をどう再生するかが問われ、語られている。ことは合併自治体の周辺地域だけに限らない。そうした状況にあって、コミュニティスクールがめざす理念のように地域住民の力で学校を支えること、つまり「地域に学校をつくる」ことは可能だろうか。

尾木（二〇〇〇）の言葉は発想の転換を促している。衰退した地域の再生と学校の活性化を同時に達成する。そのためのしかけと拠点としての機能を学校に期待し、学校づくりを通じて地域づくりを進める。それが「学校に地域をつくる」の意味だろう。東日本大震災は、学校と地域の結びつきの強さを再認識する重要なきっかけを与えてくれた。これを機会に「学校に地域をつくる」作法で、地域コミュニティをどう再構築するかの具体策を考えてみる必要があるように思える。また、その観点からコミュニティスクールのこれからのゆくえを注視すべきだろう。

注

（1）日本経済団体連合会「震災復興に向けた緊急提言」二〇一一年三月三一日、自由民主党「東日本巨大地震・津波災害の復興再生に関する基本的考え方」二〇一一年四月一二日を参照。

（2）平成大合併は以上に述べた他、政府が意図したわけではないいくつの重要な結果をもたらしたと考えられる。そのうち、合併が国政レベルでどのような政治効果を及ぼしたかに関する議論を簡単に紹介しておきたい。

かつて小原（二〇〇五ｂ／二〇〇六）、Kohara（2007）は、平成大合併が自民党政治に構造的な危機を招き寄せるであろうと論じた。その最大の理由は、合併に伴う市町村議員減により、地方議員に依存した自民党の国政および都道府県政治レベルの集票マシンが基礎から掘り崩されると見たことにある。そうした見方について、今井（二〇〇八）は、二〇〇七年の参議院および福島県議会選挙とそれらの前回選挙を素材にして検討を加え、合併が自民党の集票に不利に働いた形跡はないと指摘している（今井二〇〇八：一八六〜二〇八頁）。一方、斉藤（二〇一一）は、合併後の集票マシンの弱体化などが自民党に決定的な打撃を与え、二〇〇九年総選挙での大敗につながったと実証的に分析する。この問題を解くには、二〇一二年総選挙の結果も視野に入れたうえ、自民党の集票構造がかつてといまでどうなっているかをあらためて丹念に検証する必要がある。

（3）総務省調べによると、旧来からの地縁団体を指す名称には二〇〇八年四月一日現在で自治会（構成比四一・八％。以下、カッコ内はすべて構成比）、町内会（二二・七％）、町会（六・〇％）、部落会（二・三％）、区会（一・四％）、区（一三・二％）、その他（一二・六％）がある。以下ではそうした呼び方を括る総称として、おそらく最も流通度の高い町内会という言葉を用いる。

（4）災害対策基本法は、東日本大震災を契機として二〇一二年六月にも改正されているが、その主たる目的は大規模災害発生後の広域的な即応体制を強化することにあった。

（5）誤読や恣意的引用の実例を個別に論難するのがここでの目的ではないので、具体的な文献名を示すことは省略した。

（6）朝日新聞滋賀全県版二〇一二年一月三一日付、朝日新聞西部本社版二〇一二年九月二二日付などを参照。

（7）同じ石巻市の災害復旧活動に広域市町村合併を起因とする負の側面が観察できることは、本書第3章の幸田雅治「市町村合併による震災対応力への影響」が論じている。関連して、石巻市他では合併に伴い社会福祉協議会の拠点が目減りしたために、ボランティアの受け入れに困難が生じたとする重要な指摘があることにも注意したい（新二〇一一：二一八頁）。

（8）朝日新聞大阪本社版二〇一一年一二月二二日付夕刊、朝日新聞東京本社版二〇一一年一二月二八日付、朝日新聞東京本社版二〇一二年四月一日付などを参照。

（9）この報告書が推進目標の三番目に「中学校区を運営単位として捉え、複数の小・中学校間の連携・接続に留意した運営体制を拡大」とうたっていることにも注目したい（学校運営の改善の在り方等に関する調査研究協力者会議二〇一一：一七頁）。おそらく東京都三鷹市の実践事例を踏まえての提言だと推測されるが、コミュニティミックスの区域設定を考えるうえでも示唆的だからである。

なお、さきに本文で利用した二〇〇八年六月の公表資料以降、文部科学省は学校選択制の実施状況をまとめ、資料として広く公開するのを取り止めている模様である。この点、政策選択の舵を切ったことの傍証にはなると思える。

(10)　注(4)も参照されたい。

参考文献

新しいコミュニティのあり方に関する研究会（二〇〇九）『新しいコミュニティのあり方に関する研究会報告書』。

新雅史（二〇一一）「災害ボランティア活動の『成熟』とは何か」遠藤薫編『大震災後の社会学』講談社現代新書。

今井照（二〇〇八）『「平成大合併」の政治学』公人社。

尾木直樹（二〇〇〇）『子どもの危機をどう見るか』岩波新書。

勝野正章（二〇〇九）「学校選択と参加」平原春好編『概説　教育行政学』東京大学出版会。

学校運営の改善の在り方等に関する調査研究協力者会議（二〇一一）『子どもの豊かな学びを創造し、地域の絆をつなぐ――地域とともにある学校づくりの推進方策』。

河田恵昭（一九九七）「大規模地震災害による人的被害の予測」『自然災害科学』第一六巻第一号。

河田恵昭（二〇一〇）『津波災害』岩波新書。

北山俊哉（二〇一一）『福祉国家の制度発展と地方政府』有斐閣。

小原隆治（二〇〇三）「これでいいのか平成の大合併」小原隆治編著『これでいいのか平成の大合併』コモンズ。

小原隆治（二〇〇五ａ）「地方分権と都市政治」植田和弘・神野直彦・西村幸夫・間宮陽介編『岩波講座都市の再生を考える　2　都市のガバナンス』岩波書店。

小原隆治（二〇〇五ｂ）「平成大合併の現在」『世界』第七四四号。

小原隆治（二〇〇六）「平成大合併は終わったか」『現代の理論』第九号。

小原隆治（二〇一二）「自治・分権とデモクラシー」齋藤純一・田村哲樹編『アクセス　デモクラシー論』日本経済評論社。

災害対応能力の維持向上のための地域コミュニティのあり方に関する検討会（二〇〇九）『災害対応能力の維持向上のための地域コミュニティのあり方に関する検討会報告書』総務省消防庁。

斉藤淳（二〇一一）「地方行財政改革と政権交代」樋渡展洋・斉藤淳編『政党政治の混迷と政権交代』東京大学出版会。

市町村の合併に関する研究会（二〇〇八）『「平成の合併」の評価・検証・分析』。

島田恵司（二〇一三）「中心吸収型施策から脱却できるか」『月刊ガバナンス』第一四二号。

全国町村会（二〇〇八）『「平成の合併」をめぐる実態と評価』。

総務省（二〇一〇）『「平成の合併」について』。

総務省消防庁（二〇〇二）『自主防災組織の手引――コミュニティと防災』。

総務省消防庁（二〇〇七）『自主防災組織の手引――コミュニティと安心・安全なまちづくり』。

総務省消防庁（二〇一二）『平成二四年版　消防白書』勝美印刷。

第三〇次地方制度調査会（二〇一三）「第二七回専門小委員会資料　市町村の現況について」。

高木鉦作（一九六一）「再編されつつある町内会・部落会」木村禧八郎・都丸泰助編『講座地方自治体第五巻　地方自治体と住民』三一新書。

高木鉦作（二〇〇五）『町内会廃止と「新生活協同体の結成」』東京大学出版会。

地方自治制度研究会（一九七三）『コミュニティ読本』帝国地方行政学会。

中原一歩（二〇一一）『奇跡の災害ボランティア「石巻モデル」』朝日新書。

名和田是彦（二〇〇四）「自治体内分権と地域社会」白藤博行・山田公平・加茂利男編著『地方自治制度改革論』自治体研究社。

名和田是彦（二〇〇七）「近隣政府・自治体内分権と住民自治」羽貝正美編著『自治と参加・協働』学芸出版社。

東日本大震災の被害を踏まえた学校施設の整備に関する検討会（二〇一一）『東日本大震災の被害を踏まえた学校施設の整備について』。

広井良典（二〇〇九）『コミュニティを問いなおす』ちくま新書。

ベネッセコーポレーション（二〇一二）『平成二三年度文部科学省委託調査研究報告書　学校運営の改善の在り方に関する調査研究「震災時における学校対応の在り方に関する調査研究」』。

宮本太郎（二〇〇八）『福祉政治』有斐閣。

森岡清志（二〇〇八）『地域の社会学』有斐閣。

山﨑重孝（二〇〇三）「基礎的地方公共団体のあり方」『自治研究』第七九巻第一〇号。

Hirschman, A. O. (1970) *Exit, Voice, and Loyalty*, Harvard University Press.（矢野修一訳『離脱・発言・忠誠』ミネルヴァ書房、二〇〇五年）

Hillery, G. A., Jr. (1955) 'Definitions of Community', *Rural Sociology*, Vol. 20.（山口弘光訳「コミュニティの定義」鈴木広編『都市化の社会学（増補版）』誠信書房、一九七八年）

Kohara, T. (2007) 'The Great Heisei Consolidation : A Critical Review', *Social Science Japan*, 37.

Labaree, D.F. (2000) 'No Exit', in Cuban, L. and Shipps, D. (eds) *Reconstructing the Common Good in Education*, Stanford University Press.（荒川英央訳「脱出不能」藤田英典・志水宏吉編『変動社会のなかの教育・知識・権力』新曜社、二〇〇〇年）

あとがき

平成一一年に始まった「平成の大合併」により、同年四月時点で三二二九あった市町村数は平成二二年三月末には一七二七となり市町村数はほぼ半減した。合併後の自治体において、住民サービスの量および質の低下が見られるとともに、基礎自治体と住民との距離が広がるなど、団体自治及び住民自治の両方の観点から見て地方自治の劣化が進んだなどの批判が出されていたが、これまで、合併の功罪についての検証が十分になされてきたとは言えない。

ややもすると、合併市町村においては、首長は、合併後の自治体を担っているとの立場上、合併の問題点を認識していたとしても、その問題点を明らかにすることには消極的な姿勢を取らざるを得ない面があるし、自治体職員も、批判的な発言はしにくいということは想像に難くないところである。しかし、合併を推進してきた総務省もその問題点について「多くの合併市町村の行政・住民、また世論の合併への評価は大きく分かれている。」（「『平成の合併』について」平成二二年三月）と認めざるを得なかった。

折しも、東日本大震災が発生し、合併市町村の防災力が問われることとなった。今回の大震災では、応急対応の欠落や混乱に加えて復旧や復興対応の著しい遅れなど、合併による弊害が顕在化している。市町村合併は、行政の効率化に寄与する効果を持つといわれるが、防災対策の面では脆弱化を招きかねないことが、この大災害で露呈することとなった。

大きな災害は、その時代、その社会が持っている歪みや問題点を露わにするものである。今回の東日本大震災という未曾有の災害は、その社会的問題点の一つとしての、広域合併の防災上の問題点を、私たちに教えてくれている。ことは住民の生命、財産に大きな影響を及ぼす事柄であり、減災の側面から平成の合併の問題点を明らかにすることは、将来の自治体の姿を考える上で必要不可欠なものと考える。本書は、東日本大震災における各自治体の災害対応の実態を具体的に分析・検証することにより、合併が自治体の防災力や地域の安全性に与えた影響を明らかにして、自治体合併の問題点を浮き彫りにしようとするものである。災害という悲惨な経験を通して、合併の現実を見据え、今後の地方自治のあり方を考えることが今こそ大事ではないかと思う。

今後の地方自治・地方行政に関心を持ち、その発展に主体的に関わろうとする一人でも多くの人に読んでいただき、誰もが住みよい地域、幸せに暮らせる社会、安全で安心できる社会につなげていただければと思う。

最後に、ミネルヴァ書房の田引勝二さんをはじめ、編集部の皆様には大変お世話になった。改めて感謝の意を表したい。

平成二五年九月

編　者

た　行

な　行

は　行

ま　行

や・ら・わ行

索　引

※「東日本大震災」は頻出するため省略した。

あ 行

か 行

さ 行

内山　節（うちやま・たかし）　第7章

1950年　東京都生まれ。
1968年　東京都立新宿高校卒。
現　在　立教大学教授。
著　作　『時間についての十二章』岩波書店，1993年。
　　　　『哲学の冒険』毎日新聞社，1985年／平凡社ライブラリー，1999年。
　　　　『共同体の基礎理論』農山漁村文化協会，2010年。
　　　　『文明の災禍』新潮新書，2011年。

今井　照（いまい・あきら）　第8章

1953年　神奈川県生まれ。
1977年　東京都教育庁（学校事務）。
1984年　大田区役所。
現　在　福島大学行政政策学類教授。博士（政策学）。
著　作　『「平成大合併」の政治学』公人社，2008年。
　　　　『市民自治のこれまで・これから』編著，公職研，2008年。
　　　　『図解よくわかる地方自治のしくみ（第4次改訂版）』学陽書房，2011年。

小原隆治（こはら・たかはる）　第9章

1959年　長野県生まれ。
1990年　早稲田大学大学院政治学研究科博士課程単位取得退学。
現　在　早稲田大学政治経済学術院教授。
著　作　『これでいいのか平成の大合併——理念なき再編を問う』編著，コモンズ，2003年。
　　　　『公共性の政治理論』共著，ナカニシヤ出版，2010年。
　　　　『新しい公共と自治の現場』共編，コモンズ，2011年。

執筆者紹介（執筆順，＊は編者）

河田惠昭（かわだ・よしあき）　**第1章**

1946年　大阪府生まれ。
1974年　京都大学大学院工学研究科博士課程修了。工学博士。
現　在　関西大学社会安全研究センター長・教授。
著　作　『これからの防災・減災がわかる本』岩波ジュニア新書，2008年。
『津波災害』岩波新書，2010年。
『にげましょう』共同通信社，2012年。

中林一樹（なかばやし・いつき）　**第2章**

1947年　福井県生まれ。
1976年　東京都立大学大学院工学研究科博士課程単位取得退学。工学博士。
現　在　東京都立大学・首都大学東京名誉教授，明治大学特任教授。
著　作　『自治と参加・協働』共著，学芸出版社，2007年。
『大震災に備える』共著，丸善，2009年。
『災害対策全書（3）・復興』共著，ぎょうせい，2011年。

＊**幸田雅治**（こうだ・まさはる）　**第3章，あとがき**

編著者紹介欄参照。

牧　紀男（まき・のりお）　**第4章**

1968年　京都府生まれ。
1996年　京都大学大学院工学研究科博士課程指導認定退学。博士（工学）。
現　在　京都大学防災研究所教授。
著　作　『復興の防災計画』鹿島出版会，2013年。
『災害の住宅誌』鹿島出版会，2011年。
『組織の危機管理入門』共著，丸善，2008年。

飛田博史（とびた・ひろし）　**第5章**

1964年　東京都生まれ。
1990年　明治大学大学院経済学研究科博士前期課程修了。
現　在　公益財団法人地方自治総合研究所研究員。
著　作　『平成大合併の財政学』共著，公人社，2006年。
『苦悩する農山村の財政学』共著，公人社，2008年。

＊**室崎益輝**（むろさき・よしてる）　**第6章，あとがき**

編著者紹介欄参照。

《編著者紹介》

室崎益輝（むろさき・よしてる）

1944年　兵庫県生まれ。

1946年　京都大学大学院工学研究科博士課程中退。工学博士。

現　在　神戸大学名誉教授，兵庫県立大学特任教授。

著　作　『地域計画と防火』勁草書房，1981年。

『大震災以後』編著，岩波書店，1998年。

『災害対策全書（２）・応急対応』ぎょうせい，2011年。

幸田雅治（こうだ・まさはる）

1955年　山口県生まれ。

1979年　東京大学法学部卒。自治省入省。

現　在　中央大学大学院教授。

著　作　『危機発生後の72時間』共著，第一法規，2006年。

『政策法務の基礎知識』共著，第一法規，2008年。

『安全・安心の行政法学』共著，ぎょうせい，2009年。

市町村合併による防災力空洞化

——東日本大震災で露呈した弊害——

2013年9月30日　初版第1刷発行

2014年3月30日　初版第2刷発行

〈検印省略〉

定価はカバーに
表示しています

編著者　室崎益輝
　　　　幸田雅治

発行者　杉田啓三

印刷者　林　初彦

発行所　株式会社　ミネルヴァ書房

607-8494　京都市山科区日ノ岡堤谷町1

電話代表　(075)581-5191

振替口座　01020-0-8076

太洋社・新生製本

ISBN978-4-623-06704-6

Printed in Japan